BEYOND
EXECUTION

超越执行力

从**传统巨头**到**新经济独角兽**的制胜策略

田林（Edward TiAnderson） 著

北京时代华文书局

本书赞誉

初识田林是在芝加哥，机智幽默的他感染着周围每个人，他的一言一行都常常给人启发，让大家觉得十分的受用。随着接触的深入，我渐渐认识到他的"行动"源自他日常对事物认真的观察、思考和分析：一个看似简单的课题在他的思考下往往有了更深层次的意义。《超越执行力》正是出自他对自己过往多年企业经营的思考和总结。先以通俗易懂的语言阐述相关的理论，然后再以理论为基础和铺垫，深入讨论企业经营中的每一个环节，最后辅以近年相关的国际著名案例进行分析总结。这本书结合了国际前沿的知识理论和从传统商业巨头到新经济独角兽的实践经验，不仅仅是一本理想的管理者参考读物，更是一本能让人思考、行动，并迅速在企业经营的实战中成长起来的实务手册，值得每一个与企业经营相关的从业人员认真品读。

——世界银行金融官员/投资组合管理人　于书君

一本时代所需要的好书。过去30多年来，中国经济处于高速发展阶段，企业只要敢做就能打开一片市场。而且国外的模式已经给我们提供了参考和榜样，大部分企业只需要在国内市场模仿、微创新即可。如今市场变得成熟，中国企业仍像原来那样埋头苦干显然是不够的，更需要先进的分析方法和管理思路来指导企业的每一个经营环节。《超越执行力》为中国企业如何赢得下一步竞争指明了方向。

——华融证券首席经济学家、孙冶方经济学奖得主　伍戈

国有企业在发展阶段通常借助了政策或者垄断资源的优势。进入新行业或者更加市场化的阶段以后，就需要靠自身的经营管理水平来赢得竞争。如何提升内功，打造出新时代的竞争优势，本书提供了极有价值的参考。

——中食生物科技有限公司CEO　邢薇

有幸在伦敦商学院结识Edward，一直以来我都十分钦佩他对商业问题的独到见解。这次读到Edward的书更是受益匪浅。我自己对渠道管理和供应商管理有些粗浅的研究，Edward在这两部分用简洁的语言和生动的案例阐述了这两方面业界的成功实践。期望读者能将书中顶尖企业最新的战略思维灵活应用到中国企业的管理实践中。

——伦敦商学院管理科学副教授　杨颂（Alex Yang）

智者善于借用工具。本书综合了前沿的战略分析工具和紧贴时代的应用案例，给企业领导者提供了宝贵的参考。翻开本书任何一个章节，你都将获得深刻的商业洞见和启发。

——战略管理专家、波士顿咨询集团欧洲首席数据科学家　Marvilano Mochtar
（Lead Data Scientist of BCG Gamma Europe）

无论是大型企业的管理者，还是快速成长的互联网创业者，都可以在这本书中寻找到闪光点和共鸣。认知的边界、战略的思维决定了企业的边界和未来。阅读此书，将是管理者的一趟思维升华之旅！

——纳斯达克上市公司，美国You On Demand Holdings Inc. CFO　王修平

尽管如今各种商业模式日新月异，但战略选择仍然是企业取得长期发展、赢得竞争的根本。只有战略明确、执行力超强的团队才能在今天的商业环境中脱颖而出。《超越执行力》所介绍的前沿的战略思想及战略思维指导运营的方法，对企业战略的制定、经营效果的提升具有极高的指导价值。

——拜博口腔医疗集团董事长　黎昌仁

这是一本充满洞见的书。每个章节都能给读者提供新的概念和有价值的启示。随着公司业务规模的扩大与管理范围的提升，您对本书的内容会有更深的感悟！

——山东省政协常委、东方汇泉金融控股集团董事会主席　董方军

透过本书，从战略到执行的诸多环节，你将不由自主地对企业经营做个"全面体检"，并很可能做出令人惊喜的改变。对于很多管理者来说，本书无疑是一个福音，在企业经营的每一个环节，你都能切身感受到平凡与顶尖的差距所在，并且从中找到自己企业的提升路径。

——天兑资本董事长　方德兴

观水有术，必观其澜。商业世界的波澜壮阔就是企业商战中战略的起承转合。作者融合了东西方的管理学术新知与商场实战中的思考和践行，为读者奉上商业智慧盛宴。

——耶鲁大学世界学者、《中国慈善家》联合创刊人　杜洋

在管理思想的创新阐释上，学术界在第一手的商业实践方面通常会有所不足；而企业界又往往对理论性的思考有所欠缺。Edward的学术背景再加上他卓越的管理经验，为读者们提供了学术与经验兼而有之的全方位内容，可以说此书是理论与实践相结合的成果，为读者们提供了不少耳目一新的视角与观点，非常值得一读！

——资深科技创业者与投资人、伦敦商学院斯隆学者　柯良鸿（Dickie Ke）

大智知止，小智知谋。中国企业未来的发展一定离不开全球市场的经营与竞争。作者巧妙地把东西方管理研究与经营实践打通，并通过经典案例的分析，化繁为简，为我们道出了有效的经营法宝，令人赞叹不已！

——开开教育、高维资本创始人　孙刚

本书用简洁明了的语言阐述了复杂商业问题的思考方法和卓越的实践经验。书中的方法和工具不仅适用于大型企业，对于初创公司如何快速制定战略并建立竞争优势，也极有参考价值。

——资深投资人　刘晓红

推荐序

认识田林，是4年前他刚从英国归来。尽管见得不多，但因为有共同的好朋友，自然也时常说起、问起。3周前，介绍我们认识的好朋友将田林的新书发给我，并邀请我写一篇序言。由于工作繁忙，直到10天前我趁着出差，在火车上赶紧拜读。初稿将近200页，但一打开我就被深深地吸引，一口气看完，然后激动地给田林写了下面三段Top of mind（第一时间的）感受。

我做营销传播20多年，今天全世界的品牌都要来中国，中国企业要出海、做大做强，我感到最遗憾的，是市场上真正懂营销、懂传播的人才还远未匹配。什么叫懂？首先是基本知识技能的懂，然后是知其然、知其所以然的懂。

我遇到过不少管理者，做传统广告策划、媒介购买、公关传播出身，因缘际会在快速发展的企业成为营销总监、总经理，可惜连最基本的品牌管理原则都未接触过，连营销为生意服务都不懂。营销"三季人"比比皆是而不自知，最可怜的是不愿意聆听、学习。到国际舞台时，要么做缩头乌龟，要么自以为是，靠表面功夫忽悠、"搞定"不懂行的领导。这样我们中国人、中国品牌很难获得认同和尊重。格物致知，不耻下问，在整个中国中坚一代中亟待加强。另外，市场上充斥着各种"大师"，做过一两个好案子、很懂包装自己、待价而沽的，比比皆是。我们服务过一家国企，看到他们系统内学的营销课程，根本就是胡拼乱凑，前后矛盾。在这样的培训中考试得高分，又怎么能表明有能力做好中国品牌呢？

所以，当我看完这本书，我看到了曙光。因为我可以把它送给我的同事和客户，人手一本，让有缘人以此为镜，看看自己还有哪些方面未懂、未思考；也让有缘人快速地掌握最简单、直接、有效的方法。

田林的这本书，囊括了我在职场20多年学到并用到过的最好的策略工具。看完不但温故知新，更学习了不少新的知识。田林用3年多的时间整理归纳，当中有很多是他在实际运用中总结出来的Best Practices（最佳做法）。企业经营，跟人生中很多事情一样，实践才能出真知。"做"，才会出效果，才会知道合适不合适。大道至简，田林这本书里的理论直接给出最简单、直接、有效的"做"法。我认为，这不单是一本理论齐全的书，也是一本实实在在的工具书。这是我特别喜欢这本书的地方。

企业管治包括三个阶段：人治、法治、心治。企业全球化，必然需要用很多全球一致的"做法"去管治。外企来中国，中国企业到外国，其实都一样。中国品牌要走向世界，迫在眉睫的，就是应该建立起能与世界接轨的企业管治流程和工具。通过培训和大量在职训练，培养出一批又一批专业的管理者。有了这本书，企业可以大量借鉴全球优秀企业的这些Best Practices，真正做到站在巨人的肩膀上去实践、去优化，进而再去创新。

策略，是在商业中另一个被滥用的词。个人认为，策略不外乎选择，在最艰难的问题前做出最合适的抉择。很多时候是51∶49的艰难的商业抉择。我相信，这本书未来会成为很多企业、管理者的首选工具书之一。它会像一把标尺，让决策者对标，帮助决策者形成更好的全局观，帮助决策者用这些工具快速聚焦，用专业的方法把事情做得更好、把企业管得更好。

最后，回应本书的结束语，为更崇高的目标（higher purpose）担当的企业和人走得更长远。除了有好的"做法"，一个企业，也要有传正道的担当；一个高管，要有敬天爱人、踏实诚恳、走正路的态度。有这样的担当和责任心，才能让人才更好地发挥主观能动性，才能在名利面前仍然做出真正正确的选择。

奥美集团广州董事总经理　梁凤姝

序 言

什么是战略性的思考方法，为什么仅有执行力是远远不够的

不久前认识了几位来自一家日本的大型集团企业的朋友，他们公司的业务横跨钢铁、建筑材料、化工用品、食品等众多领域，并且具有强大的技术和供应链优势，通过70多个海外分公司在全球开展业务。

面对众多新的项目和市场机会时，分公司的业务部门需要撰写详细的报告，层层上报审批：从分公司到总部，从地区负责人到该业务线的负责人，再到总公司负责人。决策前还需要进行深入的项目研究。这个公司的朋友半开玩笑地对我说："等我们的项目研究做完了，项目也已经被别的企业做完了。"

对各种新的市场机会都采用严格的审批和研究流程，很多机会就这样错失。分公司的负责人虽然也希望有所变革，但是让一家历史悠久的公司改革一直以来的决策惯例必然阻力重重。对此，我给日本友人提供了一个思路。

公司旗下拥有众多的业务线，每一种业务面临的风险是不一样的，而市场的前景、机会也不一样。在和总部沟通的时候，不用要求总部变革所有的决策流程，而是希望总部对不同行业的新项目机会进行区别对待。比如根据风险和发展机会的不同，我们将不同行业的项目分为四种类别，见图序-1。

在图序-1中，纵轴表示行业的风险程度：包括产品质量风险、（用户或者员工的）安全风险等。可以通过公司历史上发生的风险事件，以及同行业竞争对手出现风险事件的频次（概率）来衡量。横轴表示这个行业的增长机会，可以通过某个市场的增长速度、政策支持力度等因素来判断。

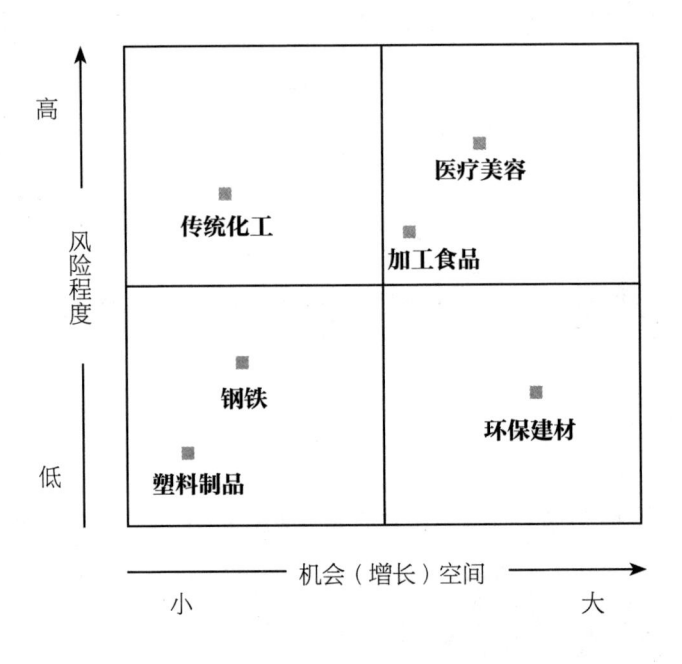

图 序-1 不同类型业务的机会与风险分类

左上角的行业，面临的风险程度高、增长空间小。比如传统化工行业，增速慢，在作业安全上、政策变动上都面临较高的风险。

左下角的行业面临风险程度低、增长空间小。比如该公司给各大零售企业提供购物袋这项业务，增速慢，但是风险极低。

右上角是风险程度高、增长空间大的行业。比如广受用户欢迎的进口加工食品、医疗产品行业。

右下角是风险程度低，增长空间大的行业。比如该公司用环保材料制造的工业建材，其技术领先，很多地区的政府都给予政策支持。

对上面四个区域的新市场机会，采用同样的审批和调研流程，显然是不合理的。不同类型的项目，公司可以采用不同的策略，见图序-2。比如左上角风险高、机会小（最不吸引人）的行业，可以忽略或者进行有限尝试，不作为扩张的重点。右上角风险高、机会大的行业，可以广泛地逐个研究，确定风险最能可控的项目再重点投入。而右下角风险低、机会大（最吸引人）的行业，则可以放手展开尝试，投入重点资源加速发展。对于这个区域的业务，公司完全可以采用独立的审批流程，允许公司在试错的过程中不断前进。而左下角风险低、机会小的行业，则可以采用机会主义的方式，避免投入过多精力，只需留意市场的动向，遇到好的时机甚至是偶然性机会时再展开行动。

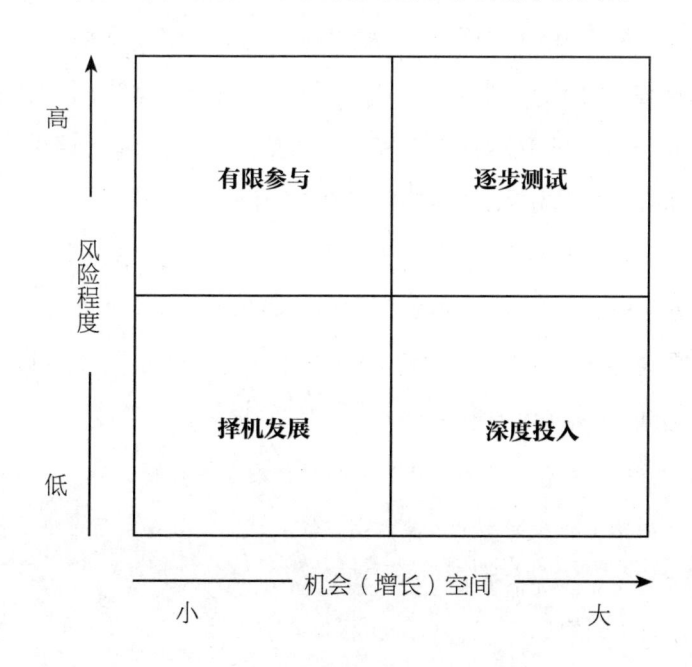

```
                  高
                  ↑
         ┌────────┬────────┐
         │        │        │
   风险  │ 有限参与│ 逐步测试│
   程度  │        │        │
         ├────────┼────────┤
         │        │        │
         │ 择机发展│ 深度投入│
         │        │        │
         └────────┴────────┘
                  ↓
                  低
         ←── 机会（增长）空间 ──→
          小                  大
```

图 序-2　不同类型业务的对待方法

所以贴近市场的业务人员在和总部沟通时，只需要让总部明白，不同的行业机会应该区别对待；公司最重要的资源、允许试错的机会，应该留给风险低、机会大的业务板块。比起让公司改变整体的决策流程，这样的要求则更容易让人接受。即使总部不愿做任何妥协，业务人员通过上面的分类分析后也能明白，在向总部申请加快审批各个新项目的时候，应该集中精力于右下角的区域。

了解了这个日本公司的故事后，我们回到开篇的问题：战略性思维与企业的日常经营有什么关系？

很多人认为，战略性思维是比较虚无缥缈，甚至是空洞的，**只有在公司制定战略目标的时候才偶尔需要；到了具体的工作中，只要实干精神即可。存在这种误解的人不少，将"谈战略等同于不执行""多思考等同于不行动"，所以今天到处看到人们在提倡"实干精神""执行力"，却很少看到人们提倡"更具战略性思维"。而后者才是今天人们真正缺乏的。

如果说实干精神和执行力代表一辆车的发动机，战略性思考则是汽车的方向盘和机械构造。两者并不是彼此矛盾，而是相互配合一体的。没有出色的战略性思考，实干和执行可能就变成了蛮干和浪费。因此，具有战略性思维，才是企业在一系列经营活动中，能做到真正领先对手的关键。

上面这个日本企业的故事与战略性思维有什么关联呢？这里其实体现的是战略性思维最重要的一个层面：**做到不同（Be Different）**。

哈佛商学院的教授迈克尔·波特（Michael Porter）提出了企业可以采用的三种竞争战略[1]（参见本书附录）：

- 差异化战略（提供与竞争对手不同特质的产品或者服务）；
- 低成本战略（通过规模优势等方法降低成本，以低价赢得市场）；
- 聚焦战略（关注某个需求未被充分满足的小众市场）。

第一种方式就是做到与对手不同。后面两种方式，从本质上讲也是做到不同（让成本和价格不同，针对的消费者不同）。对此，我们还需要更深入一层，不仅仅"在产品和服务上"做到与竞争对手不同。除此之外，在企业运营的每一个层面，包括如何对待每一条业务线，如何管理供应商，如何营销新客户，首先要问自己：如何做到不同？如何发现其中的差异，并且找到最重要的差异点（比如日本企业故事中的行业风险程度和增长机会）？如何区别化，把自己有限的资源投到最具有价值的领域去创造价值，这就是战略性思维。而对所有新项目的评估都采用同样的流程和方法，不做区别对待，就是缺少战略性思考的表现。作为对比案例，韩国的三星（Samsung）在2000年前后一举超过了众多日本的竞争对手，成为亚洲乃至全球最具竞争力的消费电子产品制造商。为了取得市场先机，三星公司从多个设计阶段的新产品概念中选出4~5个支柱型产品，并将最具有市场潜力的排在最优先级，给予最大的研发支持和额外的营销资源。其从概念转化为成熟产品的周期不到5个月，是索尼（SONY）等竞争对手通常所需时间的一半[2]。IBM公司在从"机械制造与销售型企业"转型为"IT服务提供商"的过程中，时任CEO郭士纳（Louis V. Gerstner）亲自选定了14个IBM必须占据霸主地位的行业部门（比如金融业、零售业），委派新的领导人，用不同的方式（避开了公司原有的组织结构和业务管理模式）来管理这些重点部门[3]。

我们再来看一个企业进行供应商管理的例子（参见本书第七章中的《如何战略性地管理供应商》）。很多零售企业以供应商所供应的产品销售额对供应商进行排列，将销售额贡献最高的一批供应商作为"核心供应商"，提供更好的展示空间、更多的促销支持；对其余"非核心供应商"，减少支持，销售最弱的则予以淘汰，见图序-3。

各供应商年销售额分布

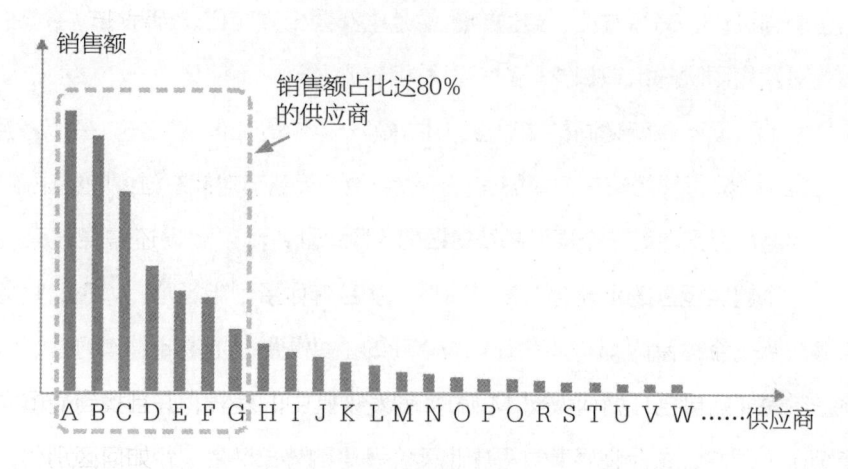

图 序-3　某零售型企业对供应商进行排名分类的案例

这里虽然做到"不同对待"，但是只看到了当下的销售状况，而没有看到未来。如果一类商品销售额大，但是没有任何增长的空间；而另一类商品，虽然销量小，但是飞速增长，受到越来越多用户的追捧，那么好的展示空间应该留给前者还是后者呢？如果这个零售商碰到用户群老化，顾客数量下降的问题，那么是否应该将更多资源留给产品更容易吸引新用户的供应商呢？

这里就是战略性思维的第二个层面，对自己所面临的环境和竞争，以及自身的定位、资源等内部因素能进行**动态调整**（Be Adaptive）。

做到动态调整，需要时刻关注外界动态和趋势，放弃对历史成功经验的依赖，对自身的资源、未来能够展开的活动进行取舍。

在食品行业，企业可以选择主打"美味""健康"或者"方便"，但是不能在每一个优点上都追求极致（那样的话，企业的资源太过分散，消费者也难以记住品牌的核心亮点）。这个时候，企业就需要做出选择。而当消费者开始变化，企业的选择就需要调整。我们看到如今人们越来越关注饮食健康，主打美味（尤其是高热量甜食）的食品和餐饮企业就难以保证成功了。可口可乐、百事、麦当劳等企业都开始把大量的资源投入健康产品线的引进[4]。需要强调一点：任何调整涉及的都不只是单一层面。比如产品线的定位调整之后，产品的包装与设计、销售方法、最适合的渠道也都会相应变化。因此企业的营销方法、对销售团队的组织和管理都需要做相应的调整，不能只对一个层面改动，认为其他层面不做变化同样能适应。本书第一章中的《你的领先点是什么》、第五章中的《世界级快销公司的客户获取经验》等章节对此有详细介绍。

战略性思维的第三个层面是**获得匹配**（Be Fit）。

一个健康运营的企业包含多个体系，从品牌体系到市场营销体系、财务体系等。每一个体系内都有多种分析与管理的工具帮助企业制定管理方法、分配企业资源（比如3C竞争理论、Monitor战略模型、STP模型，具体参见本书各章节）。同时，企业在经营过程中也面临多重的外部环境：用户、竞争对手、上下游伙伴（供应商、分销商）等。企业每一个内部体系的规划都需要与外部的环境匹配，才能发挥出每一个体系的效用和价值。比如战略与营销体系［以什么作为自己的竞争领先点（Spike）；在制定4P的营销策略时，如何设计产品形态、渠道、促销和价格］就需要与用户的购买偏好（最看重产品的稳定性，可扩展性，售后服务，还是外观设计？）相匹配，见图序-4。

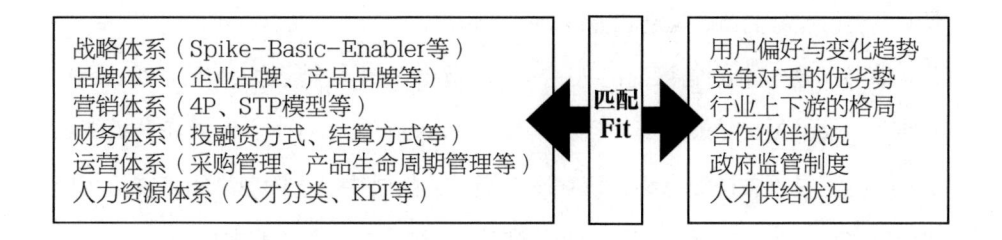

战略体系（Spike-Basic-Enabler等） 品牌体系（企业品牌、产品品牌等） 营销体系（4P、STP模型等） 财务体系（投融资方式、结算方式等） 运营体系（采购管理、产品生命周期管理等） 人力资源体系（人才分类、KPI等）	←匹配 Fit→	用户偏好与变化趋势 竞争对手的优劣势 行业上下游的格局 合作伙伴状况 政府监管制度 人才供给状况

图 序-4　企业经营与内外部环境的Fit

当互联网行业在国内爆发，整个行业的人才相对短缺，因此员工极容易跳槽找到更好的工作，那么这个时候，企业原有的招聘、培养与绩效体系就难以保证留住最优秀的人才。人才供给状况出现变化，新时期雇员的价值观变化，以及竞争对手在人才上的竞争优势也在变化，如此，企业在人力资源体系就需要一个新的"Fit"（匹配）来获得最需要的人才。

以上是战略性思维的3个层面：

- 做到不同；
- 动态调整；
- 获得匹配。

我们看到，不仅在制定企业战略的时候需要战略性思维，在企业运营的每一个层面，在每一个具体的项目中，都需要战略性思维来帮助企业取得更好的成果，实现竞争优势。而那些顶尖的企业，就是在战略制定、业务分析、人才管理等每一个方面，都能够用战略性的思考方法做到全球领先的水平。

本书的宗旨，就是在战略制定（方向：做什么）、企业运营（方法：如何做好），以及组织与人才发展（人：谁来做，如何持续地做好）这三个企业经营的核心领域，提供给读者最前沿的思考方法和工具。除了介绍这些工具，本书还添加了在不同行业的应用案例来帮助大家理解顶尖企业如何运用这些思考工具在每一个层面建立优势。其中绝大多数案例来自我在国际咨询公司、国内外不同类型的企业工作中的真实案例，以及海内外的资深战略专家、企业高层管理者进行业务变革、推动企业发展的实例。

本书不是一本战略管理的入门书籍，因此对于波特五力分析（Porter's Five Forces Analysis）、波士顿矩阵（Boston Matrix）、营销4P分析等基本的战略工具不做详细介绍，仅在本书最后的附录中给予简单说明，并且相应地补充这些基本工具近年来在企业界的实际运用中的一些新的视角。

最后希望读者通过对这些战略思考与分析工具、实际应用案例的了解，能够将这些工具运用到自己的工作当中，获得有价值的帮助。如果各位因为本书而对各种经营问题能够获得更具有战略性的视角和思考方法，本人将不胜荣幸。

（关于本书的主题，读者有任何问题，可以在微信公众号"德闻阁"中与笔者交流。在这个公众号中，读者还可以读到笔者对其他商业问题的分析和思考。）

目　录

推荐序 / 001

序言：什么是战略性的思考方法，为什么仅有执行力是远远不够的 / 001

第一部分　制定战略与增长的方向

无论是新成立的初创企业，还是早已步入成熟阶段的500强巨头，增长几乎是所有企业永远追求的目标。单一业务类型的企业如何制定有效的战略赢得竞争，扩大市场份额？多元化发展的企业如何有效地整合各业务线？

本书第一部分将围绕"建立竞争优势""战略制定""业务创新与扩张""扩张后多元业务管理"的顺序展开，解答上述问题，并选取了会说话的汤姆猫（Outfit7）、阿里巴巴、唯品会等高速发展的互联网企业，以及宝洁（P&G）、通用电气（GE）等传统巨头运用这些方法的案例。

第一章　向顶尖企业学习如何打造竞争优势 / 003

1.1　你的领先点是什么（Spike-Basic-Enabler分析法）/ 003

1.2　企业的核心资源应该投向哪里（KSF分析法）/ 008

第二章　战略的制定与检验 / 012

2.1　来自摩立特与宝洁公司的战略制定秘密武器 / 012

2.2　战略检验：如何保证企业战略得到有效执行 / 018

2.3　战略性调整：成功的企业如何演化其业务 / 029

第三章　创新与增长 / 035

3.1　业务创新：如何让成熟的业务形态焕发新的活力 / 035

3.2　下一步：如何思考企业增长的方向（7层级增长模型） / 040

3.3　扩张时的决策：如何选择目标新行业或新市场（GE矩阵） / 047

第四章　扩张后的多元化经营 / 053

4.1　多元化管理之道（Portfolio Thinking） / 053

4.2　集团型企业的管控选择 / 059

第二部分　经营分析与业绩提升

> 除了制定公司战略，如何通过战略性思考给企业经营的每一个环节中都带来更高效率和更好的成果？
>
> 本书第二部分介绍了18个思考方法与工具，围绕"用户分析""产品营销""经营优化"和"品牌管理"4个领域展开，并介绍了苹果（Apple）、亚马逊（Amazon）、联合利华（Unilever）、蚂蚁金服等企业在具体的经营活动中运用这些方法的案例。

第五章　顶尖企业如何经营顾客 / 067

5.1　世界级快销公司的客户获取经验（用户获取模型） / 067

5.2　如何提升对用户的黏性（SOW分析） / 075

5.3　经营客户时应该关注渗透率还是忠诚度（奥特森分析图） / 079

5.4　如何战略性地选择真正有价值的客户（客户盈利分析） / 083

第六章　创造真正能赢得顾客的产品或服务 / 087

6.1　如何从用户的视角来设计、改进产品（价值曲线） / 087

6.2　如何让产品大卖：插上传播力的翅膀（STEPPS分析） / 092

6.3　如何设计新产品（联合分析法） / 099

6.4　向苹果公司学习销售渠道的选择方法 / 108

6.5　如何有效投放 1：氛围型产品投放策略 / 115

6.6　如何有效投放 2：功效型产品投放策略 / 120

第七章　经营流程优化 / 124

7.1　如何战略性地管理供应商 / 124
7.2　如何用数据化的方法改进业务流程（Waterfall分析）/ 134
7.3　如何调整产品线（贡献度与关联度分析）/ 140
7.4　如何制定与购买模式匹配的营销手段 / 145
7.5　世界级的企业如何管理价格体系（四维定价管理模型）/ 153
7.6　从亚马逊到阿里巴巴：互联网时代的差别定价法 / 164

第八章　建立卓越的品牌 / 170

8.1　如何选择品牌的覆盖维度（企业vs产品）/ 170
8.2　如何获得持久的品牌生命力（品牌审计）/ 176

第三部分　人才培养与组织发展

> 企业最有价值的资产是人。如何选择、保留最优秀的人？如何让员工在企业得到成长？如何让企业保持活力并取得长远发展？本书第三部分介绍了伦敦商学院、哈佛商学院对领导力、组织发展的研究，以及通用电气（GE）、纽约时报、华为等企业的实践。
>
> 很多人认为人才招聘与培养、组织发展是HR部门的事。其实真正卓越的企业，其最高领导人对人员与组织发展给予无比的重视。而这也正是企业取得长久成功的关键。

第九章　赢得人才战的关键 / 187

9.1　德鲁克最推崇的企业家如何管理人才（A-B-C人才模型）/ 187
9.2　如何正确地引进外部高管（人才结构与稳定性分析）/ 193
9.3　人员激励：什么比晋升和奖金更有效（人员激励模型）/ 198
9.4　人员发展：如何让企业真正助力员工发展（员工发展三要素模型）/ 204

第十章　突破领导的瓶颈 / 209

10.1　如何选拔真正具有领导潜质的人才（4E领导力模型）/ 209
10.2　从卓越的领导者身上学什么（高效领导者行为模型）/ 216

第十一章　引领组织发展与变革 / 221

　　11.1　如何设定合理的增长目标（业绩目标设定法）/ 221

　　11.2　企业如何获得长久的生命力：组织发展的第二曲线 / 227

　　11.3　危机之时，如何推动企业变革的成功（四要素分析）/ 233

　　11.4　企业基业长青的关键：接班人管理办法 / 238

附录：10个基本的战略分析工具 / 243

　　3C战略分析模型 / 245

　　4P市场营销分析模型 / 248

　　波特的五力分析（5-Force Analysis）/ 250

　　波士顿矩阵（Boston Matrix）/ 252

　　SWOT分析与"行动十问" / 254

　　市场营销的STP步骤 / 256

　　产品生命周期分析与"成熟期阵痛" / 258

　　价值链（Value Chain）分析与价格链（Price Chain）分析 / 261

　　波特的三种竞争战略 / 264

　　目标设定的SMART原则 / 266

后记：什么是顶尖企业 / 269

致谢 / 271

注释 / 273

第一部分

制定战略与增长的方向

STRATEGY & GROWTH

引言

无论是新成立的初创企业,还是早已步入成熟阶段的500强巨头,增长几乎是所有企业永远追求的目标。对于单一业务类型的企业,如何制定有效的战略赢得竞争,扩大市场份额?对于多元化发展的企业,如何有效的整合各业务线?企业当下的战略是否合理?

本书的第一部分所介绍的思考方法就是为了帮助企业回答这些问题,内容涵盖了战略与增长的核心议题,包括"竞争优势的建立""业务的创新与扩张""扩张后多元业务的管理"。并且选取了从会说话的汤姆猫(Outfit7)、阿里巴巴、唯品会这样高速发展的互联网企业,到宝洁(P&G)、通用电气(GE)等工业时代巨头企业运用这些思考方法的案例。

这里介绍的每一种思考方法所针对的问题,以及适合的企业类型,在每一章节开头都做了特别说明。

第一章　向顶尖企业学习如何打造竞争优势

1.1 你的领先点是什么（Spike-Basic-Enabler分析法）

通过本思考工具你将了解

- 企业建立独特竞争优势的思考方法
- 什么样的竞争优势对手难以复制
- 除了建立独特竞争优势，企业运营的哪些方面必须完善
- 竞争优势与企业的资源部署如何做到前后连贯一致

适合对象：各种类型的企业

2012年，笔者在伦敦见到宝洁公司（P&G）的前副总裁，具有传奇色彩的营销专家Mohan Mohan。在请教他多年来的商业智慧时，他提出的第一个问题就是："What's your spike？"（你的顶尖领域是什么？）

面对市场上众多的竞争对手，企业应该以什么作为自己的核心竞争力？应该集中资源将某一个竞争优势做到极致，还是应该在多个方面都做到领先，彻底甩开对手？

关于如何建立竞争优势等一系列问题，笔者的好友，曾工作于麦肯锡（McKinsey）的战略思考家Marvilano Mochtar 提出了一个简单且有效的Spike-Basic-Enabler竞争战略模型，见图1-1-1。

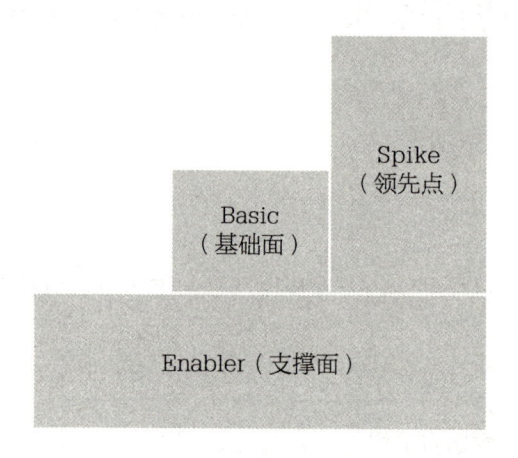

图1-1-1　Spike-Basic-Enabler模型

一个企业的竞争优势不是来源于某一两个点，而是来自三个层面的互相支持配合：

1. Spike（领先点）：该企业相对于竞争者具有绝对优势，竞争者在短期内难以模仿，并且是顾客非常看重的优点，比如京东在急速物流上的优势。通常一个企业的Spike只有1~2个。如果有3个或者更多，则说明企业资源太过于分散，在每一个点上都难以建立足够强的优势。

2. Basic（基础面）：指消费者很看重、企业必须做好的领域。但这些领域即使做到极致，消费者也不会因此就决定从该企业购买；反过来，如果企业在这些方面出现问题，顾客则会立即离开。

3. Enabler（支撑面）：指企业用以支持实现Spike和Basic的资源。包括资金、技术、人才结构、企业组织方式、领导层的重视等。

我们通过电商行业一个简单的横向对比来说明不同企业的Spike和Basic[1]：

表1-1-1 三个电商平台的Spike对比

	淘宝（+天猫）	京东	唯品会
Spike	·商品多而全（有一句口号"万能的淘宝"） ·低价	·急速物流	·逛街的愉悦感 ·优质品牌集中
Basic	·浏览方便 ·付款便捷 ·发货稳定 ·客服体验好 ……	·浏览方便 ·付款便捷 ·发货稳定 ·客服体验好 ……	·浏览方便 ·付款便捷 ·发货稳定 ·客服体验好 ……

我们看到，Basic（基础面）包含的面比较多，而Spike（领先点）只集中在1~2点。处于同一个行业的企业，Basic很相似，都属于用户的基本要求。而Spike是根据目标用户群所最为看重的方面相应打造的特殊点。

如果一个企业的产品或者服务没有让消费者铭记的Spike，那么当大量竞争对手涌入这个市场时将会立即被淹没。国内众多手机品牌在多年的市场竞争后，最终生存下来的品牌都具有一个独特并且强有力的Spike，比如华为手机的超强性能，OPPO手机的摄像功能（表1-1-2）。而中兴、联想手机等品牌最终被市场淘汰时我们也不会感到奇怪，经过多年的推广，人们还是不知道这些品牌手机的Spike是什么。

表1-1-2 不同手机品牌的Spike对比

品牌	华为	OPPO	VIVO	小米	中兴	联想手机
Spike	超强性能	摄像好	音乐品质	价格（性价比）	?	?

大家经常提到核心竞争力（core competency）这个词，比如研发技术、采购效率、垄断的货源优势等，这些竞争力可能是企业建立Spike的基础，但是不等于企业的Spike。Spike和Basic都是从给用户的价值和体验的角度来决定的，而不是企业对自身优势的评估。

一个企业自认为在某个层面做到行业绝对领先，是自己的Spike，但是这个优势可能只是Basic。比如现在人们在选择通讯服务商的时候，信号稳定就是一个基本需求。如果经常出现信号不稳定，用户一定会离开这个服务商。在今天任何一家通讯企业，都不可能以"信号稳定性绝对领先"作为优点来吸引用户。

需要特别强调的是，企业的**Spike和Basic是随着市场而不断变化的**：20多年前中国内地的移动通信业务刚刚展开，面对整体市场上技术的不成熟，信号稳定就是Spike，但是今天则是企业的Basic。

在打造并维护企业的Spike时，必须选择竞争对手不具有且短期内难以复制的优势。如果一个企业拥有某种独特优势，并且成功吸引了用户，但是这种优势竞争对手比较容易模仿，那么企业就要迅速调整资源，建立新的Spike。如何判断一个企业的优势是否容易被竞争对手模仿复制，我们可以参考图1-1-2，复制竞争优势的难度模型。

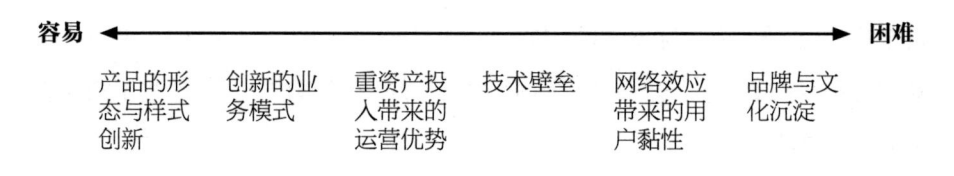

容易 ⟵―――――――――――――――⟶ 困难

| 产品的形态与样式创新 | 创新的业务模式 | 重资产投入带来的运营优势 | 技术壁垒 | 网络效应带来的用户黏性 | 品牌与文化沉淀 |

图1-1-2　不同竞争优势的复制难易程度

最后介绍一下Enabler。Enabler是实现Spike和Basic的基础，一个企业的Enabler必须与Spike和Basic的定位保持一致性。比如京东的急速物流是它的Spike，那么什么来支撑急速物流？除了广泛分布的物流站点外，还有根据每个地区的销售数据分析，实现预调拨的能力。稳定的发货、优质的客服是Basic，那么则需要完善的质检体系、订货峰值情况下的快递后备方案、完善的客服人员培训和评价体系来支撑。当企业确定了其竞争的Spike和Basic，接下来就需要思考，我们需要什么样的Enabler？在现有的人力资源、技术储备和管理体系方面需要补充、强化哪些领域？企业领导人要避免只看到（并要求下属建立）Spike，而忽视对Basic、Enabler的关注和投入。

Michael Porter教授提出过"三种竞争策略"理论，即通过"低成本、差异化、聚焦"三种方式中的某一种实现竞争优势（具体参见本书附录）。这是基于企业和市场角度提出的竞争理论。Spike-Basic-Enabler竞争理论则是从消费者的认知和用户体验角度来帮助企业思考如何建立竞争优势。两种模型可以有效地互补，帮助企业清楚地认识，并且动态打造、调整自己的优势。企业领导人可以定期问自己："我们企业的Spike是什么？消费者在未来的3~5年还会那么在意吗？现有的资源、组织体系是否能支撑我们希望建立的新Spike？"

SUMMARY
总 结

☐ 一个企业的Spike必须满足三个条件：1.具有绝对优势；2.竞争者在短期内难以模仿；3.顾客考虑购买的重要因素。

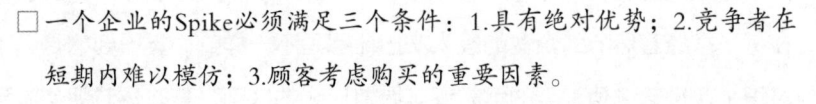

☐ 有的领先优势可能只是企业的Basic，这方面让用户基本满意即可，即使做到极致也无助于吸引顾客，但是做得不好，用户将会立即离开。

☐ 对于每一个Spike与Basic，企业需要检查所投入的资源和管理制度能否有效支撑。前两者只是表象，背后的资源与管理方式才是根本，不能忽视。

☐ 市场不断变化，企业领导人需要经常审查，企业的Spike是什么？消费者是否真的在意？5年后我们的Spike应该是什么？

1.2 企业的核心资源应该投向哪里（KSF分析法）

通过本思考方法你将了解

- 什么是取得经营成功的关键成功要素
- 如何分析、找到一个行业的关键成功要素
- 为什么某些经营环节，即使追求卓越，对企业的成功也毫无帮助
- 企业在经营活动中应该如何分配资源，取得竞争优势

适合对象：各种类型的企业

一个企业的经营活动涉及众多方面：采购、设计、加工生产、售后服务等。在每一个经营环节，企业的投入产出比都是不一样的。更重要的是，不同环节对于企业经营成功与否的贡献程度有着巨大的区别。**某些环节即使做到极致，对于企业的成功并无太大帮助，而某些环节只要做到行业相对领先的水平，就能让企业大幅地前进。**一个企业的资源是有限的，因此企业应该将其最好的资源投入对企业成功最有帮助的关键点上，建立竞争优势。这些关键点，就是企业的关键成功要素KSF（Key Success Factors，图1-2-1）。

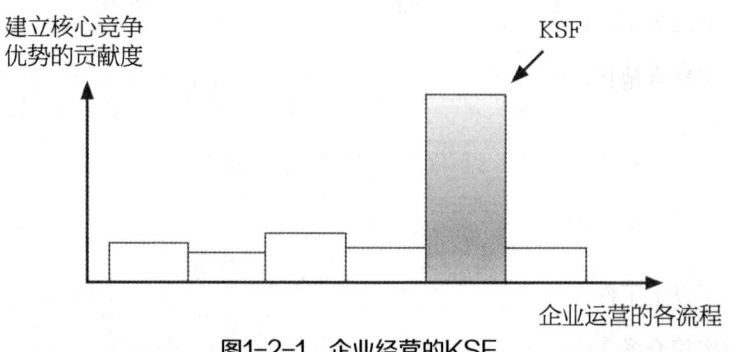

图1-2-1　企业经营的KSF

第一部分　制定战略与增长的方向

咨询顾问在接触到一个新行业的案子时，首先会思考："在这个行业取得成功的关键要素是什么？"对于受过商学院教育，或者在专业的管理咨询公司工作过的人，这种思考方法逐渐成为本能。而在现实的商业领域中，却容易被企业管理人员忽视，造成企业将大量资源和人力成本浪费在不重要的领域。

不同行业的关键成功要素并不一样。这里我们借用林业企业的例子来说明如何思考及如何实现关键成功要素。林业（特种木材除外）企业要想获得竞争优势，需要扩大产量实现规模优势，并且不断降低成本，在较短的时间内实现高产出。因此要实现竞争优势，需要做到以下两点：

- 拥有大量的林地；
- 让单位面积的木材产量最大化。

第一点很容易理解，要想获得大量的林地，不断购买或者不断从政府争取土地支持即可。对于第二点，如何做到单位面积产量最大化呢？影响木材生长的最关键变量是光照量和灌溉量。在日照充足、水源不足的地方，如果能得到充足的水分，木材生长成型所需的年份可以从20年缩短到10年，甚至更短，这种情况下，企业应该考虑的是如何在天然降雨之外增加水的供给，比如周边生活用水的再利用，或者改进灌溉系统。反过来，在水分充足、日照不足的地区，则需要考虑如何利用肥料促进生长，或者选择对光照依赖较小的树种提升单位面积的产出。认识到关键成功要素之后，就很容易识别林业企业高管人员的关键工作领域：

- 争取优质的林地供给（根据气候、光照、水分等因素）；
- 在缺水地区增加水源供给和使用效率（再生水的利用系统、更高效的灌溉方式等）；
- 实现树木品种与土质、地区光照、水供给的匹配优化。

除了以上工作，林业企业也需要关注树林的防火、木材防蛀、采伐成本、运输效率等众多工作。而以上这些并不是企业的关键成功要素。这些工作即使做到行业最领先的水平,对于企业经营成功也只能提供非常有限的帮助。因此只需要做到不落后于人即可,高级管理人员不需要每天盯着这些工作。企业最好的资源(最优秀的人才、资金、技术投入、领导层的关注等)应该放在对企业经营成果贡献最大的地方。

业务稍变,KSF跟着大变

在此需要补充说明:在上面的例子中,市场营销、销售推广并不是关键成功要素。因为木材(还有农产品等)属于原材料行业,产品的价格由整个行业的市场状况决定,单个企业在市场上并没有太大的定价权,即使有再好的营销推广支持,企业对产品的价格、利润的影响都是有限的。

如果同一个企业,从原材料市场进入成品市场,需要直接面对终端消费者时,情况就不同了。比如一个燕麦种植与加工的企业,延伸自己的业务领域,推出即食麦片,从经营初级农产品到生产快消食品,虽然整个生产只有很小的改变,但是企业经营的关键成功要素就全变了。新产品(不同的口味、原料配比)研发、产品包装、品牌推广、零售渠道的拓展,在以前是不重要,甚至完全不需要的环节,当下则成为企业成功的关键。在原有的业务模式下取得成功,不代表具备了建立新的关键成功要素所需要的经验和人才,因此引进人才,或者与具备这些成功要素的企业战略合作,是新业务的重点。

识别KSF的方法

1. 关键变量识别法:在上面对林业企业分析的例子中,我们看到一个有效的识别关键成功要素的思路:首先识别竞争优势,然后确定对这些竞争优势影响最大的关键变量,之后确定能改变这些变量的经营活动(图1-2-2)。

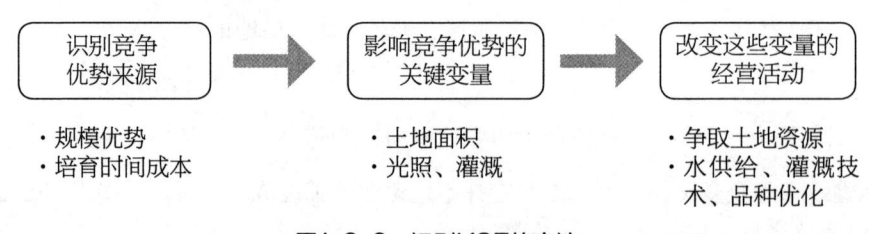

识别竞争优势来源	→	影响竞争优势的关键变量	→	改变这些变量的经营活动
·规模优势 ·培育时间成本		·土地面积 ·光照、灌溉		·争取土地资源 ·水供给、灌溉技术、品种优化

图1-2-2 识别KSF的方法

对其他行业，以同样的思路，很快也能发现关键成功要素。

2. **研究行业领先企业**：把行业里面最优秀的企业和行业里面表现一般企业进行对比，发现他们哪些环节的能力大幅领先于后者。

3. **思想实验**：10倍速优势。假设自己的公司的任意一个业务环节的效率提升了10倍，比如市场覆盖的面积扩大了10倍，或者成本改进的速度提升了10倍（不是成本降低10倍）。在各种情况下，分析哪一种改变对企业经营带来最显著的竞争优势。

4. **客户研究**：询问客户为什么喜欢行业里的某一个企业，为什么从他喜欢的企业购买。得到一定数据后，找出最显著的原因，然后研究是哪些要素实现了客户眼中的购买原因。

与Spike-Basic-Enabler的视角不同，KSF分析是**从企业内部运营和资源配置的角度来发现企业应该集中力量打造优势的领域**。在经营活动中企业应该避免"平均主义"，领导人的注意力应该集中在企业的KSF上面。

SUMMARY
总 结

☐ 不同经营活动对企业取得成功的贡献程度有着巨大的区别。某些环节即使做到极致，对于企业的成功也并无太大帮助；而某些环节只要做到行业相对领先的水平，就能让企业大幅地前进。

☐ 企业应该集中资源在KSF上，避免在其他环节消耗过多的精力。

☐ 每个行业都有独特的KSF，一个企业的经营方向稍稍改变，其所需要的KSF可能就变得大不一样。

☐ 企业可以通过"关键变量识别法""研究行业领先企业""思想实验""客户研究"等方法找到经营成功的KSF。

第二章 战略的制定与检验

2.1 来自摩立特与宝洁公司的战略制定秘密武器

> 通过本思考工具你将了解
>
> - 企业如何制定全面、完善的竞争战略
> - 如何确定企业适合在哪些行业、哪些市场、哪些渠道展开竞争
> - 如何检验一个企业的经营手段、资源配置能否支持战略目标的实现
>
> 适合对象：各种类型的企业

笔者曾经工作过的战略咨询公司——摩立特集团（Monitor Group，后被德勤收购，更名为Monitor Deloitte）提出了一套独特的制定并且执行公司战略的模型，被称为"摩立特战略模型"，在企业界得到广泛的应用。尤其是在宝洁公司（P&G）前董事长兼CEO雷富礼（A.G. Lafley）在位期间，宝洁公司从摩立特集团引进了这套战略制定与管理的方法，适当调整之后推广为整个宝洁公司的标准流程。他本人还撰写了一本书*Play to Win*，介绍在宝洁运用这个战略制定框架的经验（因此也被称为Play-to-Win战略模型）。

这套摩立特战略模型将战略的制定分为4个层层相扣的环节，见图2-1-1：

第一部分 制定战略与增长的方向
Part 1 Strategy & Growth

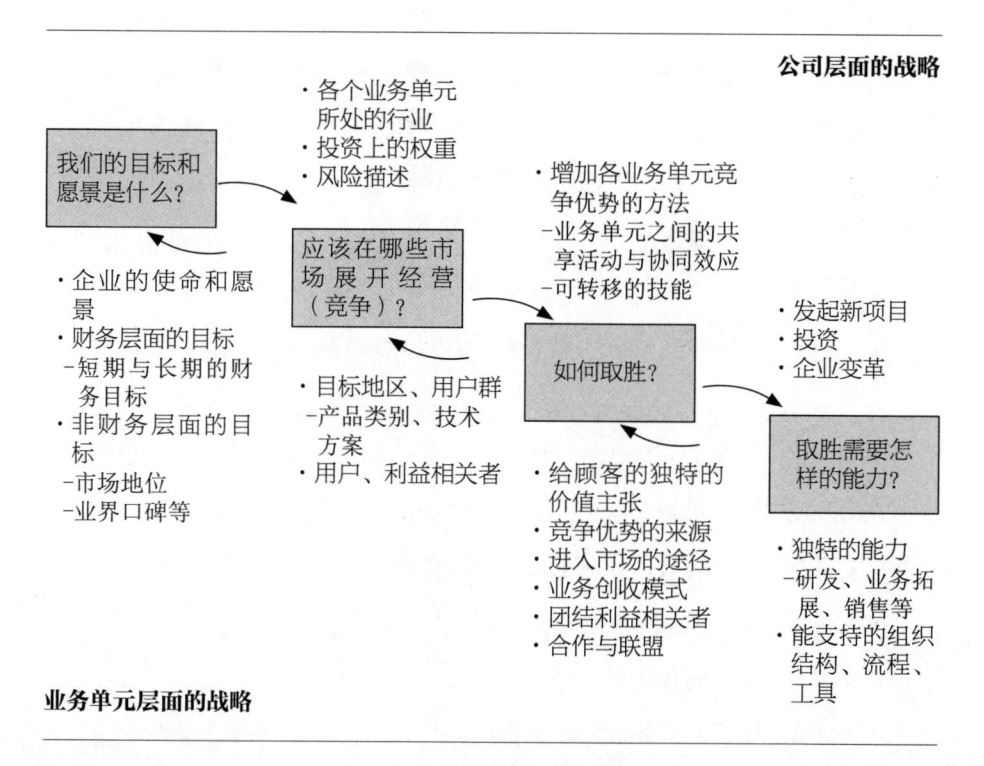

公司层面的战略

- 各个业务单元所处的行业
- 投资上的权重
- 风险描述

我们的目标和愿景是什么？

- 增加各业务单元竞争优势的方法
  - 业务单元之间的共享活动与协同效应
  - 可转移的技能

应该在哪些市场展开经营（竞争）？

- 企业的使命和愿景
- 财务层面的目标
  - 短期与长期的财务目标
- 非财务层面的目标
  - 市场地位
  - 业界口碑等

- 目标地区、用户群
- 产品类别、技术方案
- 用户、利益相关者

如何取胜？

- 发起新项目
- 投资
- 企业变革

取胜需要怎样的能力？

- 给顾客的独特的价值主张
- 竞争优势的来源
- 进入市场的途径
- 业务创收模式
- 团结利益相关者
- 合作与联盟

- 独特的能力
  - 研发、业务拓展、销售等
- 能支持的组织结构、流程、工具

业务单元层面的战略

图2-1-1 Monitor战略模型

第一个环节：明确公司（或某个业务单元）的目标和愿景。包含公司在短期和长期的财务层面目标和非财务层面目标。短期和长期的财务目标包含营业规模、利润水平。非财务目标包含企业希望在市场地位、消费者认知、品牌、技术积累等方面实现的目标。这个环节是后面三个环节的基础，并且限定了后面三个环节的框架。比如，一个企业的愿景包含成为行业市场份额第一的企业，那么在选择目标用户群的时候，就不能只考虑最高端市场或者某个具有特殊需求的小众市场。如果这个企业的愿景是成为用户心目中该品类里面最高端的品牌，那么就决定了未来在产品功能、定价策略层面的选择。

企业的愿景和目标可以随着时间慢慢调整，但是愿景和目标的描述一定要清晰，用来指导后面各个步骤的战略制定。"成为国际一流企业"这样的愿景描述，并不能告诉人们后面的环节该如何选择，不同的管理人员对这个愿景可能有完全不同，甚至相反的理解。为了使愿景目标清晰，人们需要使用明确的指标（比如"成为国内市场份额第一，并且具有全球影响力，在国际市场排名进入前十的企业"），或者用多个维度、一组句子来描述愿景。我们来看宝洁公司在重塑玉兰油（Olay）品牌时的取胜愿景描述[1]：

- 在护肤领域成为领先品牌；
- 与洗发、护理产品一起为公司在美容护理市场建立重要支柱；
- 在所选择的渠道和市场显著地超越对手（Win convincingly）。

上面这三个层面的愿景描述，明确了产品范围（护肤领域）及市场份额目标（在所选择的市场超越竞争对手），让不同的人们看到后达到统一的理解。

接下来看第二个环节：确定在哪些市场领域展开竞争，包括：

- 在哪些国家、地区开展经营活动；
- 提供怎样的产品线或服务；
- 把什么样的用户群作为目标顾客；
- 采用什么样的市场渠道；
- ……

在回答上面这些问题的时候，企业可以从内部和外部两个维度来考虑。

内部因素包括：企业的核心竞争力是什么？品牌技术实力等方面的优势如何？品牌延伸能够扩展到哪些领域不会招致顾客的反感或者怀疑？

外部因素包括：哪些地区、产品品类的市场具有好的增长机会？在哪些地区，针对哪些产品品类，公司更容易建立竞争优势？

举一个例子，一个全球领先的快速消费品公司希望进入健康医疗产业，需要选择具体的产品线及市场。公司的优势包括强大的品牌知名度、研发团队（但不包含药品领域）、广泛的零售通路。核心竞争力是能将好的产品快速铺开，高效地推广。在药品、医疗器械研发生产上，公司并没有优势。尽管可以通过收购获得产品线和知识产权，但是在这两类产品的市场推广、分销成本上并没有优势。经过分析和市场研究，公司决定进入"Medical Food"（医疗食品，指不能替代药物，但是对特定病症能起到辅助治疗效果的食物）领域。该领域具有广阔的增长前景，而该公司利用广泛的分销渠道、快销产品的推广经验，在其最具有渠道优势和品牌优势的北美地区开始这个新业务。通过分析，有效地找准了在哪里展开竞争。

第三个环节：制定赢得竞争的方法。在公司层面需要考虑的是，不同的业务单元之间是否能建立协同效应，提升各个业务单元的竞争力；是否有能够共享的资源与这技术储备支持多个业务单元。比如三星公司（Samsung）的处理器研发与制造业务，有效地支撑了其手机业务的发展。在具体的业务单元层面，需要考虑的是：

• 给用户提供怎样的、能区别于竞争对手的独特价值（功能、设计品牌形象等）；

• 采用什么样的创收模式；

• 用什么样的渠道进入市场；

• 能够与哪些企业合作或者建立联盟，一同推广；

• 从哪些利益相关者获取支持（客户群、政府、研究机构、媒体、非营利组织等）。

第四个环节：需要怎样的能力和支撑体系。根据第三个环节所确定的方向，企业分析需要怎样的资源、支撑体系来保证第三个环节竞争策略的执行。比如，竞争策略是提供外观绚丽而非功能强大的产品线来吸引时尚新潮的年轻群体，那么公司就需要顶尖的设计团队或者设计合作伙伴。赢得竞争所需要的资源和能力（在此，能力也包含企业的组织结构、氛围、激励方式等因素），如果企业目前已经具备，那么可以立即执行新的竞争策略。如果企业目前没有，可以通过内部培养或者投资收购来实现。如果所需要的资源是一种不同于当前的企业文化氛围或者组织结构，那么就需要发起组织变革，或者建立一个新的子公司来实现。

在前面的图表当中，我们看到有上、下两组箭头链接四个环节。图表上方，三个从上到下的箭头是制定战略的思考和决策过程。根据我们的目标是什么，决定下一步我们要在哪些领域竞争，然后决定下一步我们在这些领域如何取胜，逐步往下推演。

下方的三个从下到上的箭头，则是用来检验战略是否完善有效的过程。

- 首先在第四个环节，假设我们已经具有了这里所描述的能力和资源（技术、品牌、渠道、组织结构等）是否能实现第三个环节所描述的竞争优势与策略，是否有什么必须条件漏掉了？
- 假设我们实现了第三个环节的这些竞争优势，是否能确保在第二个环节所确定的这些领域赢得竞争？是否会有一些竞争因素没有考虑到？
- 在第二个环节的这些领域都赢得竞争，是否能支撑我们的战略目标和愿景？

经过上面这个检验步骤，我们就能够回过头判断战略的制定是否完善，并且在执行的过程中不断回顾，修正在制定战略过程中的假设。

SUMMARY
总 结

☐ Monitor战略制定模型，是一个帮助企业系统性思考从公司战略到具体业务结构、所需的能力与资源的工具。

☐ 准确定义及前后连贯（逻辑上相互支撑）是有效使用这个工具的两大关键点。

☐ 企业可以借助这个模型，将自己目前的"在哪儿竞争""如何取胜"等各个战略点列举出来，并且分析是否清晰、完善、有效。

附录：宝洁公司调整后的Play-to-Win战略模型见图2-1-2（将最后一步所需要的能力拆分成了两个环节，能力和管理体系，共分为5个环节）

The Play-to-Win Strategy Cascade

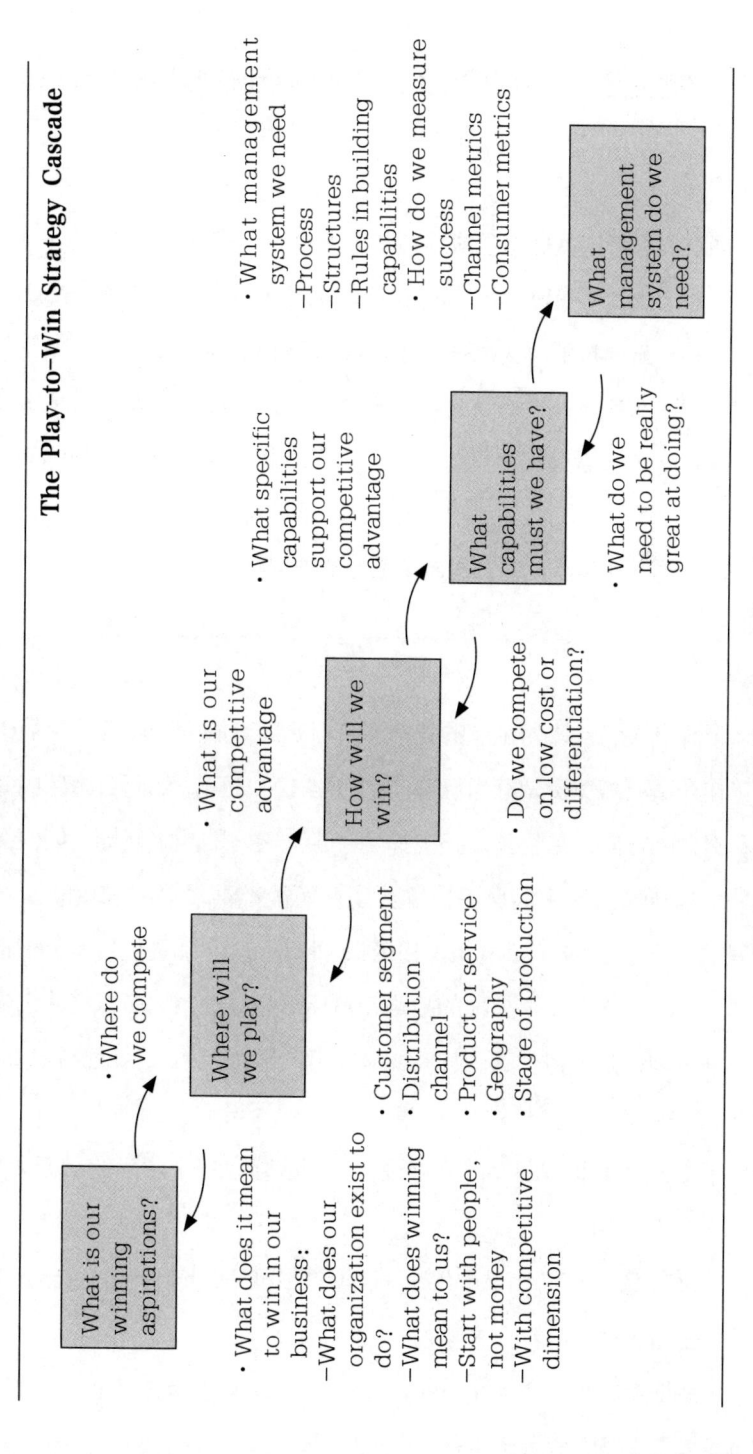

What is our winning aspirations?

- Where do we compete

Where will we play?

- What is our competitive advantage

How will we win?

- What specific capabilities support our competitive advantage

What capabilities must we have?

- What management system we need
  - Process
  - Structures
  - Rules in building capabilities
- How do we measure success
  - Channel metrics
  - Consumer metrics

What management system do we need?

- What does it mean to win in our business:
  - What does our organization exist to do?
  - What does winning mean to us?
  - Start with people, not money
  - With competitive dimension

- Customer segment
- Distribution channel
- Product or service
- Geography
- Stage of production

- Do we compete on low cost or differentiation?

- What do we need to be really great at doing?

图2-1-2　宝洁公司调整后的战略模型

2.2 战略检验：如何保证企业战略得到有效执行

通过本思考工具你将了解

- 建立一个切实可行的企业战略时，应该从哪些维度来设计、考量
- 如何判断、监控一个好的战略是否能执行落地
- 在设计一个新项目时，如何检验这个项目是否真正对公司的战略目标有帮助

适合对象：各种类型的企业、非营利组织

习惯上人们会认为企业的战略和目标是最高层领导思考的事情，每个部门的工作人员只需负责做好自己部门的日常工作即可。然而各个部门每一天的工作和努力的方向，是否能真正支撑到了企业最终的战略目标，如何保证战略能正确地执行？对这个问题，大部分企业可能都难以给出确定的回答。对此，管理学家开普兰（R. Kaplan）和诺顿（D. Norton）提出了"平衡记分卡"的工具（图2-2-1），将公司的战略和目标拆分成一系列可以精确定义、准确衡量，并且能让公司各个部门都能明确理解的数据指标，在战略执行落地的过程中实施监控。

平衡记分卡通过四个维度来设计公司战略在各个层面的指标[2]（通常累计有20个左右）。

- **财务维度**（Financial Perspective）：比如总体销售额、销售毛利、净利润、资产回报率、净现金流等；
- **顾客维度**（Customer Perspective）：比如市场占有率、品牌知名度、新增顾客数量、用户存留比率等；

第一部分　制定战略与增长的方向

- **内部流程维度**（Internal Process Perspective）：比如日均产量、新产品开发周期、Lead time（生产-交付周期）、故障率、故障排解决时间、缺货率等；
- **学习与成长维度**（Learning and Growth Perspective）：比如员工新技能的获取（培训时间、证书等衡量指标）、员工满意度、核心员工的流失率等。

各个维度里面指标的设计需要互相支撑、前后一致。比如顾客维度需要提升用户满意度指标，那么研究目前用户不满意的地方；如果故障率较高是主要原因，那么在内部流程维度就需要设定新的更低的故障率指标。在学习与成长维度上面，则可能需要引进解决故障的新的技术体系或者专业人员，或者对现有人员进行技能提升。

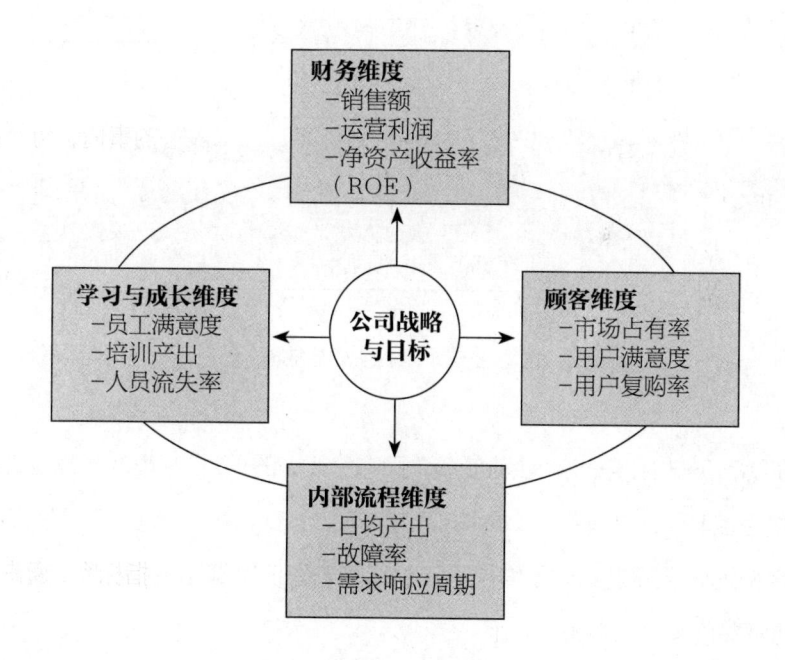

图2-2-1　平衡记分卡

平衡记分卡在各个行业都得到广泛的应用，其开发者开普兰和诺顿跟踪平衡记分卡在不同企业的应用，到21世纪初，他们在平衡记分卡的基础之上开发出一个升级版的工具——战略地图（Strategy Map）[3]。战略地图在各个维度的指标之间建立起更加明确的因果关系。一个典型的战略地图如图2-2-2所示：

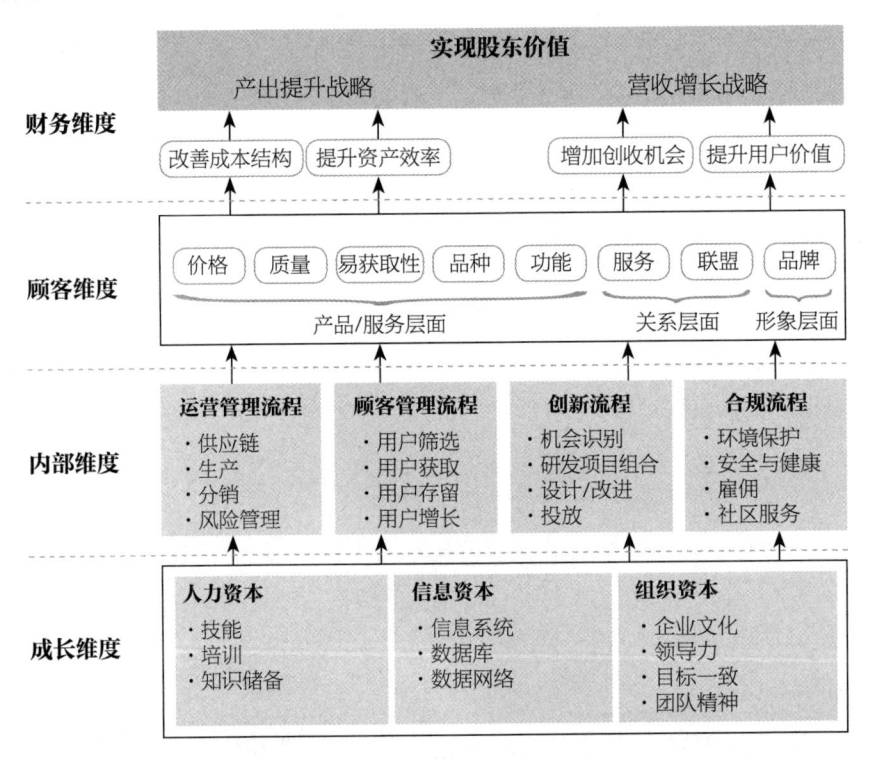

图2-2-2 通用型战略地图

财务维度：实现股东价值；产出提升战略、营收增长战略；改善成本结构、提升资产效率、增加创收机会、提升用户价值

顾客维度：价格、质量、易获取性、品种、功能、服务、联盟、品牌；产品/服务层面、关系层面、形象层面

内部维度：
- 运营管理流程：供应链、生产、分销、风险管理
- 顾客管理流程：用户筛选、用户获取、用户存留、用户增长
- 创新流程：机会识别、研发项目组合、设计/改进、投放
- 合规流程：环境保护、安全与健康、雇佣、社区服务

成长维度：
- 人力资本：技能、培训、知识储备
- 信息资本：信息系统、数据库、数据网络
- 组织资本：企业文化、领导力、目标一致、团队精神

在图2-2-2中，在实现企业使命（股东价值）的下方，4个维度分别清晰指明"如何实现"，以及每一个层面如何支撑上一个层面。通过战略地图发现自身应该在各个层面实现什么样的目标（而不只是一个高高在上的总目标），需要改进哪些流程，加强哪些方面。

对每一个方面设定可衡量的指标。一定要避免只设定方向指标、不设定结果（程度）指标。比如在成长维度，设立要展开某种技能的培训，配置某一个新的信息系统，但是不明确"培训要达到什么样的程度"，新系统能实现什么样的流程改进和效率提升（可衡量）来支撑内部流程维度的指标。一段时间后，如果企业发现并没有向着战略方向更进一步,但是问责起来,人力资源部会说"某某培训已经顺利完成",系统信息部会说"某某系统已经成功全面投入使用",最终发现不了任何问题及谁是相应的责任部门。只有精确定义、前后逻辑支持、可衡量的指标三者都具备,才能监控战略的执行,以及过程中哪里出了问题。

上图是一个通用性的战略地图,不同类型的机构可以根据自身的使命目标、业务特征,调整其中的指标维度,开发出适合自己的战略地图,各个板块之间的结构也可以相应调整。下面我们看一所著名高校的图书馆为自己开发的战略地图,见图2-2-3。

使命: 通过在"创造、获取、使用、保存"信息与知识库方面达到世界领先水平,来支持世界级的教学、研究和学习活动

顾客维度:
- 能便捷获取丰富的信息资源
- 出色的空间设计和环境,促进人们的在此的工作效率与合作氛围
- 为学术人员提供增值服务,以及讲座等活动

财务维度:
- 集中在资源和服务领域,控制在理想的"价值/成本"比率
- 保持预算水平,以便迅速响应资源与活动需求

内部流程维度:

宣传与推广
- 提升大家对图书馆的认知,"知识与智慧的汇聚之地"

馆内服务
- 开发高效的数字化服务
- 让行政服务、技术服务、公共服务的优先级实现统一

运营管理
- 将预算和优秀的人员优先分配给最具有战略意义的学术活动

学习与成长维度:

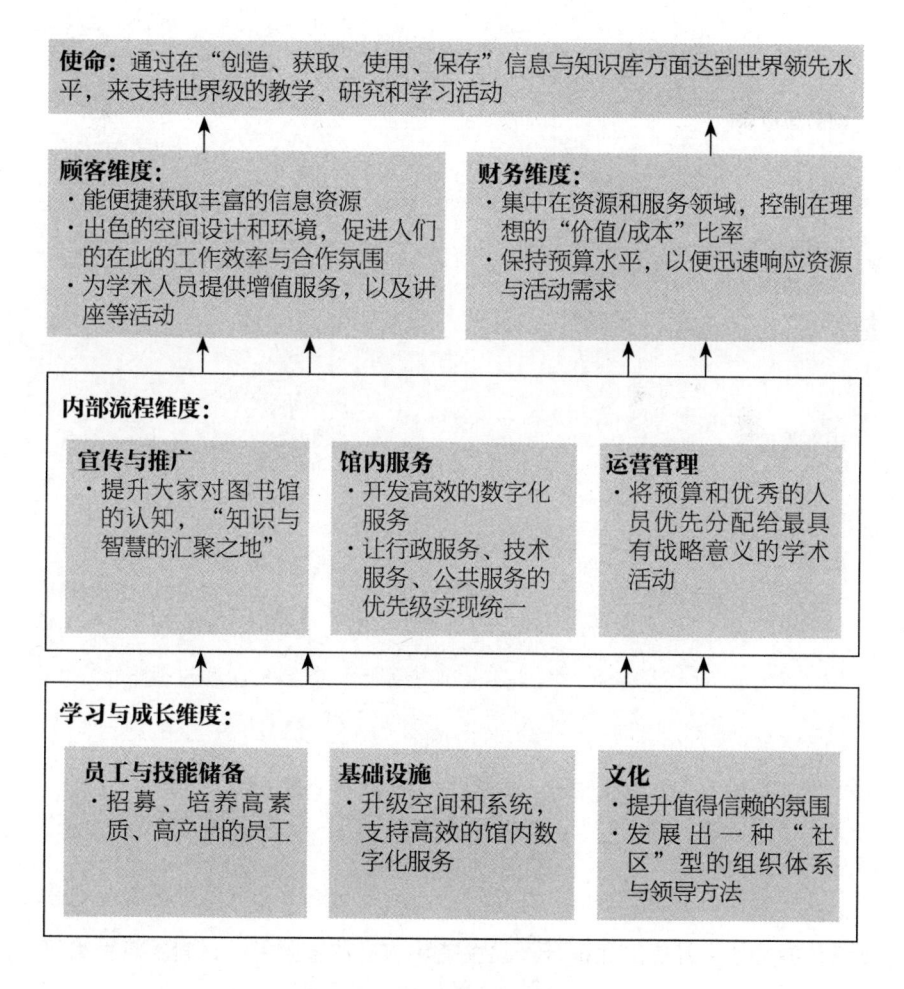

员工与技能储备
- 招募、培养高素质、高产出的员工

基础设施
- 升级空间和系统,支持高效的馆内数字化服务

文化
- 提升值得信赖的氛围
- 发展出一种"社区"型的组织体系与领导方法

图2-2-3 通用型战略地图

我们看到，图书馆的使命并非实现股东价值（股东价值的最高指标就是财务），而是促进教学、研究、学习活动。因此，其顾客（图书馆的用户）维度的指标处于战略的最高层。通过财务支持，对用户的服务来实现使命。之后通过设计内部流程维度的指标来实现顾客、财务维度的指标，再进一步通过学习与成长维度的指标来实现内部流程维度的指标。

需要注意的是，不论战略地图的结构怎样调整，各个层面之间的逻辑支撑必须前后一致。每一个最上层的战略目标，都有一个或者多个从最下方一直到最上方的完整链条。图2-2-4就是一个支撑关系的举例。

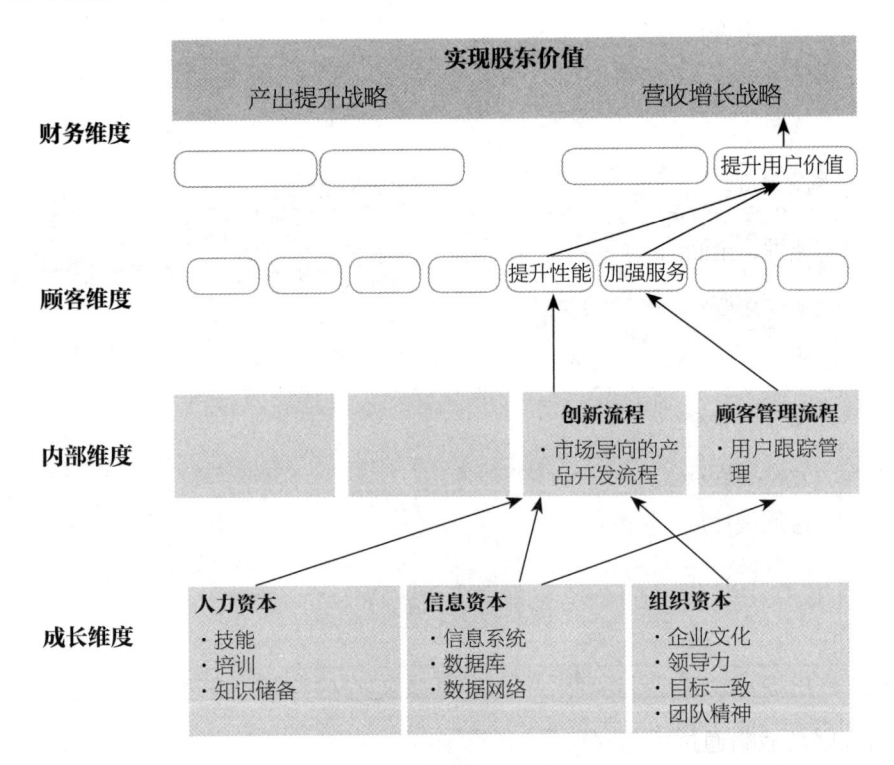

图2-2-4　战略地图中的上下支撑关系

从图2-2-4中我们看到，要通过提升给顾客的价值来实现营收增长战略。支撑顾客价值提升靠的是提升产品性能和改进顾客服务。在内部流程维度，通过创新流程和用户跟踪管理来支撑产品性能的提升和服务的改进，最后通过人力资本、信息资本、组织资本层面的指标来实现产品开发和用户服务的提升。各个维度之间的支撑关系是战略能够落地执行的基础。

除了制定并且跟踪战略的落地执行，企业还可以利用战略地图来检验一个新项目是否设计合理，能否支撑企业的战略发展。在此，我们通过一个案例来说明。

一个电商平台发现其销售的产品竞争力比较有限，产品的供应基本上都是"被动接受"各个供应商提供来的商品，而不是公司的人去市场上、去供应商那儿主动挑选值得采购的商品。采购人员通常擅长与供应商谈判，以及促销活动的运营，但在商品的挑选、流行趋势的把握等能力方面比较薄弱。因此公司决定提升采购人员"挑选出畅销商品的能力"，筛选出一批优秀的采购人员，了解他们在商品挑选方面希望学到的知识。然后从国内外请来最好的买手培训专家，根据学员的反馈和采购工作中存在的难点，请专家设计一个前后跨度五个月的课程，全面展开培训，并且在过程中提供多次一对一的专家指导。

从上面这些信息来看，整个项目的设计似乎很理想，有业务需求：从市场上挑选出具有畅销潜力的商品；有人员：熟悉采购流程并且渴望学习的学员；也有专业指导：国内外顶尖的买手培训专家。但是这个项目的设计并不完备。培训项目最终能起到什么样的效果？如何去支撑公司战略层面的发展？我们把整个项目的设计放到战略地图中进行检验（图2-2-5），就能有一个更加完整的、系统性的认识。

首先，我们来看战略地图的财务维度。实现给股东的价值有两种战略途径：产出提升战略或者营收增长战略。显然这个采购能力提升项目属于后者，营收增长战略通过采购回更加畅销的商品，来提升用户的转化率（convert ratio），或者用户每次购买的产品数量和消费金额（order size）。

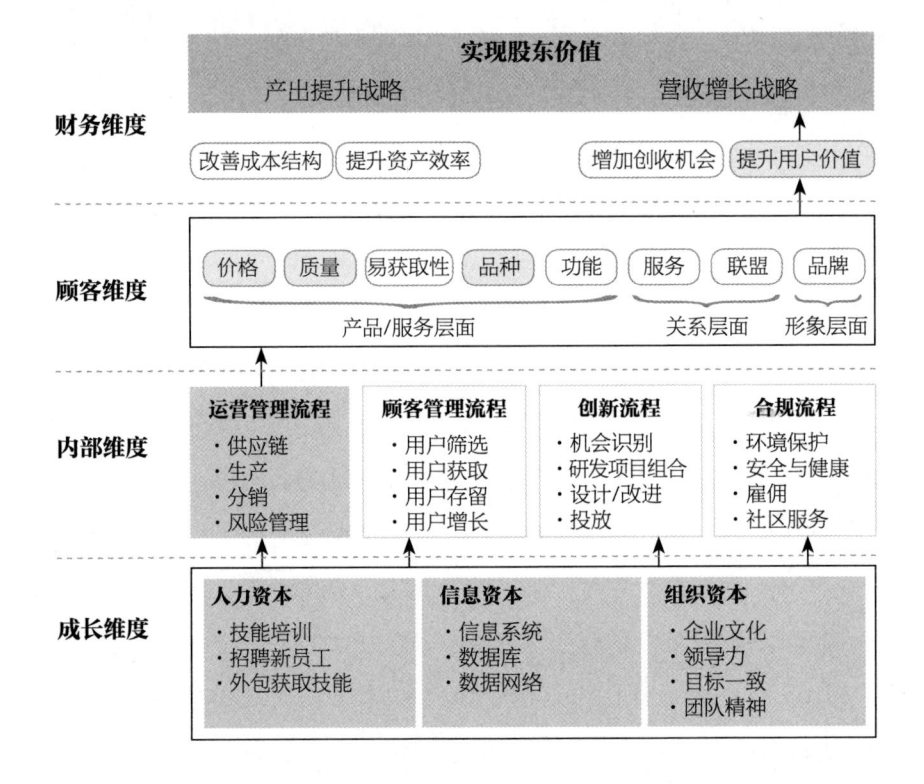

图2-2-5 用战略地图进行检验

接下来,我们看顾客维度。通过哪些方面来实现更高的转化率和订单金额呢?选购更多更加畅销的商品属于产品层面,提升产品的品种、质量,可能相应地也会提升价格。

再来看第三层内部维度,支撑以上价格、品质等层面的提升来自于运营管理流程,公司希望供应链采购能力提升。(如果我们看到这里还有创新流程,那么可以考虑项目中增加一个部分,是否可以利用消费者的行为数据、商品销售信息,与供应商合作,联合设计某些产品。)

再往下一层,在成长维度,需要不同层面的支撑:

•人力资本层面:可以培训现有员工,还可以选择招聘具有该技能的员工,或者将部分流程外包(比如可以请培训的专家团参与挑选商品,给予销售占比形式的报酬);

第一部分 制定战略与增长的方向

•信息资本层面：是否需要给予员工提供系统性的市场流行趋势信息？什么样的系统能够让员工进行讨论，提供采购意见？

•组织资本层面：领导层面如何给予支持？尤其是在进展不理想的情况下。公司如何培养出"敢于决策"的氛围（即使面临损失的风险，我也坚持一定要采购这个商品）？如何提供奖惩机制？

现在我们把整个项目的设计从上到下梳理出了逻辑链条，下一步则需要在每个维度上提供一系列清晰可衡量的指标。否则，只是做了，而不指明需要做到什么程度，整个链条就会变得松散，无力支撑最上层的战略目标了。对此我们可以给予几个参考性的目标：

•财务维度：项目执行一年后，公司的销售额因为这个项目增长5%（扣除新用户、新品类上线等其他因素带来的增长）；

•顾客维度：培训之后，设置了主动去市场挑选商品的部门，平均订单价格上涨10%，顾客重复购买率提升5%；

•内部流程维度：培训之后，设置了主动去市场挑选商品的部门，商品的平均SKU（最小存货单位）销量提升10%，主动采购的商品销售占比提升5%，商品的退货率降低3%；

•学习与成长维度：培训过程及之后的实践训练中，每个学员获得不低于50个小时的在市场中亲自挑选商品，并在过程中能与导师进行意见交流的经验；建立一个内容足够全面并且界面友好的商品信息系统，让采购人员愿意每天使用，以获取市场信息和用户购买的趋势信息；采购人员的薪资中，不低于30%的比例需要与采购产品的累计销售额、平均订单价格等维度挂钩，而且初期尽量多奖励、少惩罚。

上面的指标数据只是举例，在此只是为了说明每一个维度上都需要清晰、可衡量的指标，否则项目做完了，执行人员就交差了，最后的效果如何，究竟是项目设计出了问题，还是某个环节的执行出了问题，无人知晓。

总结来看，这个买手培训的战略性项目没有实现预期的目标，通过战略地图的检验可以发现存在的误区：

1.设计阶段**只有一个**"这么做了以后肯定对企业会有帮助"的模糊概念，没有建立一个清晰地从财务层面到顾客层面，再到内部运营层面、成长层面的逻辑链条。

2.在战略地图的**每一个层面都没有设立明确的可衡量指标**（只在课程时间、培训次数等活动层面设立了指标），因此无法检验执行的效果。

3.在内部层面和成长层面，只就事论事，**为培训谈培训，而没有考虑到潜在的影响因素**。比如企业领导层的支持和决心（用什么指标衡量？），对培训人员试错的包容程度（如果初期买手们采购的商品不畅销，会受到怎样的惩罚？会不会因此造成人们变得"不行动也比犯错好"，就像一些落后的国企员工一样）。

除了根据战略地图检验项目的设计，我们还可以考虑：

- 从企业外部雇佣"具有亲自挑选商品经验及良好产品销售业绩的新员工"，雇新员工与培训现有员工可以并行；
- 采用佣金模式，请买手专家来做采购顾问；
- 联合供应商一同开展新产品设计。

以上方法都可以采用，这样就打破了最初在设计项目时"围绕培训"的项目框架，考虑多种不同的手段来实现最后的目标：通过提升商品的畅销程度来实现营收增长。

SUMMARY
总 结

□ 一个企业的战略不仅是高层领导思考的事情，每个部门如果对企业战略没有清晰的认识，那么很多日常工作、新项目都只是增加热闹氛围，对企业战略目标的实现没有任何帮助。

☐ 战略地图（包括平衡记分卡）可以辅助企业有效地制定战略，更重要的是，可以用来分析、监控战略的落地执行。

☐ 由于战略地图的维度、分支较多，使用战略地图的时候一定要注意每个维度和指标之间的前后支撑关系（cause-and-effect relationship）。每一个最上层的战略目标，都需要有一个或者多个从最上到最下的完整链条。

附：战略审查

很多领导人会认为自己的企业已经有了清晰的战略，并且得到广泛一致的理解。然而事实并非如此。

表2-2-1提供了一个简单有效的战略审查方法。你可以向公司的领导及中层骨干询问下面五类问题，理想情况下，回答者对每个问题在2分钟之内能拿出清晰、一致的答案。针对每个问题可以思考这些答案如何嵌入企业的战略地图当中，在不同维度如何建立清晰、可衡量的指标。

表2-2-1 战略审查表

1. 目标

◇ 出现什么样的结果表明战略成功了？这个结果是否清晰、可衡量？
◇ 哪个市场或者用户群是值得争取的，以及哪些市场是应该放弃的？这种战略选择的逻辑和选择指标是否清晰？
◇ 公司的战略描述是否简单、容易记住，并且在员工当中得到认同或情感共鸣？
◇ 是否有一套系统的交流方法，保证战略得到广泛的理解？

续表

2. 客户

◇ 公司服务怎样的目标客户？他们的优先顺序是怎样的？

◇ 这类目标客户对同类产品或服务的选择标准是什么？

◇ 从顾客的角度来看，公司的产品或服务提供了怎样的价值？

3. 竞争对手

◇ 直接竞争对手和潜在竞争对手包括谁？

◇ 关于竞争对手，我们掌握了哪些有价值的信息？如何管理竞争对手的动向信息？

◇ 实现与竞争对手差异化的方法是什么？

◇ 竞争对手针对我们的市场行动会采取什么措施？公司将如何应对？

4. 公司内部

◇ 公司产生营收的方式（Business Model）是什么？这些活动如何嵌入整个行业的价值链？

◇ 公司的独特竞争力是什么？在多久的时间范围内是对顾客有价值并且领先竞争对手的？

◇ 战略流程如何保证公司创造出新的竞争力，并且及时放弃过时的竞争力和业务模式？

◇ 如何建立并维持公司业务所必需的关键人力资本？

5. 合作伙伴

◇ 公司战略的成功需要怎样的外部合作伙伴？

◇ 是否有一个潜在的并购目标或者战略联盟伙伴名单？对于并购及结成战略联盟之后的管理是否有明确的战略？

2.3　战略性调整：成功的企业如何演化其业务

通过本思考方法你将了解

・企业如何在变动的市场中，发现最适合自己竞争优势的新机会

・固守传统业务的企业如何一步步错失时机，走向衰弱的深渊

・勇于否定历史、积极创新的企业如何动态定义自己的业务范围，调整经营重心，从而获得持续的发展

适合对象：各种类型的企业

很多企业在准备企业介绍的材料时，都会从"我们是谁""我们提供怎样的产品和服务"开始。在这个框架下，开始介绍企业的历史、发展轨迹、竞争优势等信息。这种从"企业提供什么产品和服务"为出发点的思考方式，容易将企业限制在"我们就应该做什么"的思维中，阻碍企业看到更有潜力的增长机会。

成立于1932年的乐高公司（LEGO）长期以来被人们认为是世界上最成功的积木玩具公司，多种形态的创新玩具受到世界各国儿童的喜爱。到了20世纪90年代中后期，全球的儿童玩具市场出现萎缩，乐高公司的业绩也不可避免地受到影响。如何扭转局势，实现业绩的持续增长？此时乐高公司可以考虑的方向包括：

・设计更新的建筑类、机械类、动漫主题类，或者地区特色类的积木产品推向市场；

・设计更多针对成年人市场的积木玩具；

・加大促销力度，鼓励顾客一次购买多套玩具（套装系列）；

- 将乐高玩具推向还未进入的市场（新的国家和地区）；

……

以上各个方向都可以尝试，但上面这几个思路都被一个思想限制了，那就是"我们是一个生产玩具的公司"。公司所提供面向不同人群、具有不同特色的玩具产品，所以对未来的增长和创新都"围绕玩具"展开。

如何跳出这样的框架，寻找到更加理想的机会呢？乐高公司展开了一场全球性的市场调查，询问消费者对乐高公司的认知、品牌形象、公司给消费者的感受。调查结果显示，消费者普遍认为乐高是一个具有强大品牌号召力，而且充满创造力、给人带来欢乐的企业。在调查结果的鼓励下，公司管理层大胆地设想，乐高公司的核心，不应该只是他们标志性的塑料积木，而是一个给人们（尤其是孩子们）带来创造力、学习和欢乐的企业[4]。

于是乐高公司开始大力开发"乐高教育"相关的系列产品，推出了可编程积木、"乐高乐园"、乐高出版、乐高杂志等一系列新的业务。在某些地区，由于新业务广受欢迎，进而促进了玩具业务的销售。比如在中国，以促进儿童智力开发为卖点的乐高教育广受欢迎，带动了乐高玩具在中国的销售增长[5]。

在上面的例子中，我们看到乐高公司打破了历史眼光和现有产品的限制，重新定义了公司的业务范围，获得了巨大的成功。

如何发现新的增长机会并且有效地定义企业的业务？对此笔者开发了"动态定义业务范围模型"（Dynamic Business Scope Definition Model）来帮助大家思考。

动态定义业务范围模型从三个维度分析企业的业务线、自身优势和用户需求。每个维度上有3个层层递进的问题来帮助企业发现具体的问题或者市场机会，见图2-3-1。

动态定义业务范围模型

我们核心的产品或服务是什么
- 我们当前提供什么产品/服务？
- 这些业务在市场上竞争力如何？
- 哪些新业务能成为未来的核心？

我们是一个怎样的公司？

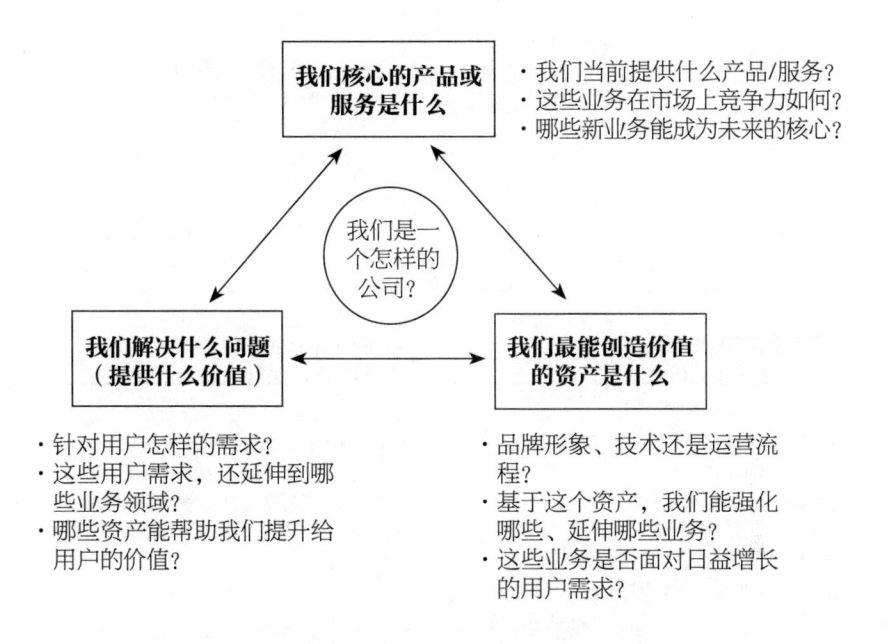

我们解决什么问题（提供什么价值）
- 针对用户怎样的需求？
- 这些用户需求，还延伸到哪些业务领域？
- 哪些资产能帮助我们提升给用户的价值？

我们最能创造价值的资产是什么
- 品牌形象、技术还是运营流程？
- 基于这个资产，我们能强化哪些、延伸哪些业务？
- 这些业务是否面对日益增长的用户需求？

图2-3-1 动态定义业务范围模型

人们习惯上认为技术在前进，市场环境也在变化，但是一个企业提供什么样的产品和服务的种类是不变的（只是升级换代）。这就是一种静态的思考方式。动态定义企业业务范围的方法则强调，随着企业发展、市场变化，**用户需求是变化的，企业最能创造价值的资产也是在变化的**，因此企业需要动态地思考其最核心的产品或者服务应该如何演进。

在面对上图中三个维度上的各个问题，首先需要深入地分析企业的现状，得出答案（图2-3-2）。如果不同维度的答案之间缺少关联性，对此则需要不断地调整，让三个维度之间相互支撑、彼此强化，才能得到最理想的业务范围。

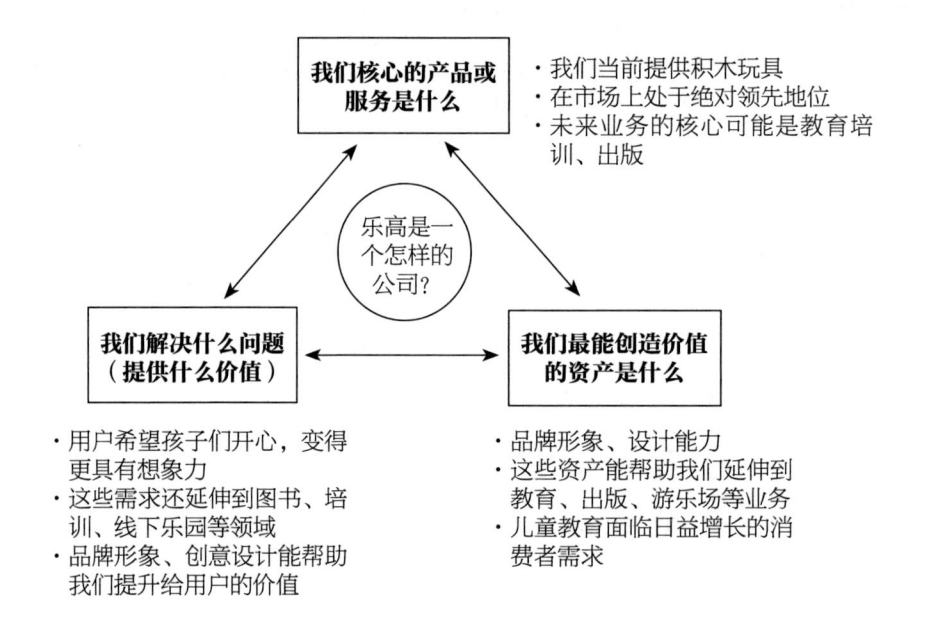

```
                    ┌─────────────────┐    ·我们当前提供积木玩具
                    │ 我们核心的产品或  │    ·在市场上处于绝对领先地位
                    │ 服务是什么       │    ·未来业务的核心可能是教育培
                    └─────────────────┘     训、出版
                           ↕
                       ╱     ╲
                      ╱  乐高是一 ╲
                     ╱  个怎样的  ╲
                     ╲   公司？   ╱
                      ╲         ╱
                       ╲       ╱
              ↕                      ↕
    ┌─────────────────┐       ┌─────────────────┐
    │ 我们解决什么问题  │ ←——→  │ 我们最能创造价值  │
    │ （提供什么价值） │       │ 的资产是什么     │
    └─────────────────┘       └─────────────────┘
```

·用户希望孩子们开心，变得　　　·品牌形象、设计能力
　更具有想象力　　　　　　　　·这些资产能帮助我们延伸到
·这些需求还延伸到图书、培　　　 教育、出版、游乐场等业务
　训、线下乐园等领域　　　　　·儿童教育面临日益增长的消
·品牌形象、创意设计能帮助　　　 费者需求
　我们提升给用户的价值

图2-3-2　乐高公司的动态业务范围定义模型

如果乐高公司始终从玩具角度思考，那么就停留在了模型中"产品和服务维度"的第一个层面：我们当前提供什么产品，如何进一步推广这些产品，而没有进一步深挖。当发现了公司最具价值的资产（具有创新精神和创造力的品牌形象，而不是玩具设计），以及父母们不断增长的培养孩子创造力和学习能力的需求时，公司才找到了更具活力和增长潜力的业务方向。

反过来，一个企业如果固守自己一直以来的业务定位，拒绝动态调整，那么在变革时代很有可能走向深渊。

1985年，通用汽车（General Motors）收购了休斯航空公司（Hughes Aircraft），与自己的Delco电子公司（Delco Electronics）合并组成了休斯电子公司（GM Hughes Electronics）[6]，旗下拥有飞机制造、电子、卫星通信、网络系统四大业务板块，并且迅速成长为全球卫星制造和卫星通信的龙头企业。进入20世纪90年代后，休斯电子公司推出卫星电视服务公司Direct TV，并在1996~1998年之间先后收购了泛美卫星电视（PanAmSat）、

PrimeStar卫星电视、合众国卫星广播公司USSB（United States Satellite Broadcasting），成为全球最大的卫星电视服务商。

与此同时，在日本汽车企业的冲击下，通用汽车公司主营的汽车业务却江河日下、亏损连连。尽管卫星通信等业务发展强劲，但**通用汽车公司一直定义自己是一个"汽车制造公司"**，其他领域只是附带的技术投资（以求未来能运用在汽车领域）或者从属业务。为了挽救汽车制造业务，公司不断出售旗下最具有竞争力，并且市场不断增长的赚钱业务来进行补贴[7]：

- 1997年以95亿美元出售休斯电子公司旗下的飞机制造业务给Raython公司；
- 2000年以37.5亿美元出售旗下的航天与卫星通信业务给波音公司；
- 2003年以31亿美元出售Direct TV给默多克的新闻集团。

但是到2009年，通用汽车公司最终仍没能挽救其汽车业务，公司进行破产重组。破产前股价跌到75美分，市值甚至不如公司之前出售的某几笔资产的价值[8]。

如果通用汽车在汽车业务已经不具备竞争优势的时候，识别自己的最能创造价值的资产，摆脱公司名称的束缚（生产汽车的公司），将自己重新定义为"卫星通信公司"或者"卫星电视公司"，及时出售不再挣钱的汽车业务，结果将是一个完全不同的故事。（与之相对的另一个通用——GE通用电气公司，已经成为以金融、医疗、新能源为核心的企业，几乎不再从事与电气相关的业务。）

通用汽车公司悠久的历史和品牌是一笔高价值的资产，但也成为其重新定义自己的巨大障碍。如果英国石油公司（British Petroleum）认为自己是一个石油公司，就难以全面投资到可替代能源领域。在2001年，BP公司重新定义自己为"为全球人民提供能源产品和服务的企业"（We deliver energy products and services to people around the world），公司设计了新的模拟太阳形状的企业logo，并且提出新的口号——"Beyond Petroleum"

（超越石油，其缩写正好也是BP）。而IBM公司（International Business Machine）也不会从一个出售计时器、奶酪切割机等商用机器的公司变成一个科技服务公司。

SUMMARY
总 结

- [ ] 市场环境不断地变化，企业在发展过程中也会不断积累新的技术优势或其他方面有价值的资产，甚至比企业原有的核心资产更有价值。

- [ ] 在定义"我们是一个什么样的企业"时，我们要敢于放弃历史形象带来的包袱，不能只看到企业当前提供的产品或者服务，更需要去看所解决的用户需求，以及公司最能创造价值的资产，动态地调整企业的业务范围，寻找到最有潜力的未来市场。

第三章 创新与增长

3.1 业务创新：如何让成熟的业务形态焕发新的活力

> **通过本思考方法你将了解**
>
> ·对于已经成熟的业务形态，企业可以从哪些角度来进行改造，与竞争对手形成差异化
>
> ·如何打破固定思维，建立从未出现过甚至无人想到过的新业务
>
> ·如何根据顾客的价值感知，去掉不必要的经营环节，削减成本
>
> 适合对象：各种类型的企业

如今，众多行业都出现不断同质化的趋势。如何与竞争对手区分开来，给顾客提供新的用户价值？如何让一项看似已经成熟的业务焕发出新的活力？对此我们可以借鉴ACID业务创新法，见图3-1-1。

A、C、I、D四个字母分别代表Add（加入）、Cut（砍掉）、Increase（提升）、Decrease（降低）。从这四个思路方向来思考当前业务模式中的每一个元素可以如何调整[1]。

```
                    Increase（提升）
                    哪些元素在现有业务
                    中应该增加比重

Cut（砍掉）              现有              Add（加入）
哪些现有的环节、          业务模式          哪些新的环节、元
元素可以彻底砍掉                            素可以增加到现有
                                            业务中

                    Decrease（降低）
                    哪些元素在现有业务
                    中应该降低比重
```

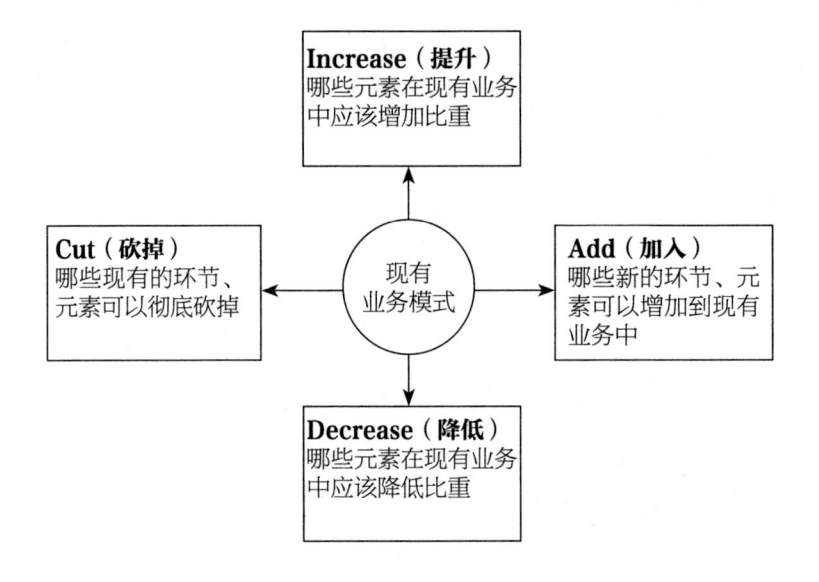

图3-1-1　ACID业务创新法

- Add（加入）：在产品或者服务的哪些层面是行业目前没有提供给顾客，可以增加进来的？
- Cut（砍掉）：哪些方面是目前行业里认为理所当然必须有，但其实可以彻底砍掉？
- Increase（提升）：哪些元素在目前的产品或者服务的比重可以提升？
- Decrease（降低）：哪些元素的比重可以降低？

最著名的利用ACID方法创造全新的业务模式（用户体验）的例子要属加拿大的太阳马戏团（Cirque du Soleil）。在人们的印象中，马戏团的演出无非是空中飞人等杂耍表演，小丑逗乐观众，大型动物在驯兽师引导下表演，外加一些魔术或者跳舞。到20世纪末，马戏团行业已经被认为是即将消失的夕阳行业，感兴趣的观众越来越少，市场规模不断萎缩。

而太阳马戏团彻底革新了马戏团行业。在此我们从ACID四个维度来详细分析一下太阳马戏团所做的革新。

加入：首先，太阳马戏团借鉴百老汇的音乐剧，给整个演出加上了一个故事主题，有层层推进的情节，并且加入像电影配乐一样的背景音乐，让整个演出、舞蹈都具有音乐剧一样的效果，并且更具神秘感。吸引了喜欢音乐剧，而对传统马戏表演毫无兴趣的观众群。

砍掉：对于马戏团来说，大型动物表演是不可或缺的环节。而大型动物的保养、训练、运输也是马戏团行业中成本最高的一块。对此，太阳马戏团义无反顾地完全砍掉，常见的知名杂技演员表演也一同砍掉。

提升：提高歌唱与舞蹈表演的比重，而且让歌唱和舞蹈更加艺术化，配合更好的灯光效果和剧院氛围。

降低：降低传统的小丑演出、魔术表演的比重，让这些环节融入整体故事性的演出当中。

通过这些改进（表3-1-1），太阳马戏团创造了一种全新的艺术表演形式。在其他马戏团都举步维艰的情况下，创造了一个又一个的市场奇迹。年收入达十多亿美元，超过了整个百老汇39家剧院年演出收入的总和。

表3-1-1 太阳马戏团所使用的ACID

行动方法	内容	带来的效果
Add（加入）	艺术舞蹈、音乐剧的舞台效果、故事主题情节	全新的剧场体验，吸引了对传统马戏表演不感兴趣的用户群
Cut（砍掉）	大型动物表演、驯兽师、杂技明星	砍掉了马戏团成本最高的部分，大幅提高经营利润
Increase（提升）	歌唱与舞蹈表演、灯光效果、剧院氛围	创造更高的艺术观赏性，以及令人炫目的演出效果
Decrease（降低）	小丑演出、魔术	让独立表演融入整体，突出故事性
结果	全新的演出形式和空前的市场成功	

以上是太阳马戏团的案例。在其他领域，我们运用ACID或者其中的几个方面，都能带来有效的变革或者业务改进。

目前在日本，很多连锁餐厅已经没有了柜台和收银员，而是在餐厅入口的地方安放几台自动点单与结算机。用户在机器上选择菜品然后付款，等菜品做好，服务人员从后台送到客人的座位上。通过砍掉柜台和收银员，采用机器结算，不仅降低了餐厅的人工成本，而且也降低了服务员点单、传菜时出错的概率，见表3-1-2。

表3-1-2　无柜台餐厅使用的ACID

行动方法	内容	带来的效果
Add（加入）	自动点菜与结算机	更少的人员需求，更低的点菜、传菜出错率
Cut（砍掉）	柜台、收银员、点菜服务员	更低的人工成本
Increase（提升）	（无）	
Decrease（降低）	菜品的数量	便于顾客在机器上选择，也简化了餐厅采购和加工过程
结果	更低的运营成本和更高效的运营，更方便连锁复制	

在酒店行业，随着互联网的发展，我们也看到了"没有前台的酒店"，用户在网上可以预订房间，到达酒店后，在自动办理入住的机器上扫描证件确认身份就可以自助办理入住，获得房间的开门密码。退房的时候，在机器上直接确认退房即可。

当我们回过头来看自己所处的行业时，试着填写这个表格：
- 行业里普遍认为，要想服务好我们的顾客，必须有＿＿＿＿＿＿。
- 目前行业里还没有一家企业提供＿＿＿＿＿＿＿＿＿＿＿＿。
- 在我们的产品/服务中，可以提升比重的元素是＿＿＿＿＿＿＿。
- 在我们的产品/服务中，可以降低比重的元素是＿＿＿＿＿＿＿。

SUMMARY
总 结

- [ ] 沿着ACID方法的四个方向，可以帮助我们有效地进行业务创新。

- [ ] 成功运用ACID方法的一个关键因素是，抛开行业里面固有的惯例和假设，敢于去挑战传统观点，探索哪些"必须"其实是"非必须"，哪些"没有"其实"早就该有"。

- [ ] 多去不同国家、不同文化环境的地区旅行，更有可能发现很多推翻自己旧有假设的新商业形态。

3.2 下一步：如何思考企业增长的方向（7层级增长模型）

通过本思考工具你将了解

- 企业如何迅速、全面地定位可能的增长方向
- 如何判断各种类型的增长的难易程度
- 新兴的互联网企业如何通过不同层级的增长，实现业务互相协同、支持

适合对象：在某一领域已经取得优势，寻找新增长方向的企业

增长几乎是任何企业都需要不断追求的目标。关于如何寻找企业的增长方向并且相应地规划企业的资源布局，最早，美国管理学家安索夫提出了安索夫矩阵（Ansoff Matrix，图3-2-1）来帮助企业进行模型化的思考。

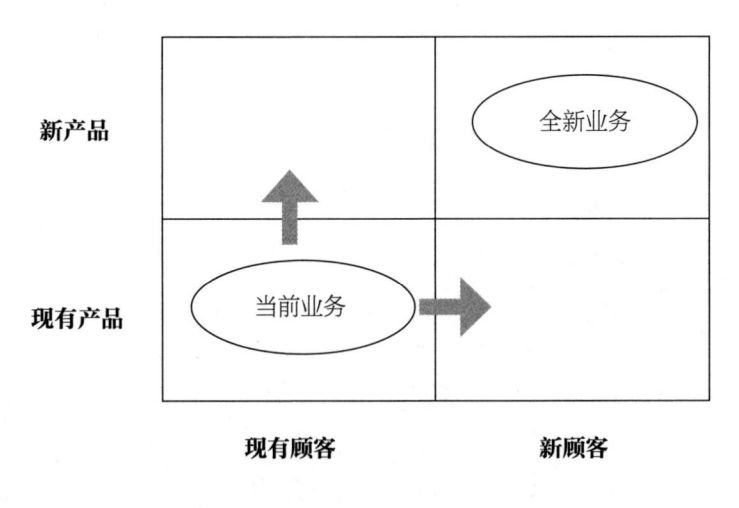

图3-2-1 安索夫矩阵

如图3-2-1所示，根据产品线和顾客群两个维度，企业对当前已有的业务和可以展开的新业务一共分为四个区域。对每个区域都可以采用不同的增长策略：

- 左下角是现有业务、现有顾客群。面对这一块市场，企业可以不断加强渗透（market penetration），通过产品升级换代，提升品质或者加强促销，提升现有用户的购买量或者购买频次。

- 左上角是现有顾客群、新的产品线。将业务从左下角向上方延伸，被称为产品延伸策略（product extension），发现现有顾客的需求，开发出新产品卖给他们。对新产品和现有产品可以进行交叉营销（cross marketing，比如给购买了零食产品的用户提供美容产品的现金抵扣券），或者打包销售等促销方式。

- 右下角是通过将现有的业务介绍给新的顾客，被称为市场开发（market development）。在这个过程中需要不断调整产品定位和销售方法以适应新用户的购物习惯和偏好。

- 右上角是新产品、新顾客，企业实现多元化经营（diversification）。

安索夫矩阵最早在1957年提出，因为其简洁性和直观性，20世纪后半叶在企业界得到广泛应用。随着商业的发展和管理理论的不断提升，在安索夫矩阵的基础上，**一个更具体并且更具指导性的增长模型**被提出来帮助企业思考如何增长，这就是**7层级增长模型**（7-level Growth Model）。经过笔者和曾工作于麦肯锡的战略思考家Marvilano Mochtar调整完善后的模型见图3-2-2：

7层级增长模型

- 现有顾客
- 现有产品
- 升级产品/服务
- 提高价格/频次

①

- 现有顾客
- 新产品
- 促销/捆绑销售

②

- 新顾客
- 现有/新产品
- 新渠道开发

③

- 新市场
- 现有的商业模式复制到新地区

④

- 跨区域合作开发出新模式/业务
- 产品/用户交换

⑤

- 价值链延伸
- 进入上游/下游业务

⑥

- 进入全新行业
- 资源/管理上发挥协调效应

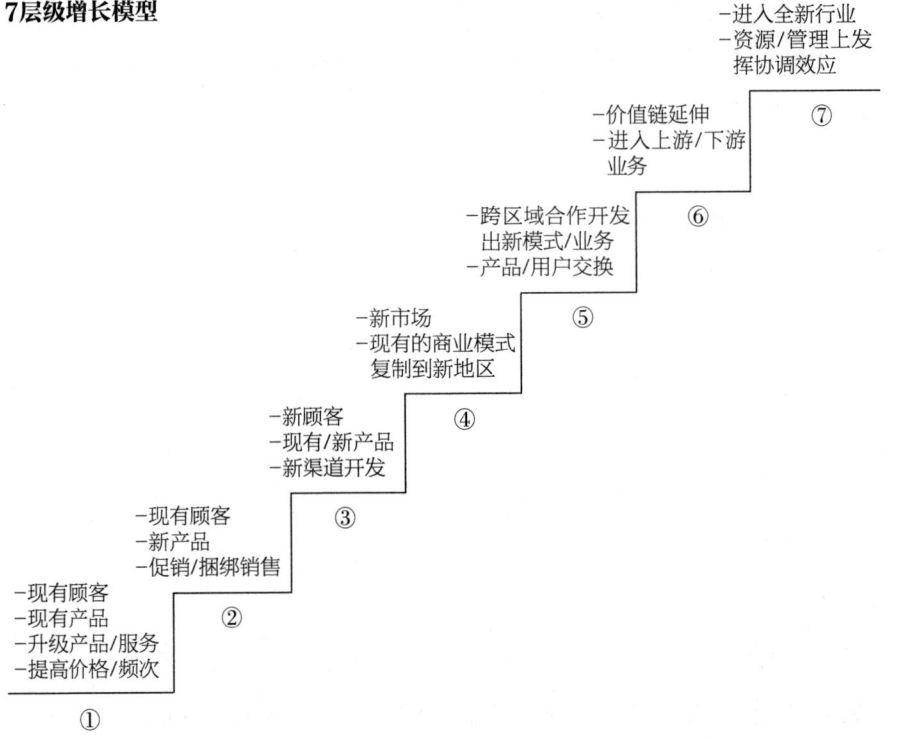

⑦

图3-2-2　7层级增长模型

我们结合一个例子来说明每一层级的增长如何实现。假设一个教育投资集团收购了一所私立高中，该学校师资稳定，口碑也很好。那么接下来如何实现增长？

第一层级，针对现有顾客和现有产品，提升价格和频次。比如引进更好的老师，提升学费；改善校区环境，提高住宿费。

第二层级，针对现有顾客开发新产品。比如开发周末兴趣班课程、暑假游学课程。

第三层级，利用现有产品和新产品吸引新顾客。比如，扩大招生规模，增加学校推广，到邻近的城市招生，增加学生数量。还可以开发新渠道，比如将学校有特色和独特竞争力的课程搬到网上开设网络课程，展开远程教育。

第四层级，进入新的地区和市场。比如到经济水平相近的城市去建立分校，将学校当前的课程、管理模式复制到新地区，甚至国外。在这个层级，整个业务模式并没有改变。

第五层级，跨市场、跨区域进行产品和业务创新。比如，在其他地区的学校看到了优质、独创性的课程，引进其他学校的老师回来开发新的课程或者培训服务；再如，把学校拥有的课程、教学资料等IP授权给其他地区的学校使用。

第六层级，沿着价值链延伸进入上下游环节。高中教育的上游是初中教育，针对上游，可以开设初中部门，或者针对初中毕业，高中入学考试，展开考试培训（如同国内一些著名大学的研究生院也提供研究生入学培训）。针对高中教育的下游，则有大学教育、海外大学预科培训，或者职业技能培训等。

第七层级，进入全新行业。可以选择的新行业众多，在选择的时候需要考虑企业已有的资源，在哪些领域能实现协同效应。比如这里的私立高中已经有大量的学生这样的消费群体，那么可以在学校周边开发便利店等各种商业服务体。如果有学生希望走读，或者有父母希望来到学校周边照顾子女，那么则可以开发学校周边的地产业务。目前国内很多著名的高考复读培训学校，其周边都出现了火热的房产租赁业务。

以上七个增长层级是从简单到复杂排列的。越往上的层级，不确定性越大。企业在寻找增长方向的时候，并不需要每一个层级都展开，也不是必须完成了某一层级才能进行下一个层级的增长。而是根据自身的优势、环境和机会，选择不同的层级来实现增长。

笔者在欧洲时曾经工作过的Outfit7（会说话的汤姆猫）公司，其手机游戏应用"会说话的汤姆猫系列"在2014年下载量突破20亿，超越"愤怒的小鸟"，成为全球下载量排名第一的手机游戏。Outfit7公司的业绩增长过程也是一个深具借鉴意义的案例。**该公司不仅在各个层面展开增长的尝试，而且让展开的各项新业务彼此之间有效地互相支持。**我们来看一下该公司在每个层级的尝试：

第一层级：提升售价。 汤姆猫这款手游的主要收入来自广告展示位的销售。当游戏用户越来越多，而且后台统计发现，用户集中在女性和青少年群体，用户集中度高，公司通过展示用户群的分布信息和集中度，提升广告买家的付费意愿（针对女性和儿童市场的商家更愿意购买这里的广告位）。

第二层级：推出新产品。 当汤姆猫形象深入人心，公司又推出了美女猫Angela（图3-2-3下排左二）、小狗Ben（图3-2-3下排左三）等其他卡通形象[2]，通过一款游戏带动另一款游戏的策略，推广汤姆猫的伙伴们系列游戏。并且汤姆猫这款游戏也不断推出第二代、第三代升级版本，添加了道具购买、竞争性游戏等功能。到2017年，系列游戏的累计下载量已经超过了70亿[3]。

图3-2-3　汤姆猫与他的伙伴（系列卡通形象）

第三层级：新渠道与新客户。 Outfit7公司通过卡通形象与迪士尼（Disney）公司合作拍摄动画短片，同时建立了自己的内容团队，制作动画短片上传到YouTube等视频网站上[4]。视频内容幽默并且可爱，获得大量点击量，因此可以从YouTube平台获得广告分成收入。很多没有下载过这款游戏的人因为看到这些短片成了游戏用户，视频内容业务又反过来支持游戏的推广。

第四层级：业务模式复制到新市场。 当会说话的汤姆猫这款游戏开始在西欧、北美流行，公司迅速地将产品推广到亚洲、南美、东欧等地区。同时也开始开发这些地区的广告业务。当YouTube上的视频内容带来丰厚的广告收入和利润回报后，公司的内容团队立即开始制作中文版的系列动画视频，将这个模式复制到中国的优酷视频平台。

第五层级：跨区域的模式创新。 会说话的汤姆猫在俄罗斯、中国等地区有巨大的下载量和活跃用户。此时，欧美其他游戏公司希望打入俄罗斯、中国等市场的时候，汤姆猫这款游戏里面的广告位、道具下载空间就成了一个有效的游戏分发平台。其他游戏公司付费给Outfit7公司，获得在汤姆猫这款游戏（在某些特定地区）内部展示、下载的机会。公司利用流量资源，孵化出了游戏分发的新业务[5]。

第六层级：产业链延伸。会说话的汤姆猫作为一个有吸引力的IP，公司将IP授权给服装、玩具、食品、文具等企业，获得授权收入，同时也进一步推广了汤姆猫的IP形象。后来公司将汤姆猫及其他动物小伙伴的各种玩具集中起来建立了一个网上商城，又进入了电商业务。这些延伸出来的新业务也都进一步支持了游戏和卡通形象的推广，使它们获得了持久的生命力。

了解完会说话的汤姆猫这款游戏的发展，我们再看一下www.alibaba.com的例子。Alibaba.com是阿里巴巴集团起家的业务，把中国各种类型的生产企业和其产品搬到网上，让国外的采购商方便、快捷地找到中国的供应商，也帮助中国的中小型企业快速找到海外买家。随着阿里巴巴集团的淘宝、天猫、金融、云服务等其他业务板块迅速增长，最早的核心业务在集团的比重越来越低，增长也放缓。那么Alibaba.com如何来实现新的增长突破呢？

沿着7层级增长模型，我们可以思考各种可能的机会。比如：

在第一层级，提高价格和频次。比如阿里巴巴上的广告业务，"出口通""Gold Supplier"（黄金级供应商）等服务[6]（出口企业购买这类服务以后，网站会对国外采购者进行优先推荐，以及一些其他增值服务），提升服务的价格，多种服务打包，等等。这一点已经有所尝试。

在第三层级，利用现有或者新的产品和服务，开发新渠道、新客户。一直以来，Alibaba.com都定位自己是服务于卖家的平台，即服务于中国中小企业的平台，帮他们出口。但是反过来考虑，如果我们是一个服务于买家的平台，我们应该增加一些怎样的产品和服务呢？国外买家几乎都认可阿里巴巴上面的东西便宜，但是也存在极大的不信任，认为鱼龙混杂，而且质量不过关，不讲商业信用的卖家很多。那么针对高质量的卖家，是否能提供"买家无忧"服务，帮助他们进行企业征信调查、商品检测等系列服务？

第四层级，把现有模式复制到新的地区和市场。这一点Alibaba.com也一直在尝试，在商品具有价格优势的市场，比如印度、东欧等地，把这些地区的供应商也搬到网上。但我们再往下，进入下一个层级考虑，是否可以创造出新的业务模式？比如在印度、东欧、南美各地Alibaba.com有了供应商数据，是否可以提供"中国采购商"服务，专门帮中国有大量采购需求的企业去海外找供应商？

当人们管理某一种业务形态久了，对于该业务形态驾轻就熟，但是也容易形成业务思维惯性。在考虑增长的时候，沿着现有的业务思维，最容易想到的就是"开发新客户"或者"开分店"。7层级增长模型则帮助人们打破惯性，从更加全面的不同的方向去思考每一类可能的增长方式。

（备注：7层级增长模型可以帮助我们思考未来可以实现增长的方向，但这个模型并不是决策工具，并不能告诉我们接下来该进入哪个层面发展。关于选择开展哪些新的业务，或者进入新的行业，我们需要其他的分析工具，并结合企业自身的优势来决策。具体请参见第一章的《企业的核心资源应该投向哪里》、第二章的《来自摩立特与宝洁公司的战略制定秘密武器》、第三章的《扩张时的决策：如何选择目标新行业或新市场》三个章节。）

SUMMARY
总 结

- 传统上企业习惯从"新产品""新客户"两个方向来思考企业如何增长，这种方法容易限制人们的思路，缺少实践指导性。
- 通过7层级增长模型，企业领导人可以更快地打开思路，沿着每个层级寻找可能实现增长的业务机会。
- 有效的业务增长，不是开发一个个独立的新业务活动，而是让各项新业务之间能够互相支持、协同。参考会说话的汤姆猫这个案例。

3.3 扩张时的决策：如何选择目标新行业或新市场（GE矩阵）

通过本思考工具你将了解

- 如何判断一个市场、行业的吸引力
- 如何判断企业在一个市场、行业的竞争力
- 如何判断企业当下各个业务的发展机会和竞争优势，以及面对众多新市场的机会时，应该如何选择

适合对象：多元化经营、寻求扩张的企业

面对众多市场机会，应该进入哪个领域，退出哪些现有的业务？如何判断一个大型公司众多业务单元的强项和弱点？对此，通用电气公司（GE）于20世纪70年代开发出一个战略分析工具——GE矩阵（因为由麦肯锡顾问一同参与开发，因此也被称作麦肯锡矩阵）。

GE矩阵的纵轴衡量的是某个行业或者市场的吸引力（Market Attractiveness），横轴表示的是公司在这个市场的竞争实力（Competitive Strength），见图3-3-1。

在使用GE矩阵的时候，首先评估一个行业的吸引力，通常从两个维度判断：

1. **规模维度**：市场大小（整体交易额）、市场的增长速度、增长前景。
2. **结构维度**：当前竞争的激烈程度、上下游行业的议价能力、行业进入门槛、行业风险等（参考本书附录《波特的五力分析》）。

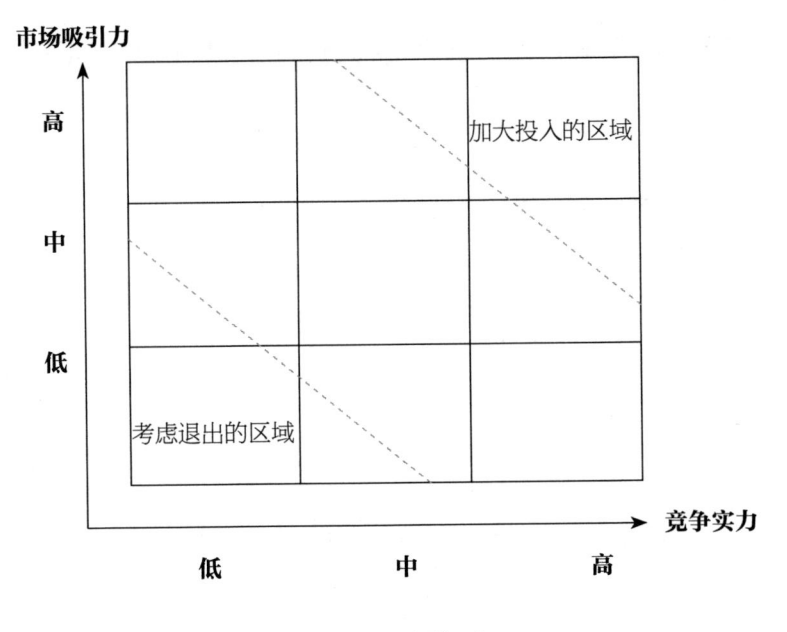

图3-3-1 GE矩阵

在具体分析的时候，企业选取适合的衡量维度，在每个维度进行评估。举例，假设某公司具有A、B、C、D四个业务单元。评估其所在的四个行业的吸引力。以1分为最低，5分为最高，分别打分，见表3-3-1：

表3-3-1 行业吸引力分析举例

行业/维度	市场规模	增长速度	竞争集中度	行业利润率	风险	整体吸引力
A	1	3	3	2	5	2.8
B	4	2	4	4	5	3.8
C	2	2	3	2	2	2.2
D	3	4	5	4	4	4

在最后一栏，判断整体吸引力的时候，可以计算前面几个维度得分的算术平均数，也可以给每个维度设立不同的权重，然后计算加权平均数。根据企业的目标和阶段性需求，各个维度的权重也不一样，可以有针对性地进行调整。比如一个企业在某个阶段更看重销售额的增长，利润率次之，那么市场规模、增长速度的权重就高于利润率权重。假设上面的例子中，企业认为市场规模、增速、竞争集中度、利润率、风险的权重（重要程度）分别是40%、20%、10%、10%、20%，那么上面A业务单元加权后的得分为1.6，见表3-3-2。

表3-3-2　行业吸引力分析举例

行业/维度	市场规模	增长速度	竞争集中度	行业利润率	风险	加权得分
得分	1	3	3	2	5	N.A.*
权重	40%	20%	10%	10%	20%	100%
权重得分	0.4	0.6	0.3	0.2	0.1	1.6

（*N.A.表示此处不适用 Not Applicable）

接下来我们来判断企业在这个行业的竞争实力。通常有两种方法：

• 关键成功要素（KSF）分析：列出在该行业取得成功的关键要素，然后看企业本身在这些关键要素方面的优劣势情况，分别给予打分，然后加权汇总（参考本书第一章的《企业的核心资源应该投向哪里》）；

• 竞争力综合分析：根据当前的市场占有率，以及企业在成本、差异化等层面的优劣势，给予综合打分。

具体使用的时候，根据所处的行业特征，企业调整评价维度。举例，在此我们用第二种方法给上述的A、B、C、D四个业务单元打分，见表3-3-3。

表3-3-3　竞争力分析举例

行业/维度	市场占有率	成本优势	差异化优势	技术优势	上下游优势	整体竞争力
A	2	3	3	3	5	3.2
B	3	4	4	5	4	4
C	2	3	2	1	2	2
D	3	4	5	2	3	3.4

综合上面两个表里的数据，我们就可以把A、B、C、D四个业务单元标注到GE矩阵上相应的位置。同时，将每个业务单元对公司的利润贡献大小用圆圈表示，圆圈的半径越大，表明利润贡献越大（图3-3-2）。

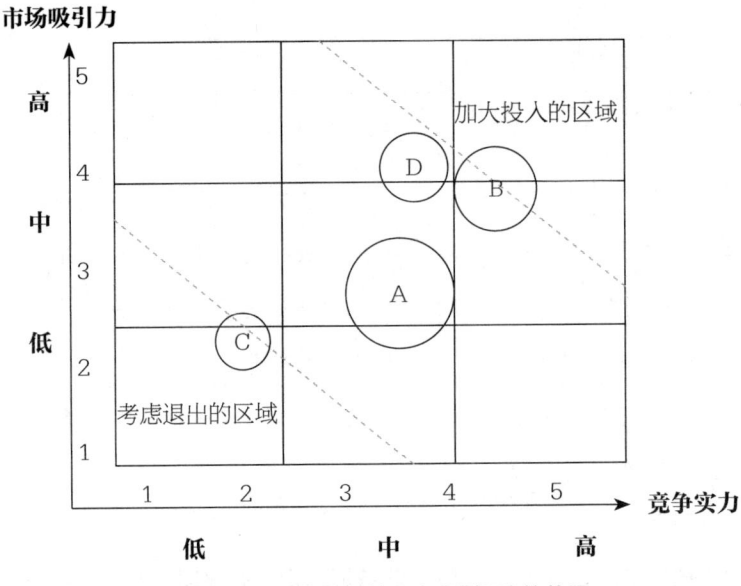

图3-3-2　不同业务单元在GE矩阵的位置

我们可以看到，业务C所处的行业吸引力有限，公司在该领域并没有明显的竞争优势，该业务对公司的利润贡献也比较小，处于考虑退出的区域。业务B处于最理想的右上角区域，对此可以加大投资力度。

除了分析现有业务组合，公司在扩张的时候，还可以用这个工具分析进入哪些新市场（或新行业）。假设某公司准备面向全球扩张业务，在众多可以选择的国家当中，可以通过GE矩阵来分析各个国家的市场吸引力，以及公司在这些国家取得成功的竞争优势。

市场吸引力维度，仍然可以通过市场规模、增长速度、竞争程度等维度考虑。在该市场的竞争优势，则需要分析企业对该国家商业环境的熟悉程度，当地上下游企业关系等多种因素。最后绘制成矩阵，根据每个国家所处的位置，来决定优先进入哪些市场（图3-3-3）。

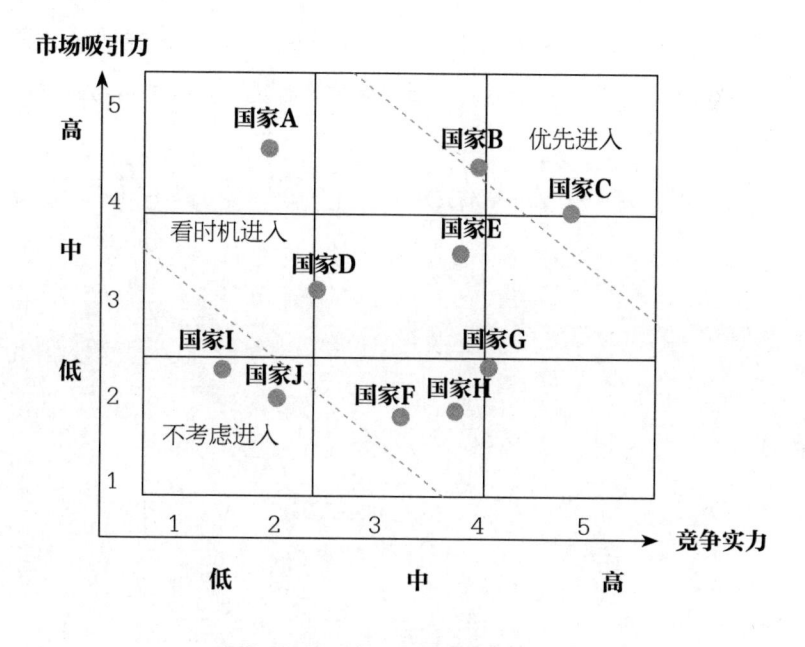

图3-3-3 对不同国家市场的分析

特别强调一下，在使用GE矩阵进行分析决策的时候存在以下风险：在评估市场吸引力和竞争实力时，**各个维度的选取，以及维度权重的给予**，具有非常**大的主观性**，个人主观判断上可能带来偏差。此外，如果分析人员也是某个业务线的负责人，很容易从自己的角度设定各个维度的权重和评价标准，获得有利于其业务线需求的分析结果（加大投资或者是立即退出）。因此在使用GE矩阵的时候，对于市场吸引力及竞争实力的每一个维度和评价指标，需要结合企业所处的行业和战略需要，给出有力的逻辑依据，降低由主观因素带来的分析误差。

SUMMARY
总 结

- □ GE矩阵从业务吸引力和企业竞争力两个维度综合考察企业在不同业务线和市场的机会。
- □ 在决定该进入、退出哪些市场时，GE矩阵可以帮助企业决策者迅速、直观地看到不同业务部门面临的市场状况，以及有利的新市场机会。
- □ 在各个维度的选取及维度的权重给予上，必须注重行业特征和逻辑依据，降低主观判断和个人动机带来的分析误差。

第四章　扩张后的多元化经营

4.1 多元化管理之道（Portfolio Thinking）

通过本思考工具你将了解

- 多元业务的企业或者集团型公司如何分析每个业务的经营状况、公司的整体风险与机会
- 如何判断最值得投入资源大力发展的领域和应该放弃的领域
- 在具体业务层面，比如新产品开发、新技术投资、个人工作内容的管理，如何实现最优化的资源分配

适合对象：具有多产品线、多分公司的企业

习惯上人们通常用数字加总与平均的方法来分析企业经营的状况，比如，公司今年的总投资额是××亿，平均每个项目的投资额是××亿，总体市场规模是××亿，预计未来的平均毛利率是××%。这样的分析，并不能帮我们清晰地看到公司所面临的整体市场风险和增长机会，以及需要投入资源的重点区域。这种情况下，我们需要另一种更为有效的思考工具——Portfolio Thinking。

当一个企业拥有多个子公司、多种产品线，或者在多个不同地区经营时，Portfolio Thinking是企业领导者在进行**业务分析**、**投资决策**，以及**资源分配**时非常必要的一种工具。

Portfolio Thinking指将企业的不同产品、业务线或者对外投资等（以下简称为Unit），根据不同的维度进行分类并定位（通常会选择两个关键的衡量维度做成一个2×2矩阵）。标注出每个Unit的定位之后，根据所有Unit的位置来评估企业整体的业务风险、机会，以及需要投入重点资源来发展的核心项目。

举例来说，随着技术变革，很多大型企业每年都会投入大量的资金到新技术的研发当中。对于新技术研发，最重要的几个方面是：

· **新技术的前景**：该技术未来市场化以后的业务规模如何？

· **新技术研发与市场化的风险**：研发成功的概率是多少？研发成功以后，是否会出现一种竞争技术，或者更先进的替代性技术，以至于该技术失去市场价值？

· **新技术的研发投入需求**：需要投入多少资金，研发周期多久？

对于不同企业，看重的方面可能不一样，在此我们选择上面的维度一前景和维度二风险分别作为横轴和纵轴，做成一个矩阵。把所有技术研发的项目在矩阵上用圆圈标注出来，每一个圆圈的大小表示该项目所投入的资金规模（如果不需要展示出资金投入的规模，将每个圆圈改成一个点即可）。经过分析评估，我们得到图4-1-1：

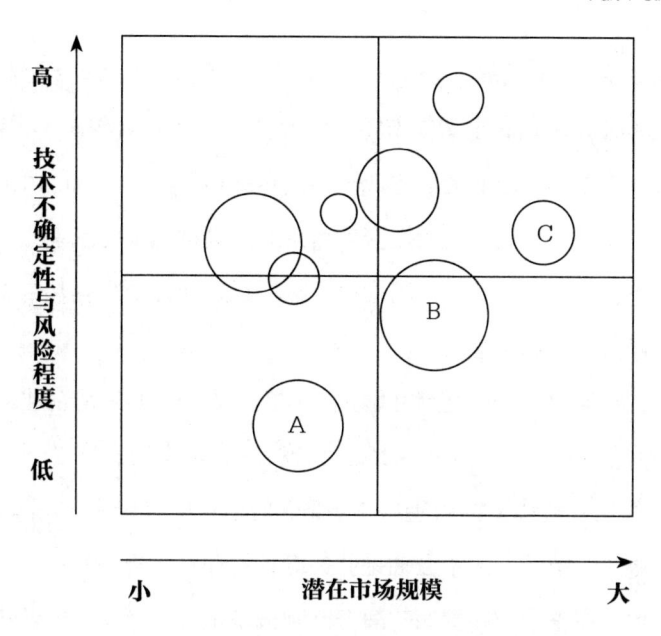

图4-1-1　不同项目的风险与潜在市场规模评估

在图4-1-1中，大部分研发项目都处于不确定性高的区域，只有一个项目（图中的圆圈A）可以说是确定能研发成功并且市场化的，而A项目的潜在市场规模并不是那么大。在这种情况下，企业应该考虑是否需要增加一些新的研发项目，或者对市场规模更具有吸引力且风险程度中等的B项目、C项目，考虑能否通过加大资源投入，或者与其他企业结成联盟共同研发的形式，来提升这两个项目研发与市场化成功的概率。

有一个例子可以清楚展示这种风险分析。在21世纪初，DVD更新换代时期，出现了两种新DVD的格式标准之争[1]：日本的东芝公司推出HD-DVD标准，索尼公司推出蓝光DVD标准。对此，两家公司都投入巨额资金，并且与众多碟机制造企业、影视公司结成战略联盟，两大阵营展开激烈的竞争（图4-1-2）。

对于两家公司来说，研发出成熟的、新的DVD格式都不是问题，关键

图4-1-2　两种DVD格式标准之争

是最终市场接受哪一种标准，任何一家都不敢说自己成功的概率远高于五成。新的DVD标准研发项目，是潜在市场规模大而不确定性高的项目（除了赢得这个新的格式标准之争，还要考虑出现一种更有优势的替代产品的可能）。在这种情况下，公司则需要低风险的投资项目来对冲这种风险（或者在资源足够的情况下同时参与多个风险高、市场规模大的项目，保证至少有几个项目取得成功），以保障企业未来的增长。

接下来，我们再看一个笔者在欧洲工作时，与一个500强企业欧洲区负责人沟通旗下众多业务线时进行portfolio分析的真实案例。这是一家集团性公司，其各个独立业务线（相当于各个不同的子公司）的市场情况如图4-1-3（数据有所调整）所示。图中纵轴是业务增长的速度。横轴是每个业务单元的净资产回报率。在整个公司层面的净资产回报率是12%（注：可以理解为，如果某个业务线的净资产回报率低于12%，那么该业务线相对于公司来说就是亏损的。因为如果把这笔资产投到回报率高于12%的业务线上，资产所带来的收益将更高）。每一个圆圈的大小表示该业务线目前的营收规模。

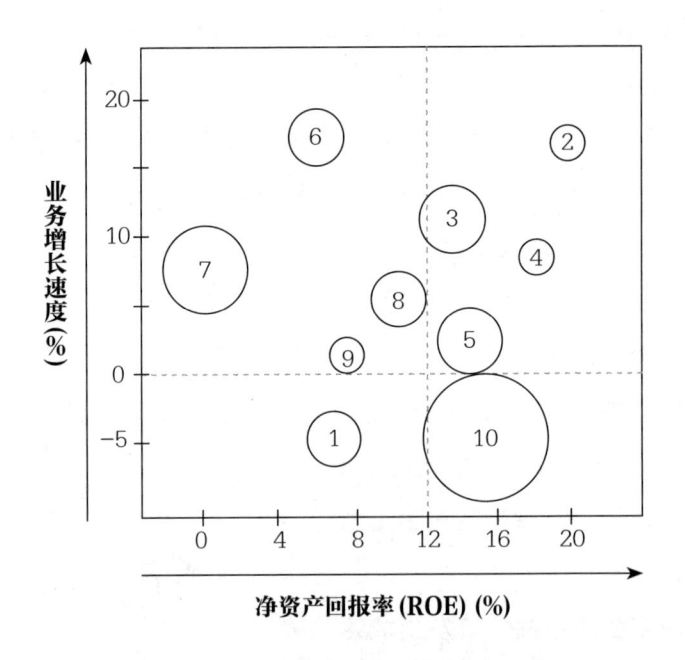

图4-1-3　集团企业对各业务分析的案例

结合图4-1-3，我们先逐个分析每一个区间的业务线情况。

- 左下方只有一个业务线（1号），净资产回报率约7%，而且是负增长。对于这一块业务如果不存在某些特殊战略意义，可以立即剥离。

- 右上方是增长快且净资产回报率高的业务，包含2号到5号四个业务线。对此可以加大投资（尽管有可能将资产回报率拉低），促进该业务进一步增长。

- 左上方的业务线增长快，但是净资产回报率低，包含6号到9号四个业务线。对这几个业务线需要逐个分析：如果是新上市的产品，或者该业务刚刚扩张进入新的市场，**处于投资阶段，市场费用与资本性支出高**，那么可以预期未来一段时间以后这种支出将会降低，净资产回报率将提升。如果某个业务线的净资产回报率预期很长时间内都难以提升到公司的平均水平之上，那么也可以考虑剥离出售。

- 右下方，当前最大的业务（10号，面积最大的圆圈）就在这个区域。资产回报率高于12%，但是处于一个萎缩的状况，负增长。对此，我们需要考虑它对整个公司现金流的贡献情况和营收总额的贡献情况。初步来看，该业务线对于公司来说业绩贡献很大，其存在的价值很高。接下来进一步分析该**业务萎缩是因为整体市场的萎缩还是竞争对手的蚕食，增加资源投入以后，是否有可能扭转萎缩**。如果难以扭转，那么可以考虑在规模、盈利能力较好的情况下，卖出一个好价钱。

最后来看所有业务线的整体情况。目前公司绝大多数业务线都处于增长状态，而且其中有四个业务线高于公司的净资产回报率。公司最大的业务线处于萎缩状态，即使不将其出售，也可以预计未来其规模将逐步萎缩（面积会越来越小），为了弥补这块业务线萎缩带来的影响，最有可能替代10号业务线的是3号、6号、7号（基于其业务规模的大小和增长率来判断），需要重点给予支持。下一步的行动方向也就非常清晰了。

除了在企业层面管理下属的各个业务单元，在业务层面，比如销售人员分析每个目标客户，出版社编辑规划手上的每一个选题项目，银行客户经理推进每个项目的进展，都可以通过Portfolio Thinking来分析全盘的发展状况和重点机会，找到下一步最重点的事项及分类管理的办法。

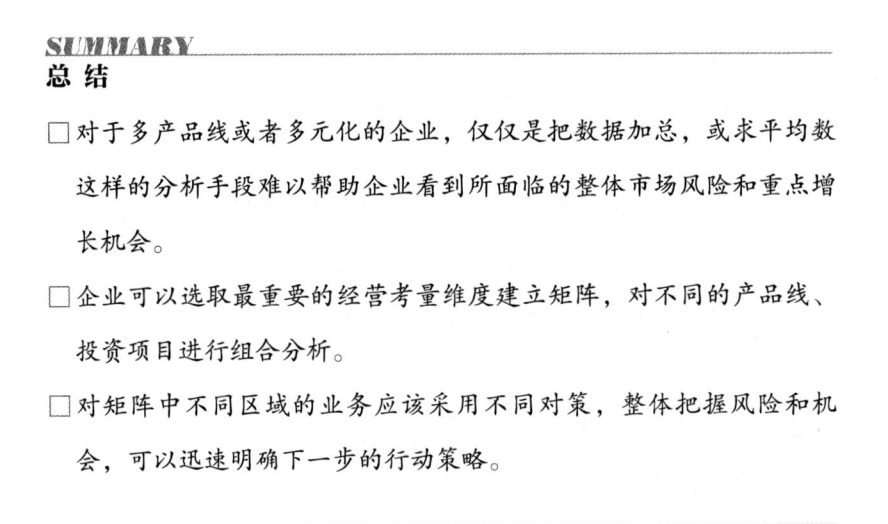

SUMMARY
总 结

☐ 对于多产品线或者多元化的企业，仅仅是把数据加总，或求平均数这样的分析手段难以帮助企业看到所面临的整体市场风险和重点增长机会。

☐ 企业可以选取最重要的经营考量维度建立矩阵，对不同的产品线、投资项目进行组合分析。

☐ 对矩阵中不同区域的业务应该采用不同对策，整体把握风险和机会，可以迅速明确下一步的行动策略。

4.2 集团型企业的管控选择

通过本思考方法你将了解

- 集团型企业如何判断该进入哪些新行业，退出哪些行业
- 集团型企业如何在各个子公司之间创造协同效应
- 财务控制、资源控制、运营控制，这三种集团母公司对子公司的管控模式，分别适合什么类型的集团企业

适合对象：拥有多元业务的集团型企业

随着一个企业不断发展壮大，推出新的产品线，进入新行业，就逐步开始了多元化发展之路。尤其是当企业借助资本市场的力量后，收购其他企业、进入新行业就更加迅速，最后发展成为集团型企业。

当企业从事一种类型的业务时，公司业务层面的战略（Business Unit Strategy）告诉企业应该如何利用资源，建立独特的竞争优势来战胜对手。而在管理集团型企业时，领导人需要考虑的则是完全不同的战略问题：

- 集团现有众多处于不同行业的子公司，哪些应该保留，重点投资发展？哪些不值得保留？
- 什么样的新业务、新的公司值得纳入到集团旗下？
- 不同的分公司之间应该有多深程度的配合，以实现价值最大化？
- 制定怎样的战略能让集团整体的价值大于各个子公司独立价值之和？

上面这些问题，就是集团型企业战略（Corporate-level Strategy）所需要回答的。总结起来，这些问题分为两个层面：（1）集团作为母公司，应该拥

有哪些子公司？（2）对各个子公司，母公司怎么管理协调？

第一个问题可以通过两种方法来寻找答案。

1.资源与关键成功要素（KSF）分析

进行多元化发展的业务通常都具有一个最擅长、在市场上最具优势的核心业务。能做好这项核心业务，表明企业已经拥有独特的优势，以及对这个行业关键成功要素（KSF）的掌握。

进入一个新的行业，应该从所需要的资源及KSF与核心业务的相似程度来衡量，而不能从产品或者服务的相似性来衡量。

举例来说，普通服装与奢侈品服装在产品形态角度是非常相似的，但两个行业的关键成功要素差别巨大。普通服装行业的KSF是成本的控制、广泛的渠道关系，以及对潮流的快速响应。而奢侈品服装的KSF是对商品有效的包装展示（高端卖场、时装秀），以及对高端品牌形象的塑造。这也是为什么奢侈品品牌通常会被奢侈品集团收购，而很少被大众服装品牌收购。大众服装品牌如果按照自己的成功思路来管理收购的奢侈品牌，可能很快就将奢侈品的品牌价值毁掉。

反过来，产品相似度低但是KSF相近的业务，在同一个集团下整合起来则能创造巨大的价值。在日本有很多大型商社财团，旗下通常有日用品、食品、化妆品等众多业务。这些产品都属于中端大众品牌，有一个明显的共同特点，其主要销售渠道是各大卖场。而与这些大卖场的供销关系就是最重要的KSF，一个集团拥有这些具有相同KSF的业务，比他们作为独立公司经营拥有更高的效率。

2.机会与优势分析

首先我们介绍一个概念，价值增长机会：如果一个公司在经营的某些方面具有明显的提升空间（比如产品设计、销售渠道拓展能力或者成本控制不是业内最高水准），我们称这种情况为具有价值增长机会。其母公司输入这方面的经验和方法，企业的价值可以迅速得到提升。

接下来我们介绍另一个概念，价值实现能力：如果一个子公司（或潜在收购对象）在经营的某些方面有待提升，而母公司刚好擅长这个领域，能立即帮助这个子公司达到业内顶尖水平，那么母公司就具有很强的价值实现能力。

需要强调的是，如果母公司在某些领域的技术或者运营经验能帮助子公司提升价值，但是母公司赖以成功的KSF与子公司所处行业的KSF不相同，那么母公司进行技术输入的时候，母公司所带来的制度和管理风格很有可能伤害到子公司之前赖以成功的基础。这种情况下，我们对母公司的价值实现能力需要打一个折扣。

从上述的价值增长机会和价值实现能力两个维度来划分，我们就得到图4-2-1。母公司对每一个下属的企业，以及潜在的收购目标，可以放到图中相应的位置上。

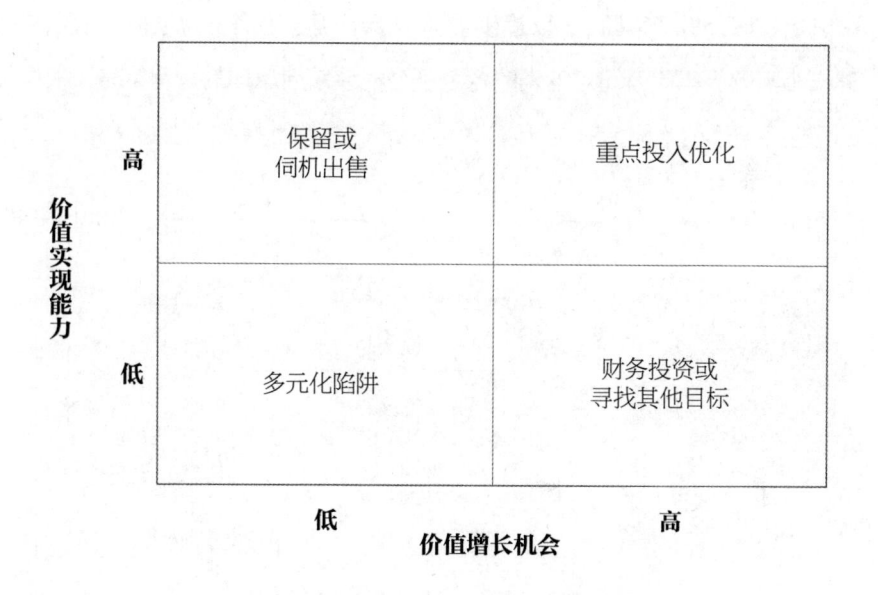

价值实现能力	高	保留或伺机出售	重点投入优化
	低	多元化陷阱	财务投资或寻找其他目标
		低　　价值增长机会　　高	

图4-2-1　母公司对子公司的影响

右上角的公司价值增长机会大，母公司实现能力强，这样的公司应该立即加入集团公司旗下,并且重点投入资源,优化其运营,提升公司价值。

右下角的公司,存在价值提升的空间,但是母公司在这个领域并不擅长,因此可以在价格合适的情况下进行财务投资,在未来合适的时候出售给能帮助这个公司进一步提升价值的其他母公司。

左上角的公司,价值增长机会小,母公司的价值实现能力强。这个区域的公司很可能是从右上角的公司慢慢发展而来。比如某个处于右上角的公司,经过母公司的技能输入,公司价值不断提升。价值增长的空间也就越来越小,公司不断向左移动。最后成为母公司的一个优质资产,通常会被母公司长期保留。当有其他母公司愿意出高价,或者该子公司所处的行业即将进入衰退阶段时,母公司可以考虑将其在合适的价格条件下出售。

左下角的企业价值增长机会小,母公司的价值实现能力低。这样的企业,母公司应该避免持有。

以上我们分析了集团公司如何评估应该保留哪些业务。接下来,我们来探讨第二个问题,集团公司对下属的各个子公司该采用怎样的管理策略。根据集团公司业务类型的不同,总共可以有三种管理方式来选择[2],见图4-2-2:

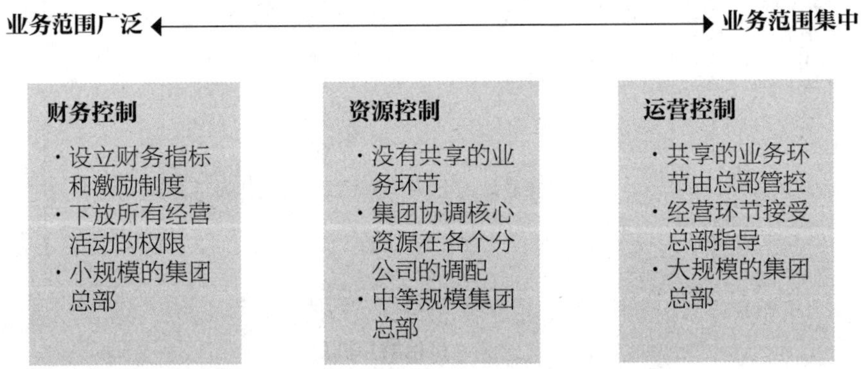

◀── 业务范围广泛　　　　　　　　　　　　业务范围集中 ──▶

财务控制	资源控制	运营控制
·设立财务指标和激励制度 ·下放所有经营活动的权限 ·小规模的集团总部	·没有共享的业务环节 ·集团协调核心资源在各个分公司的调配 ·中等规模集团总部	·共享的业务环节由总部管控 ·经营环节接受总部指导 ·大规模的集团总部

图4-2-2　母公司对子公司的三种管控方式

1.财务控制模式

当集团企业的业务范围广、产品差异大时，最合适的方式是通过财务进行控制：母公司设立严格的营业额、利润及增长率指标，并设立相应的激励机制，其他的经营活动、研发、生产、销售等全部下放到各个子公司。

2.运营控制模式

而在另一端，业务范围集中、产品类似的情况下，最合适的方式是集团通过运营控制管理各个子公司，共享重叠的经营环节，比如共享销售团队、设计部门或者研发中心等。举例来看，当一个集团公司下属大部分公司都在IT行业，面对的顾客群不同，就没有必要共享销售团队。但是各个子公司所依赖核心的技术相近，那么研发业务就应该由总部层面来管理。霍尼韦尔公司（Honeywell）曾经出现过旗下七个子公司同时各自独立地投资进行LED研究的情况[3]，造成了大量的重复研究和资源浪费。

3.资源控制模式

介于上述两种情况之间的企业，则可以通过资源控制的方式来协调各个子公司的经营活动。这个时候子公司之间的经营活动都各自独立，但是公司之间通用的核心资源通过集团层面来协调。比如当集团内大部分公司都处于制造业，成本控制和流程优化的能力是通用的核心资源。那么集团总部可以在不同子公司之间调动有经验的生产管理人员，在集团层面建立专业的生产管理人才库。通过协调管理核心资源，保证各个子公司经营独立，同时提升整体的效率。

不同类型的集团公司需要匹配合适的管理方式。如果管理方式错位，则会带来整体效率和公司价值的降低。比如前文中提到的大型日本商社，业务范围涵盖食品、化妆品、生活日用品等，业务范围广泛（参见本书序言）。公司适合采用财务控制的方式，让各个子公司独立地展开研发、生产等工作。最多可以采用资源控制的方式，协调各个公司的销售资源（因为大商场、超市是它们共同的客户），而公司采用运营管控的方式，不仅仅是销售环节，新产品开发、采购、生产等环节都需要集团公司来统一管理，那么经营效率必然大幅降低，错过很多市场机会。

SUMMARY
总　结

☐ 集团型公司在多元化的时候，应该考虑新业务所需的核心资源与关键成功要素（KSF）与现有核心业务的相似性，而不是产品或者服务层面的相似性。

☐ 对集团下属各个子公司，可以通过"价值增长机会"和"价值实现能力"两个维度来分析，发现哪些业务该保留并且重点发展，哪些业务该舍弃。

☐ 集团公司对下属公司可以通过财务管控、资源管控、运营管控这三种由浅到深、不同程度的方式来管理。管理方式要与子公司之间的业务差异、共享的核心资源和共享的业务活动相匹配，否则将会造成经营效率的低下和大量资源的浪费。

第二部分

经营分析与业绩提升

ANALYSIS & IMPROVEMENT

引言

本书第二部分的主题是企业如何提升各个层面经营活动的效率和成果。总共介绍了18个分析工具，分别围绕"客户分析""产品营销""经营优化""品牌管理"4个领域展开。

这18个思考工具广泛适用于制造业、零售业、金融业、科技互联网等领域。文中也详细分析了苹果（Apple）、亚马逊（Amazon）、联合利华（Unilever）、蚂蚁金服等企业在具体的经营活动中运用这些思考工具的案例。

这些思考工具，某一些更适合to B（企业客户）类型的企业，某一些更适合to C（个人用户）类型的企业，在每一章节开头都做了特别说明。

第五章 顶尖企业如何经营顾客

5.1 世界级快销公司的客户获取经验（用户获取模型）

通过本思考工具你将了解

・消费者从听说一个产品，到成为该产品的忠实用户会经历哪些阶段

・企业在每个阶段可以分别采用哪些方法促进消费者转化

・为什么如果市场推广手段与消费者所处的阶段不符，即使花费巨资推广，也带不来任何效果

・如何有效评估每一种市场推广手段的效果，如何优化

适合对象：To C（个人用户）类型的企业

用户获取模型是指潜在用户从完全不知晓产品，到成为该产品的忠实用户所经历的每个阶段，以及企业在每个阶段可以采用的赢得用户的方法。用户获取模型最早在快速消费品公司之间得到广泛的应用，后来该模型不断完善，在更多的行业和领域（包括创业构思、商业模式设计等）发挥巨大的价值。

在不同行业，该模型在每个阶段的命名、划分上略有差别，但通常一个用户的获取可以划分为5个阶段，见图5-1-1：

```
┌─────────┬─────────┬──────────┬─────────┐
│         │         │          │         │  Royal Customer
│Awareness│Interest │Evaluation/│Repertoire│     忠实用户
│  知晓   │  兴趣   │  Trial   │ 再次吸引 │       ↙
│         │         │  评估/尝试│         │
└─────────┴─────────┴──────────┴─────────┘
```

图5-1-1　用户获取模型

1.知晓（Awareness）阶段：指没有听说过公司产品的用户，开始关注到，并且能记住公司的产品或者品牌，即从未知到知晓。

2.兴趣（Interest）阶段：指用户对公司的产品产生好感和兴趣，认为产品的某些功能、特征适合自己，接下来会有动力去尝试。

3.评估/尝试（Evaluation/Trial）阶段：指用户在某些机会、场景下，开始购买或试用，亲自体验产品的功能和优势。

4.再次吸引（Repertoire）阶段：当用户第一次购买使用以后，对产品的效果不满意，好感打折扣（有可能因为使用的环境不理想或者方法不当，而非产品本身的因素），这个阶段企业就需要通过额外优惠或者其他的方式，让用户再次尝试。比如用户购买了某种牙膏，用过以后感觉效果一般，这时，出现"新配方"外加"加量不加价"额外的优惠，用户可能会觉得很优惠，效果可能更好，那么再尝试一遍。采用这种再次挽留的方式防止用户立即流失。（备注：Repertoire字面意思可以理解为剧院的保留曲目：如果前面的节目观众们不喜欢，没问题，还有更好的节目来吸引你们。）

5.忠实用户（Royal Customer）阶段：指的是当用户使用了产品并产生好感以后，企业通过一系列激励方式，让用户持续地购买这个产品。在理想的情况下，彻底不再考虑竞争品牌的同类产品。

在每个不同阶段，企业可以采用不同的方法来促进用户进入下一个阶段，最终成为忠实用户。表5-1-1列举了每个阶段的目标和常见营销手段。

表5-1-1 各个用户阶段费用的营销手法

获取步骤	知晓	兴趣	评估尝试	再次吸引	忠实用户
针对的用户/潜在用户	全新用户群	对产品还没有兴趣或购买欲的潜在用户	对产品知晓或者已经有兴趣，但没有购买/尝试过	有过消费尝试，但没有产生好感的用户	购买过，也有好感的用户群
该阶段目标	让用户关注并且记住产品和品牌	让用户产生好感和尝试意愿	激发立即购买的冲动；让消费者能容易地购买到	让用户再次购买并且建立好感	让用户持续购买，尽量少甚至不再考虑竞争品牌，成为忠实用户
常用手法	·在不同渠道投放广告 ·新闻事件、公关推广 ·增加商品的展示机会	·独特设计 ·突出产品优势卖点 ·找用户的痛点和热键，针对性推广 ·激励用户之间口传 ·名人代言	·促销优惠 ·免费试吃/试用 ·地推/增加商品展示 ·广泛铺渠道，让用户想到的时候能立即买到	·产品升级，包装、功能上升级换代 ·给予额外的优惠 ·额外服务，改善用户体验	·给忠实用户激励政策 ·品牌层面的情感沟通 ·功能、品牌形象上与时俱进

接下来我们具体分析一下每个阶段的常用营销手法，以及市场上常见的误区。

1. **知晓阶段**，除了投放广告，还可以考虑通过新闻事件来公关推广。如果能创造好的事件亮点，不仅成本低，而且推广效果更好。此外，增加商品在流通渠道的展示也能让更多用户知晓，甚至增加对产品的好感。比如用户在多个不同渠道都看到某个品牌的产品，虽然一直没有购买过，也没看到过它的广告，但也会产生"这一定是大品牌"的印象。

企业如果花钱投放广告，仅仅做到让用户知晓是远远不够的，至少要结合知晓与兴趣两个阶段的目标来影响潜在消费者。当某些行业处于"风口"时，吸引投资相对容易，而这样的初创企业在做广告时就毫无策略，只考虑第一步。比如某个新成立的互联网公司给自己的应用在地铁等渠道投放大量平面广告，见图5-1-2。整个广告内容如下：软件名称，说明是适合女生的软件，一个网址，旁边配上一个动漫女孩的形象。此外没有任何其他信息[1]。

小××，女生软件 Xiao**app.com	
	（广告背面，一个动漫女孩形象）

图5-1-2　某互联网产品的广告

这个广告起到了知晓的作用，但是激发不了任何用户的兴趣。针对哪一类具体的女生人群，针对她们的什么痛点或者诉求？是皮肤护理、恋爱指导、经期管理，还是美食指南？如果是针对某一个具体的痛点或者用户需要，那么这个产品相对竞争产品有什么独特优势？这里都没有体现，只是为了"知晓"而做"知晓"，潜在用户看到了也很难记住。好的广告不仅会让用户知晓，产生兴趣，甚至还能让用户产生立即尝试的冲动。

2. 兴趣阶段：宣传层面，根据产品的定位和细分用户市场，企业通常从5个方向来激发潜在用户的购买兴趣：

（1）突出独特功能或优势（尤其是相对竞争对手的优势）；

（2）强调性价比（或价格优势）；

（3）突出产品或品牌的调性（唤起用户的情感共鸣）；

（4）强调稀缺性（再不买就没有了）；

（5）激发好奇心（让用户亲自尝试，看个究竟）。

无论哪种方向，实现方式都可以多种多样，如果是针对理性用户群，可以用数字对比；针对感性用户群，可以用明星代言。哪一种方式有效，可以通过广告公司的测试，或者简单的用户调研来找到最好的卖点。最需要避免的是没有明确方向，凭业务团队的个人偏好就定下来宣传卖点，认为凭此就能吸引用户的兴趣。

除了宣传层面，还有产品的外形设计、产品包装等因素，都需要整体考虑。这里说明一下热键（Hot Button）的概念。热键指的是，假设有一个按键，只要轻轻按一下，顾客就会激动，产生强烈好感的反应。产品包装上，一些关键信息就能成为"点燃"顾客的热键。比如一种非常美味的小零食，在外包装上用强烈对比颜色，或者金色的圆圈凸显出"High Fibre"（高纤维），或者"Low Sugar"（低糖），对比较关注身材的顾客群来说，这就是一个热键（图5-1-3）。关于热键的应用，有两个需要注意的地方：

（1）热键是相对某个用户群，以及竞争产品的状况而定的，不是针对整个产品品类；

（2）热键是不断进化发展的。某个亮点在3年前可能是打动潜在用户的有效热键，而现在消费者认为这个亮点应该是行业标配，每个品牌都应该具有的，那么公司就需要寻找新的用户热键了。

图5-1-3 Low-Sugar热键

3. 评估/尝试阶段：用户对产品已经产生了好感，但是还没有去购买使用。通常有两种原因造成这种现象：

（1）有好感，但是好感没有大到让用户立即就购买（或者替换顾客正在使用的竞争品牌）；

（2）有好感，但是购买渠道不方便，所以没有去买。

针对第一种情况，常用的手段是给予免费样品，免费试吃、试用，让用户体验，增强好感（比如超市里面常见的产品推广）。或者给予额外的限时优惠，促进新用户来尝试购买（比如各类电商、互联网理财平台给予新客户的专属优惠）。

针对第二种情况，需要在目标用户群周边广泛地铺货，让用户有购买想法的时候能够立即购买到产品。如今很多产品的销售已经不受实体渠道的限制，人们随时可以从网上购买。那么企业在做平面宣传的时候，就能给予优惠（比如电子券），同时在旁边放一个购买链接或者二维码，也解决了购买便捷性的问题。

4. 再次吸引阶段：对于用户获取，这是一个非常重要，同时也常常被企业忽视的阶段。比如有10位顾客首次购买了我们的产品，之后，其中4位继续购买我们的产品，另外6位转向其他品牌。有的人会说，我们的产品是适合这4位顾客的，另外6位顾客更偏好其他产品（用现在商业术语来描述，我们有40%的复购率，对于某些行业已经是不错的数据）。

但是仔细思考一下，这流失的6位顾客很可能是因为第一次使用方法不当，或者有不好的体验同时发生（比如去某个餐厅吃饭，碰巧旁边有一桌非常吵闹的客人），而并非我们的产品或者服务不适合他们。因此针对这样的用户进行再吸引，就是很重要的工作。前面已经提到，用户购买了牙膏感觉效果一般，这时候可以用新配方、加大分量等方式鼓励用户再次尝试。

这里我们再看一个在新产品（服务）开发阶段运用"再次吸引"方法的例子。针对火热的儿童英语早教市场，有企业提出一个不同于课堂型的教学产品：对略有英文基础的父母，通过提供各种场景下的英文绘本，让父母在家里、公园、马路上等地方就能够跟3~5岁的小孩进行英文互动。比如在家里，可以告诉孩子什么叫作go up（往上爬），什么是turn around（转身）；在商场，什么是餐厅（restaurant），什么叫点菜（order）。通过简单互动，培养孩子对在英文环境下的情景反应能力，这样未来学习英文会更加自然。各种绘本可以设计成不同主题和难度，让父母也不断升级，逐步购买更高级别的对话绘本。产品具有差异化和独特卖点，吸引新客户不难。但由于每个父母的英文能力、耐心不一样，有的用户可能购买第一册以后，感觉互动的效果不好，之后就不会继续去购买后面的产品了。这种情况下，我们就需要使用"Repertoire（再次吸引）"阶段的思路和方法了。

如果一对父母刚开始使用这个产品，小孩很难用英文互动，在父母决定放弃这个产品之前，可以增加一个"提升环节"。比如每个周末，把一个城市使用这个产品的父母和小孩聚到一起，现场由专业人员来指导父母用英文来和小孩互动，或者通过游戏让小孩子们之间说简单英文。这样不仅能提升父母使用这个产品的能力，还能通过展示"其他小孩能通过英语互动"来增加父母的信心。这就是一种"Repertoire（再次吸引）"的思路。

5. **忠实用户阶段**：当用户认可我们的品牌和产品，频繁购买的时候，企业需要考虑如何防止用户被其他品牌吸引走，如何彻底地不再考虑其他竞争产品，从习惯使用到彻底排他。企业可以从"攻"和"守"两个层面来思考。

• 攻的层面是指主动给予用户物质层面的利益或者情感层面的联结，长久地留住用户。比如各大航空公司的里程计划、信用卡公司的积分活动，都是为了让用户持续地使用自己的产品/服务，同时不断完善服务和用户体验，让用户彻底地信任。或者在品牌塑造上，让用户产生强烈认同感而排他。

• 守的层面是指关注竞争对手在争夺用户时的各种手段，及时做出反应，避免用户被抢走。比如竞争对手在价格上开始给予更大优惠，或者是品牌塑造更新，或者产品升级推出了更好的版本，短期内即使不作为，企业也可以留住大部分忠实用户。但是时间一长，忠实度就会被破坏。

以上介绍了用户获取模型每个阶段的目标、常用的手段，以及可能存在的误区。很多企业在吸引用户或者宣传产品的时候缺少系统性思考，在市场营销手段上缺少针对性。掌握了用户获取模型以后，大家不仅可以衡量过往自己企业针对每一阶段的顾客，是否采用了有效的方法，同时也可以去看看各大超市的促销，机场、车站、电视的各种广告，电商网站上的各种活动，然后分析一下：他们针对的是哪一阶段的用户，这一阶段的目标达到了吗？通过分析身边各个行业的案例，来提升自己运用这个模型的能力。

SUMMARY
总 结

☐ 消费者从知晓到成为忠实用户，会经历5个不同的行为阶段，每个阶段都有不同的市场推广手段。

☐ 再次吸引（Repertoire）是常常被企业忽视的一个阶段，配合正确的营销手段能有效挽回初次体验不好的消费者。

☐ 热键（Hot Button）是促使消费者购买的有效武器。但是需要注意，不同人群的热键并不一样，热键也会随着时间、市场环境的变化而变化。

☐ 企业设计营销活动的时候一定要明确，针对的是哪个阶段，或哪几个阶段的消费者。他们需要的信息和刺激因素是什么？否则就会白白砸钱，效果大打折扣。

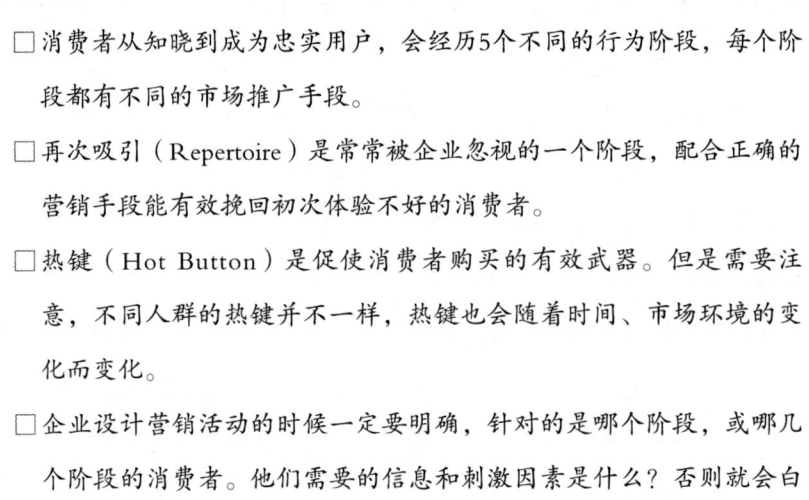

5.2 如何提升对用户的黏性（SOW分析）

通过本思考方法你将了解

- 什么是口袋深度
- 如何测量用户的口袋深度
- 如何通过口袋深度分析来给用户群分类并发现市场营销机会

适合对象：各种类型的企业

增加某一类产品（或服务）的销售额最常用的方法有两种：一是增加市场（用户的）占有率，让更多的潜在顾客从竞争对手那儿转移过来；另一种方式是增加用户的口袋深度（Share of Wallet，简称SOW）。

口袋深度指的是顾客在一个时间周期内（对于非耐用品，通常按一年计算），购买某一类商品或者服务的总金额中，分配到某个品牌或者企业的占比。比如某个顾客一年在网上购物总消费1万元，其中他在亚马逊上购买的金额达到2000元，那么亚马逊占有这个顾客的口袋深度就是20%（2000元/10000元）。

通过口袋深度可以测算出用户对一个企业（品牌）的忠诚程度，并且针对不同口袋深度的用户可以采用不同方式的促销手段。哈佛商学院副院长、著名的市场营销专家约翰·奎尔奇（John A. Quelch）教授指出：口袋深度是一个能衡量企业营销成果和发展驱动力的重要指标，建议企业实时监控，并与竞争对手的表现进行对比[2]。

在测算口袋深度的时候，用户在某个企业或品牌上所消费的金额容易获取，但用户在该品类的竞争对手那儿的消费总额则很难拿到。好在对于很多行业来说，消费者在该品类上的消费是比较容易估算出来的。像日化用户、母婴用品、美容美发服务等领域，一个用户使用这类产品的速度是相对固定的，估算出用户的一年使用总量，再根据用户所购买的产品或服务的价格段，即可得出用户一年在该品类的消费总额。

比如，我们分析某个母婴类电商网站的用户的口袋深度。一个家庭在母婴类产品上的消费，主要是奶粉、尿布、童装、儿童玩具四大品类，又以前两者奶粉、尿布占绝大多数，而且一年的总消耗量是相对固定的。根据顾客购买奶粉、尿布或者童装的常见品牌的价格，可以判断出一个用户属于高端消费群，还是中低端消费群。这两类群体的年总消费额很快就能计算出大致区间。

下一步，计算每个用户在该电商消费的总金额。这个数据立即就能拿到。根据其属于高端消费群，还是中低端消费群，除以不同的总消费额，于是每个顾客的口袋深度就得到了。那么达到什么样的口袋深度才能表示用户对一个平台有明显的好感呢？对此我们要看竞争渠道的数量。假设只有两个母婴类的知名电商平台，加上线下商店算一类渠道，平均每个渠道占有33%的消费潜力。那么一个平台至少达到50%的口袋深度才能算获得了忠实用户。如果市场上有5~6个互相竞争的购物渠道，那么口袋深度至少达到30%才能算有忠诚度程度的用户。在此我们暂时用10%、30%、70%作为三道分水岭。

- 极低渗透率用户：口袋深度低于10%。这一类用户对于购物平台还没有建立起信任，只是偶尔或者被临时性的促销吸引来购买。
- 低渗透率用户：口袋深度介于10%~30%。这类用户对购物平台建立了基本信任，但是还没有足够强大的购物习惯让用户每次都过来。
- 中等渗透率用户：口袋深度介于30%~70%。这类用户对购物平台已经建立了很高的信任，只要让他们更方便地购买（丰富的品牌和品类，购物体验）或者实施忠实用户的奖励计划，就能进一步提升他们的口袋深度。
- 高渗透率用户：口袋深度达到70%以上，这类用户基本上绝对信任了这个购物平台，所能购买的母婴类产品基本都在这儿购买。

通过计算，我们得到这四类用户的数量占比，见图5-2-1：

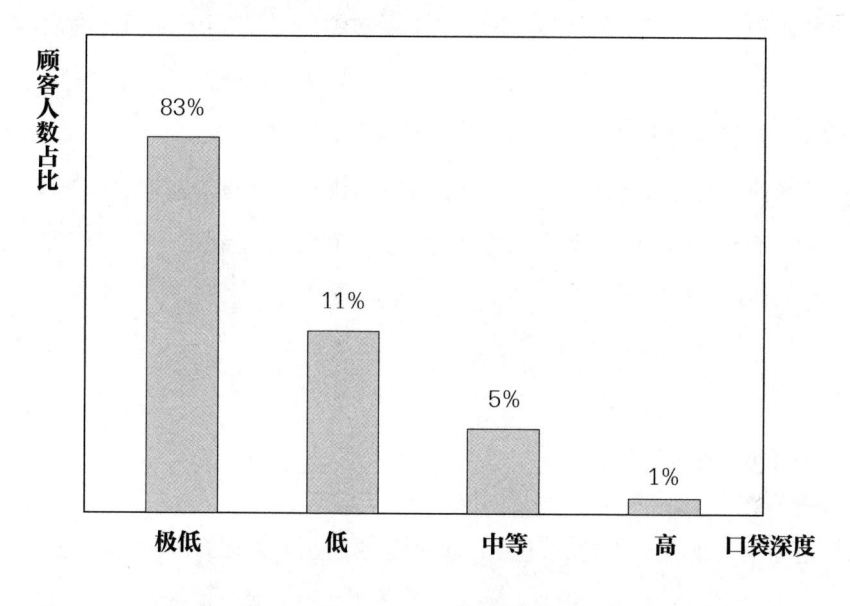

```
顾客人数占比

83%

       11%
              5%
                     1%

极低    低    中等    高    口袋深度
```

图5-2-1　四类用户的口袋深度分析

通过图5-2-1我们可以看到，83%的用户口袋深度不到10%，表明这些用户在该网站的购买频次极低。可能是刚刚过来的新客户，也可能有一两次的购物体验之后就再也不来了。对于这类用户，需要再次吸引尝试（参考第五章中的《世界级快销公司的客户获取经验》里面的repertoire环节），鼓励他们来购物（比如赠送额外的优惠券），获得好的体验，逐步建立信任感。

中间两类用户，他们对于平台已经有了基本或者较高的信任，提升他们的口袋深度是相对容易的。可以通过简单的用户访问，了解他们为什么没有更多地购买母婴类产品，是否需要在品牌丰富上、促销优惠上进行提升。此外，还可以推出专门针对这类用户的会员优惠。比如美国亚马逊网站推出的Amazon Mom（亚马逊妈妈，后来更多为Amazon Family）服务，拥有（或者即将拥有）小孩的母亲在亚马逊注册Amazon Mom服务，每年缴纳一定的费用，即可成为Amazon Mom的会员，所有母婴品类的产品可以享受额外的折扣，此外还享有急速快递、免费影视节目等额外的服务。这就是针对已经对亚马逊平台建立了信任感的母婴用户，进一步提升他们口袋深度的营销方法。

最右边一类用户，虽然数量较低，但是对平台销售额和利润的贡献不可小视。对于他们，进一步提升口袋深度的空间有限，但需要维护好他们的体验（比如设立专门的客服体系），防止这样的高价值用户流失。

各大公司的经验显示，通过提升口袋深度比提升市场份额对业绩的增长更为有效，而且风险更低（吸引新客户的时候常常会牺牲利润，并且有可能吸引来的是低质量的用户）。

SUMMARY
总 结

- 口袋深度分析通过衡量用户在同类消费当中分配到我们公司的比例，从而可以测算出我们对用户需求的满足程度。针对大众消费群体，或者企业类用户都可以有效运用。
- 通过分析不同口袋深度用户的分布情况，可以发现公司对于哪些客户的挖掘过低。
- 增加用户的消费黏性（会员制等手段）和转化成本（比如办卡充值后不能到其他商家消费），能有效深挖用户的口袋。
- 当企业在考虑市场占有率和新客户的时候，也需要回头看一下，对目前用户的口袋挖得是否足够深入。通常增加老用户的复购比开发新客户要容易得多。

5.3 经营客户时应该关注渗透率还是忠诚度（奥特森分析图）

通过本思考工具你将了解

·如何通过奥特森分析图迅速了解企业对目标用户群的渗透状况和顾客流失情况

·如何发现企业在宣传品牌、吸引新用户和存留用户方面哪一块有待提升，进而有针对性地调整经营方式

适合对象：To C（个人用户）类型的企业

传统的市场调研报告可以告诉一个企业其产品在目标用户群中的知名度、喜爱度、推荐度等信息。通常会得到类似图5-3-1相似的图。

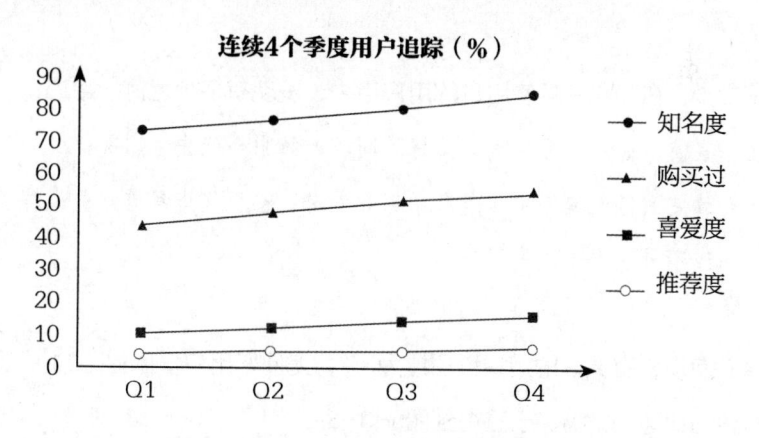

图5-3-1 某企业市场调研结果

在此基础之上，奥特森分析图[3]（也被称为奥特森市场图）进一步整合了用户购买行为和用户保留的状况，可以帮助企业发现在宣传品牌、吸引新用户

和存留用户方面哪一块有待提升。

制作奥特森分析图分为两个步骤。

第一步，了解公司在潜在用户群当中的知名度，以及有多少比例的用户实际购买过公司的产品。假设知名度是85%，有过购买经历的是55%，那么将会得到图5-3-2。

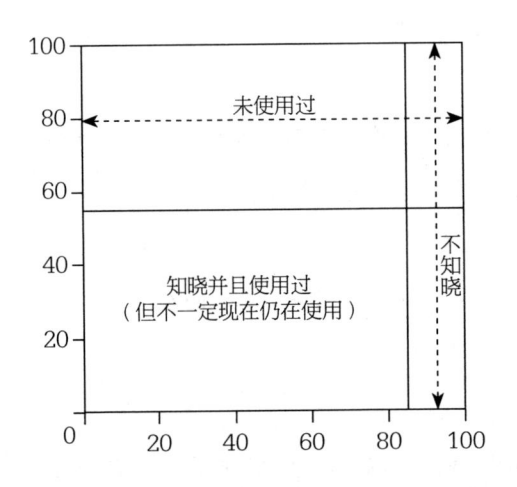

图5-3-2　奥特森分析图第一步

第二步，在知晓并且使用过的用户当中，发现有多少比例的用户：
- 一直使用该产品并且具有偏好（同类产品中会优先考虑）；
- 继续使用但无偏好（同类产品都会考虑，甚至优先考虑竞争品牌）；
- 已经不再使用（流失用户）。

调研发现，有偏好的用户群占比为3%，无偏好用户群体占比24%，不再使用的群体占比达到28%。于是得到图5-3-3。

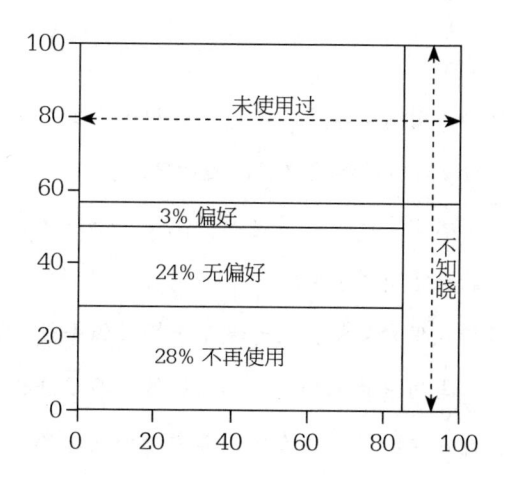

图5-3-3　完成后的奥特森分析图

在图5-3-3中可以发现，该公司的品牌推广已经取得很不错的效果，已经覆盖了整个潜在用户群的85%。销售转化的效果也还不错，55%的用户购买过。对此还有比较大的提升空间，应加大促销，加强对新用户的吸引，鼓励试用。不过使用过的用户里面存在的问题较大。只有3%的用户具有偏好（经常购买），24%的用户无所谓（偶尔购买），28%的用户使用过之后不再使用（彻底流失）。这表明产品或者服务存在某些缺陷，让用户有不好的体验，之后开始拒绝这个产品。对于这28%的用户，需要更深入的访谈，了解造成用户流失的普遍性原因。奥特森分析图告诉我们，接下来公司除了开拓新用户，需要更加注意改进产品和服务，否则一大半的新客户都将像漏斗中的流水一样，进来以后又会立即流走。

SUMMARY
总 结

☐ 奥特森用户分析图从知名度、使用偏好两个维度,分析一个企业对目标用户群的渗透情况和用户维护的情况。

☐ 用户数据的获取需要严谨的用户调研,并且保持更新,以便于公司进行市场战略调整和运营监控。

☐ 公司根据奥特森用户分析,及时调整市场营销手段,避免无谓的资源浪费。比如当用户的不知晓率已经很低,而用户的不再使用率变高时,企业就应该降低产品宣传,集中精力改善产品的性能和用户体验。

5.4 如何战略性地选择真正有价值的客户（客户盈利分析）

通过本思考方法你将了解

- 为什么毛利并不能反映企业从客户身上获得的利润情况
- 为什么企业在很多大客户交易上是赔钱的，而企业却不自知
- 企业如何计算顾客的利润贡献率，规划不同的顾客管理方案，避免盲目服务大客户带来的损失，提升经营业绩

适合对象：各种类型企业，尤其是To B（企业用户）类型的企业

当企业判断其各个用户的价值的时候，通常看这个顾客的销售额或者毛利贡献。但是服务每个顾客的成本大不一样，当对核心用户进行盈利分析的时候，很多企业会惊讶地发现，很多被认为是重要的销售与利润贡献的顾客，企业从他们身上并没有挣到钱。通过用户盈利分析，企业能准确识别哪些是盈利贡献最高的客户，以他们为目标制定营销策略；哪些用户应该舍弃，根据客户的盈利性来分配销售和服务资源。

在进行顾客盈利性分析的时候，常用的方法是顾客盈利矩阵（Customer Profitability Matrix）。制作顾客盈利矩阵的时候，首先计算出为每一个客户所付出的服务成本（Cost to Serve），包括售前、运输安装成本、售后服务成本等，通过"基于活动的成本核算"方法（Activity-Based Costing）来计算。之后计算每个用户的销售毛利（Net Margin），用售价减去各种价格折扣、促销优惠和产品成本后的所得。这样可以将每个顾客在矩阵中标注出来。每个顾客可以用一个圆圈表示，圆圈的大小体现这个顾客所贡献的销售额，见图5-4-1。

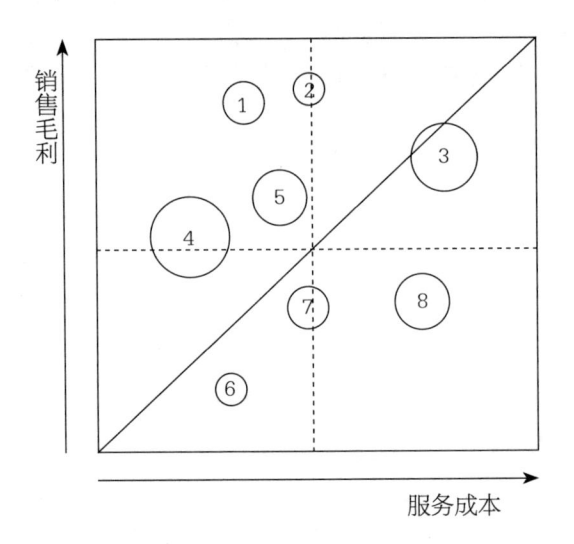

图5-4-1　顾客盈利矩阵

在图5-4-1中，我们看到有8个核心客户分布在不同的位置。我们画一条y=x的直线，在这条直线上方的顾客，其贡献的毛利大于服务成本，是为公司带来净利润的顾客。直线下方的顾客，其销售毛利小于服务成本，为公司带来的是负的净利润。我们看到有4个顾客在直线的下方，其中3号和8号所贡献的销售额还不小，很可能被看作大客户，所以对于顾客提出的各种要求会尽力满足，以至于最后销售毛利低于服务成本。

我们再看图表的上方，1号和2号顾客，其销售额相对较少，但是为公司贡献的净利润比最大的客户4号还要高。针对这一类顾客，进一步挖掘其需求，能够对公司的净利润增长带来更快、更好的效果。

顾客盈利矩阵诞生于20世纪80年代，帮助企业从简单的销售额、毛利导向，转变到关注用户的净利润贡献。很多企业会认为自己对各个顾客的利润贡献了然于心，但是等拿到这个矩阵上的分析结果时往往会大吃一惊，因为销售与毛利率容易计算，而大量的服务成本可能隐藏得很深。

后来在管理实践中，笔者根据这个矩阵又开发了一个更加直观的分析工具，并且在与互联网企业的几个合作项目中得到有效应用：首先核算出每个顾客在一段时间内的累计销售额，然后计算该顾客所贡献的净利润（就是上图中的销售毛利减去服务成本）。之后就可以将每个用户作为一个点放到下面的销售-净利润（Sales-Net profit Matrix）矩阵当中，见图5-4-2。

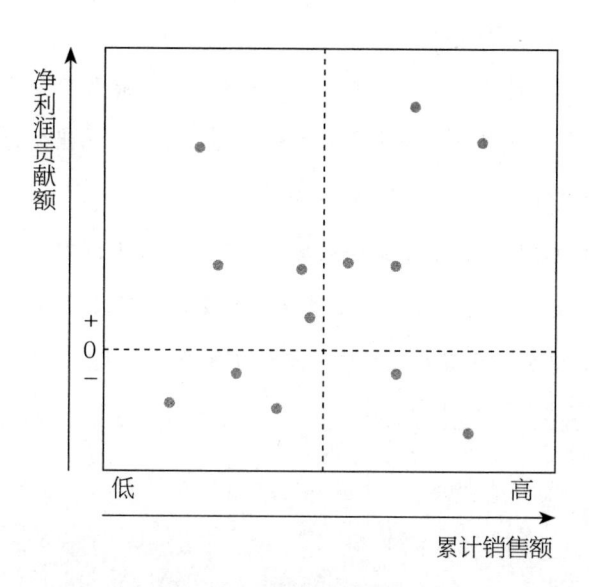

图5-4-2　销售-净利润矩阵

在这个矩阵当中，右上角是累计销售额高，并且贡献正净利润的客户，需要重点维护，实时了解他们的需求。与之相对的是左下角，销售额低，而且是负的净利润。对于这一块的用户，如果没有大幅增长的潜力，可以考虑立即放弃。

左上角的客户，累计销售额不高。对此只需要关注其中靠近上方，净利润贡献额高的客户：重点开发，针对这些客户提升销售额。而右下角的用户则是高销售额，但带来负的净利润的客户群体。对于他们，则应该考虑在维持销售的情况下，如何降低服务成本，减少销售折扣，或者提升价格，尽快将他们拉到"净利润＝0"这条直线的上方。

SUMMARY
总 结

☐ 企业通常容易被大客户的销售额所吸引，为了达成交易让出大量的利润，并且忽视了企业服务于这些客户的成本，最后很多大客户的交易带来的是净亏损。

☐ 顾客盈利矩阵，以及销售额-净利润矩阵，都能帮助企业进行顾客盈利分析。发现真正为企业创造利润的顾客和带来损失的顾客，从而有针对性地调整销售策略。

☐ 在使用的过程中，对于服务成本的核算一定要做到准确，同时也要考虑到顾客的成长性。由于市场不断变化，顾客也在变化，每隔1~2年，需要对顾客的盈利贡献重新进行一次分析。

第六章　创造真正能赢得顾客的产品或服务

6.1　如何从用户的视角来设计、改进产品（价值曲线）

通过本思考工具你将了解

・如何展开用户购买分析，发现用户最看重的产品/服务卖点

・如何通过价值曲线分析，发现自己和竞争对手各自的优势

・如何根据用户购买分析的结果和价值曲线对比，优化自己的产品和服务，并且沿着价值曲线延伸来创新，做到不断领先对手

适合对象：各种类型的企业

一个产品或者服务包含多种特质。理想情况下，每一个特质都能领先对手自然容易打败竞争对手，赢得消费者。但是当资源有限时，企业最应该加强产品的哪一种或者几种特质？对此可以通过价值曲线（Value Curves）来帮助我们分析。根据每一种产品特质给用户带来的价值高低不同，将一个产品各个特质给用户的价值用曲线连接起来，进而可以将不同的竞争产品在各个维度进行价值对比。

图6-1-1是云存储行业一个企业的价值曲线的例子。通过公开的产品信息，加上消费者反馈获得的数据，我们可以拿到相对准确的价值曲线对比（而不是凭企业人员的自我感觉来分别给自己和竞争对手打分）。从图中我们可以看到，相对于竞争对手，这个企业在可扩展性、稳定性、服务支持上领先于竞争对手，而在兼容性、价格优势方面不如对手。

与竞争对手的价值曲线对比

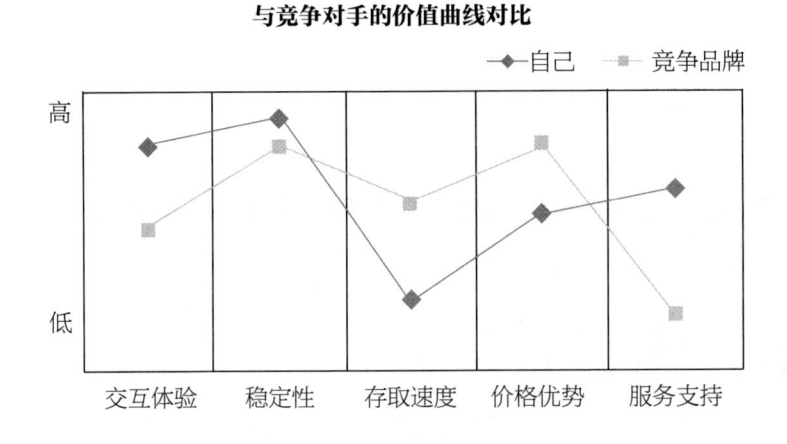

图6-1-1 价值曲线举例

一个产品或者服务的特质可以有很多种。图6-1-1只选择了其中5个典型的特质。在市场竞争中，让每一个特质都超过竞争对手是不切实际，并且毫无必要的。在目标用户最看重的领域超越竞争对手就可以有效赢得用户。所以一个很重要的问题就是：如何确定哪些产品特质对目标用户来说是最重要的？

对于这个问题，我们可以通过"用户购买决策分析"来寻找答案。用户购买决策分析指的是，通过研究目标消费者在购买产品或者服务时如何做出购买决策，来找到影响顾客决策的关键变量，并且比较自己和竞争对手在这些关键变量上的差异。

不同行业涉及的产品特质不一样，图6-1-2提供了一个通用型的用户购买决策分析的框架。将用户会考虑的各个层面分为价格因素和非价格因素两个类别展开。

第二部分　经营分析与业绩提升

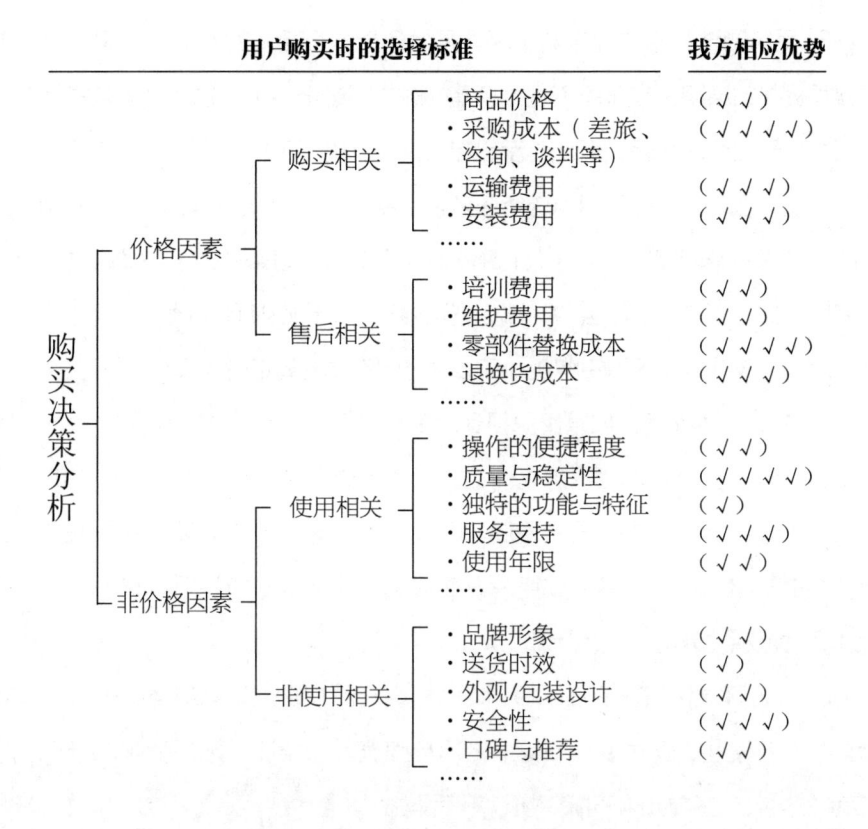

用户购买时的选择标准			我方相应优势
购买决策分析	价格因素 — 购买相关	·商品价格 ·采购成本（差旅、咨询、谈判等） ·运输费用 ·安装费用 ……	（√√） （√√√√） （√√√） （√√√）
	价格因素 — 售后相关	·培训费用 ·维护费用 ·零部件替换成本 ·退换货成本 ……	（√√） （√√） （√√√√） （√√√）
	非价格因素 — 使用相关	·操作的便捷程度 ·质量与稳定性 ·独特的功能与特征 ·服务支持 ·使用年限 ……	（√√） （√√√√） （√） （√√√） （√√）
	非价格因素 — 非使用相关	·品牌形象 ·送货时效 ·外观/包装设计 ·安全性 ·口碑与推荐 ……	（√√） （√） （√√） （√√√） （√√）

图6-1-2　用户购买决策分析框架

不同的目标用户群在进行购买决策时采用的标准并不一样。对此，企业需要深入研究自己的目标用户群的购买决策标准。

在进行用户购买决策分析的时候，可以通过下面5个步骤展开：

1. 筛选对比目标：将同一个品类多个竞争品牌的选项展示给目标用户，请用户筛选出自己认识的选项。询问用户认识的选项当中，购买过的、最长购买的，以及从没有购买过的分别是哪些。

2. 探索决策因素：对于用户最长购买的选项，询问是什么因素促使用户做出购买决策。如果用户难以主动给出具体的原因，参考上面的购买决策框架，一个个提问"是否这个因素让你决定购买"。得到用户的答案后，请用户对决策因素根据重要性进行排序。

3. **反向测试**：用户提出某个因素是他选择这个品牌的产品的原因，有可能这就是真实的原因，有可能不是（只是临时想到这个点），也有可能某些其他的因素才是最主要的原因，但此时没想起来。因此需要进行反向测试。如果一个被访用户说他选择A品牌是因为送货服务快，那么这个时候可以询问他："假设B品牌的送货服务能缩短到××天，那么你会从B品牌购买吗？"如果这时用户出现迟疑，或者回答"也不会"，那么就需要进一步挖掘其他原因了。一个（或几个）因素的改善能促成用户购买，那么这个因素才是真正的决策因素。

4. **关注行为改变**：如果用户提到之前倾向于购买某品牌，但是之后不再购买了，这时需要重点挖掘用户是什么原因不再购买了。可能是这个品牌的产品或服务的某些方面变化，或者是用户了解到关于这个品牌的某些额外信息。这里获得的答案，不一定是促成用户购买的决定性因素，却是用户将一个品牌排除在考虑范围之外的决定性因素。

5. **分析普遍性和重要性**：根据对一批目标用户群的访问结果，分析哪些要素最具有普遍性，哪些要素被更多的用户强调其重要性。之后就可以得到一个准确的适合自己目标用户群的购买决策因素。

得到分析结果之后，一方面，企业需要根据决策因素（偏好）来强化自己在相应维度的优势；另一方面，企业也需要反过来思考，根据自身已经具有的独特竞争优势，目前所认为的细分目标用户群，是否就是最合适的目标用户群。第二种思路就是差异化。在某些层面确实很难超越竞争对手，那么开发出自己的独特优势去选择另一个目标群体。比如手机行业大家都在强调技术功能时，在时尚性、拍照效果等维度建立一个完全不同的价值曲线，打开另一个目标市场。 如果一个企业的价值曲线有效满足了一个用户群，同时发现调整自己价值曲线中几个价值点可以迅速迎合另一个新的、未被充分服务的用户群，考虑到调整目前的价值曲线可能影响到目前的用户群，企业可以推出一个新的产品线（或成立一个子品牌），采用一个全新的产品线服务新的用户群。

当一个价值曲线有效迎合了一个庞大或者有增长潜力的用户群，竞争对手会开始模仿，整个行业的价值曲线将会逐步趋同。这个时候，领先的企业可以开辟出新的价值点，通过发觉用户更新的需求来延伸自己的价值曲线。甩开模仿的竞争对手的同时也有可能打开另一个市场。图6-1-3就是云存储企业通过延伸价值曲线进行创新的例子：开发出数据安全性、协同办公两个新的价值点，超越竞争对手。

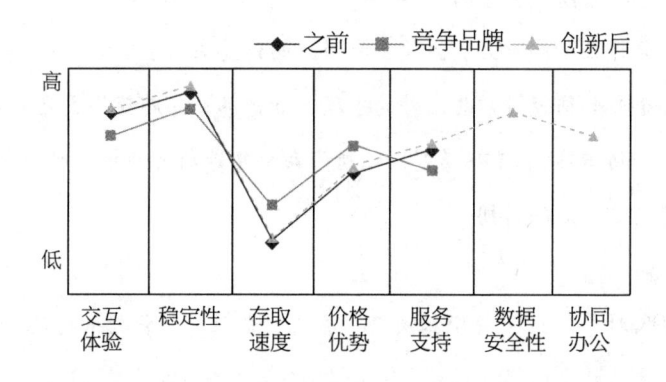

图6-1-3　沿着价值曲线创新

SUMMARY
总　结

- □ 通过价值曲线和用户购买决策分析，企业可以发现用户感知的最重要及不重要的价值层面。
- □ 对于用户不看重的层面，应该及时减少投入，将企业资源投到更能够影响用户决策的价值层面上。
- □ 一个被证明有效的价值曲线，竞争对手迟早会进行模仿，因此企业需要实时监控自己和竞争对手的价值曲线，以及目标用户群不断更新的价值需求。通过动态调整，或者延伸自己的价值曲线，甩开竞争对手或者挖掘出有价值的新市场。

6.2 如何让产品大卖：插上传播力的翅膀（STEPPS分析）

通过本思考方法你将了解

- 为什么某些产品、品牌具有强大的传播力
- 企业如何通过广告以外的手段，让产品、品牌变得更具传播性
- 如何借鉴STEPPS模型，让新产品更快地打开市场，让一种思想理念得到更广泛的传播

适合对象：To C（个人用户）类型的企业、非营利机构

市场上有很多质量相同且价格水平相近的产品，其中有的在用户群中广泛传播，不仅具有很高的知名度，甚至融入网络流行语，被人们不断提及；而有的却只有很小的顾客群，即使投入大量的广告，也很难广泛被人关注。

为什么有的产品、品牌具有强大的传播力？如何让一个企业品牌获得更好的传播效果，产品大卖？对此，沃顿商学院的Jonah Berger教授提出了STEPPS六维度分析法[1]。S、T、E、P、P、S分别代表Social Currency、Trigger、Emotion、Public、Practical Value、Stories六个词的首字母：

· **Social Currency（社交货币）**：指的是用户使用一个产品、服务的时候，这个产品、服务能够引起周边人们的谈论和评价，或者让用户能够以此在朋友之间创造话题，展开炫耀。

· **Trigger（传播诱因）**：在人们所处的环境中，有很多场景或者物体能够激发人们想到这个产品或者品牌。

· **Emotion（激起情绪）**：一件事物如果能激发人们的强烈情绪（惊喜、愤怒……），那么人们就会有更强的动力去分享。

・Public（公共展示）：如果一个产品在使用场景或者过程中能让更多的人看见，那么就具备更强的传播力。

・Practical Value（实用价值）：越强大的实用价值，人们谈论起来的时候就会更大力地去宣传这个产品。

・Stories（故事性）：故事性包含打动人的情节，更容易让人记住，将重要信息注入情节，则人们在转述的过程中会更加突出希望传递的信息（比如联邦调查局的专家费尽种种周折，也无法破解恐怖分子使用的××手机的密码锁，后来甚至要起诉该手机制造商）。

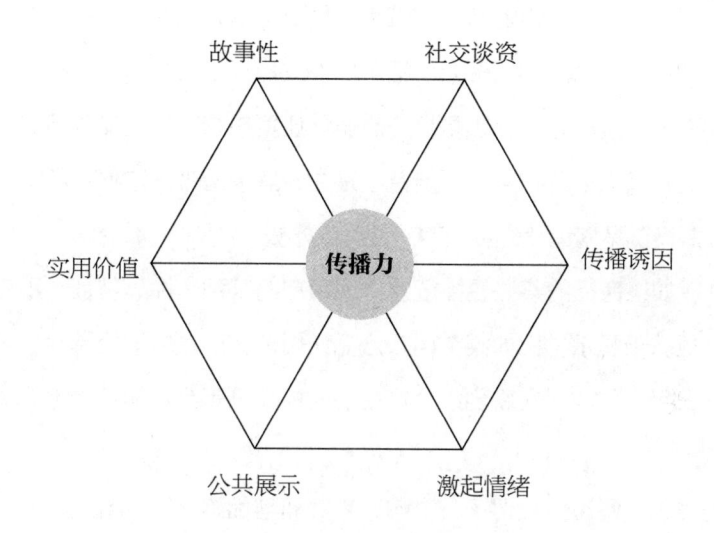

图6-2-1　STEPPS传播力模型

接下来我们通过实例来分析上述的6个维度：

社交货币：在人们的社交活动中能够带来价值。当人们使用某一件产品时，周围的人会因为这个产品而给他贴上正面、积极的（任何使用者想要的标签），那么这个产品就具有很强的社交货币属性；当一个人谈论某种产品的时候（即使不是该产品的用户），他能显得更加新潮、幽默有趣、专业，或者知识渊博，那么这个产品也具备了社交货币属性。举一个商务人士常见到的例子，回忆一下，身边是否有同事、朋友提起过"我一年飞行了多少（一个常人难以相信的数字）次""我一年有多少个晚上在飞机或者酒店里度过""我只用了多久就飞出了某某航空公司的金卡会员资格"。他们为什么要表达这个？

如今，各大航空公司都有会员积累里程项目，设置了不同累计级别，并且提供里程兑换服务。会员旅客们都希望不断积累更高里程，升级到更高的级别。但是据统计，每年近90%的会员旅客没有兑换里程，每年近万亿公里的里程白白过期浪费。那么为什么人们不断追求更高里程？或许和向身边的人提到"一年飞行多少次"一样，为了凸显自己是商业达人的形象。这就是社交货币属性。在商业实践中，人们发现，如果把用户分成不同的奖励等级，除了等级给予的优惠，这个等级也能给用户带来一种身份感，成为一种社交上的标签。信用卡公司就根据用户的消费力，把用户设成金卡、白金卡、钻石卡，甚至黑卡等不同等级。这种等级，也是给产品一种让用户炫耀的社交货币属性。不少名人在申请办理黑卡的时候，可能并不是冲着黑卡所带来的便利和额外享受。等级与头衔设置是创造社交货币的一种有效方法。

此外，如果商品的某些属性能够体现用户的某种个性、特征，用户在社会场合也会更乐于展示。比如某个电子产品让用户在朋友中显得具有极客精神或专业品味，用户在与朋友聊到这个产品的时候，一定会滔滔不绝地介绍产品的各种亮点。

传播诱因：假设你发现了一个购买衣服非常优惠的购物网站，或者是服装产品线非常适合你的口味的购物网站，你在什么情况下更有可能给你的朋友提起？在上班偶然遇到同事的路上吗？似乎不太可能。那么同事在办公室收到购物快递的时候呢？非常有可能。"收快递"就成了提起这个购物网站的传播诱因。如果在日常的生活场景中，每天室内或者户外可以见到的各种事物，能让人们很容易联想起来一个产品或者品牌的口号、特殊卖点、具体产品功能，那么这个产品（品牌）就具有很强的传播诱因。如果某个产品的目标用户群习惯经常去咖啡厅，那么该产品的外包装、产品名称（产品线的名称）、产品外观形态、包含咖啡厅（或者咖啡冲饮场景）等因素，当用户在经过、进入咖啡厅的时候，就更容易联想到这个产品。这就是把环境、场景变成诱因的一种方法。

激起情绪：通常一件事物激发人们的情绪越强烈，激发人们传播的力量就越强。但是不同类型的情绪反应下，人们传播的可能性也不一样。举例来说，人们在社交媒体上读到一个令人悲伤的故事，还有人读到一个令人义愤填膺、生气的故事，后者转发或者向他人提起的概率要更高。研究发现，积极的情绪反应中，敬畏感、兴奋（幽默）、娱乐消遣具有更强的传播力，满足感具有较低的传播力。消极情绪中，生气、担忧具有更强的传播力，悲伤具有较低的传播力[2]。这一点对于产品设计、社团运营、服务推广等领域值得深入借鉴。比如一个咖啡厅，如果环境设计得非常舒适，让人容易放松、满足，顾客不一定会向他人经常提及。如果咖啡厅设计得如同一个古老的教堂（激发敬畏感），或者加入很多幽默、搞怪的装饰元素，那么顾客向他人提及的可能性则大很多。

公共性：公共性包含两个层面。第一，能有广泛的机会在公众场合得到展示；第二，在展示的过程中具有清晰的辨识度。举例来说，在苹果公司推出iPod随身听之前，几乎所有的随身听设备的耳机线都是深色的。iPod的这种产品在使用的时候通常是放在兜里或者包里，没有太多向公众展示的机会，苹果公司非常聪明地将iPod的耳机线设计成白色，具有了极高的展示机会和辨识度，这样不论是在公园、地铁、咖啡厅还是图书馆，一个人如果在听iPod，看着白色的耳机线，很远地方的人们也能看出这个人在听iPod。如今，很多奢侈品牌的产品已经放弃了在产品上印刷巨大logo的做法，但是在产品上（尤其是箱包、外衣品类）常常会印制该品牌所独有的纹理或者图案。这也是增加公共性中高辨识度的方法，增加了品牌的传播场景。有形商品可以增加功能和应用场景来扩大公共性，无形的服务可以创造有形化的元素来增加公共性。比如某些公益组织的志愿者，在志愿者服务之后发给志愿者专属的T恤衫、文具等能在公共场合展示的产品来增加公共性。此外还可以更进一步，在志愿者的社交媒体上，如果能在姓名旁边增加一个logo或者标签，类似某些平台的大V认证标签，那么在社交媒体上则创造了更具活力的公共性。

实用价值：突出能让用户记住的实用价值，可以从两个不同的方面来着手：一种是让人节省了时间和金钱，另一种是让人获得物超所值的体验。此外，把价值隐藏到惊喜当中，则会带来更好的价值体验和传播力。在北京有一家日式餐厅，会给进餐用户免费洗车。当用户用餐完出来看到闪亮一新的汽车，这种惊喜感是非常强烈的。洗车的成本在顾客用餐的消费中占比可能不到10%。餐厅给用户9折优惠，顾客不会感受到多少额外的价值，但是发现自己的车被免费洗好了，会感到自己获得了一个很大的额外价值。这就是给予额外的实用价值（尤其是在惊喜中）带来传播力的例子。

故事性：人们天生喜欢听故事。如果一个产品、品牌具有打动人的故事，那么这个产品、品牌就具有经久不衰的传播力。张瑞敏砸冰箱的故事已经过去了30多年，但是到今天仍然会在各种不同场合得到引用，并且凸显出"海尔注重品质"的信息。有的时候是某些事件的发生，造就了具有生命力的故事；有的时候，则是企业一手创造了具有戏剧性的故事。连锁快餐品牌赛百味（Subway）曾经给一个体重接近200公斤的顾客连续3个月免费提供赛百味的三明治，并且他只以赛百味三明治为食，并不增加训练或者药物治疗。3个月之后，这个顾客的体重降低了100公斤以上，因为故事的戏剧性得到了广泛传播，并且传递出"赛百味是健康快餐"的信息。

以上就是STEPPS模型每一个维度的分析和案例运用。未来在评估一个产品、服务、品牌潜力，或者在设计一个新产品、服务时，我们可以通过下面的表6-2-1，用STEPPS模型来评估其是否具有传播力，并且针对性地改进提升。

表6-2-1 用STEPPS模型分析案例

传播力维度	考虑的问题	提升方法
社交货币	·谈起这个产品是否让人显得更加积极、幽默、专业、自豪 ·使用这个产品的用户是否会被人打上某种社交标签	·在包装、特定功能、广告语上赋予商品、品牌独特的个性 ·给用户设等级、头衔等炫耀性标签，提升用户进一步消费的动力
传播诱因	·在什么情景下人们会很容易地联想到这个产品或品牌的名称、功能或者口号 ·哪些常见的话题会让人在谈话中想起这个产品	·改进商品（品牌）的命名、外包装，使之更容易被日常物品、话题唤起 ·在特定场景和商品之间创造记忆链接
激发情绪	·提起这个产品时人们会有明显的情绪反应吗	·让广告语唤起顾客的情绪
公共展示	·在哪几种公开场合，人们会展示我们的产品 ·展示的时候这个产品能被周边的人迅速识别吗 ·除了产品本身，还有哪些相关产品或者虚拟标签可以得到展示	·增加适用于不同场合的功能，让产品获得更多公开展示的机会 ·增加专属形态和品牌辨识度 ·设计相关产品或者虚拟标签以增加展示机会
实用价值	·产品的包装、体验是否让用户有"赚到"或者"省到"的感受 ·是否有什么惊喜让用户感觉到额外价值	·设计惊喜环节
故事性	·关于这个产品或者品牌有什么打动人的故事并且在用户中广泛传播吗 ·在什么环境下（群体当中），人们愿意讲这个故事	·挖掘产品、品牌的历史，寻找有戏剧性、打动人的故事 ·创造能突出产品价值的新故事

SUMMARY
总 结

☐ 一个产品、社会现象的流行只有极小的概率是随机发生的。STEPPS传播力模型从6个方面分析了流行现象背后的原动力。

☐ 在设计一个新产品或者推出一个新品牌时,企业可以从社交货币、触发诱因、激发情绪、公共展示、实用价值、故事性这6个方面去创造话题,加入具有传播力的元素,帮助新产品、品牌更快地打开市场。

☐ 针对现有产品、品牌,也可以从上述6个方面去思考如何提升其传播力。具体方法可以参考本章节最后的表格。

6.3 如何设计新产品（联合分析法）

通过本思考工具你将了解

- 如何设计不同型号的产品/服务（口味、功率、权限等）
- 如何确定用户群对不同型号的偏好及价值判断
- 如何预估不同型号产品的销售占比
- 如何判断一款产品与竞争对手同类款的销售占比

适合对象：各种类型的企业，尤其是to C（个人用户）类型的企业

假设你经营一个手机企业，今年推出新的手机，存储空间有128G、256G、512G三种选择，手机屏幕有大屏、小屏两种选择。这两个维度下就可以一共有6种不同型号的组合，那么定价的时候就会遇到几个问题：价格最高的型号肯定是512G存储空间加大屏幕，最低的是128G存储空间加小屏幕。但是256G大屏幕和512G小屏幕这两款，哪一款应该定更高的价格呢？高多少合适？假设公司由于生产或者其他方面因素，只能推广两款型号的手机，应该选择哪两款呢？

相对于传统的用户访谈、概念测试（Concept test），商业研究人员开发了一种更为精确、有效的分析方法来解答这类问题，叫作联合分析（Conjoint Analysis）。近年来该分析方法已经成为大型企业在新产品开发和投放时的必备工具。从日用消费品、工业用品到金融服务行业，在设计产品型号、服务等级、定价等领域广泛应用。在此我们通过上面这个手机企业的例子来做一个简单说明：

根据不同的存储空间和屏幕大小进行组合，一共可以得到6种不同型号，对此我们请顾客对6种不同型号进行偏好排序。在不考虑任何其他因素的情况下，

将6种型号从最喜欢到最不喜欢排序。得到下面这个表格。1表示最喜欢，6表示最不喜欢，见表6-3-1。

表6-3-1 产品偏好排序举例

存储空间/屏幕	大屏	小屏
128 G	5	6
256 G	2	4
512 G	1	3

接下来我们给每个产品设一个效用价值的得分。喜欢程度最低的为0分，最高的为5分。于是得到表6-3-2：

表6-3-2 各个型号及各个维度的效用价值得分举例

存储空间/屏幕	大屏	小屏	平均值
128 G	1	0	= 0.5
256 G	4	2	= 3
512 G	5	3	= 4
平均值	= 3.33	= 1.67	

每个横排的平均值表示对应的存储空间的效用价值得分，比如128G的效用值是0.5分；纵列的平均值表示对应屏幕大小的效用值得分，比如大屏的效用值是3.33分。

我们可以看到，128G、256G、512G存储空间对应的效用值分别是0.5分、3分、4分；这表明，当存储空间从128G扩展到256G时，能极大提升产品对用户的效用价值，而从256提升到512G时只增加一点效用价值（可能256G已经足够使用，额外的容量并不带来多少加分，见图6-3-1）。

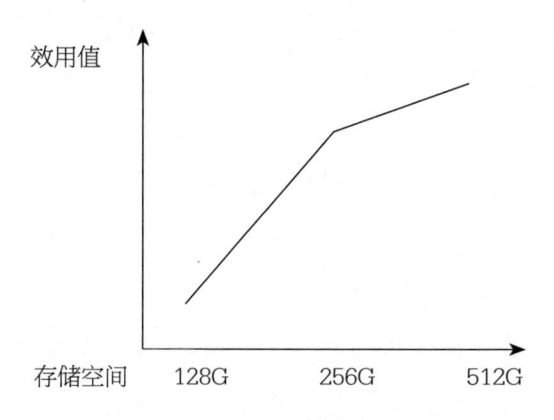

图6-3-1　不同存储空间大小的效用值曲线

而某一款型号产品的效用值，等于该产品横排与纵列对应的得分之和，见表6-3-3：

表6-3-3　不同产品的效用值

产品型号	价值得分
256G + 大屏	6.33　（3+3.33）
256G + 小屏	4.67　（3+1.67）
512G + 大屏	7.33　（4+3.33）

通过这种方式，可以得到用户对于不同型号产品和产品的各个属性层面（Product attributes）的价值判断，以及用户在不同产品属性上的价值权衡（如果某个产品属性降级了一个档次，另一个产品属性需要提升多少才能达到同样的效用价值）。不同用户的偏好可能不一样，根据这种结果，可以将偏好相近的用户归类为同一个细分用户群（segment）。针对每一个细分用户群，可以找到最佳的产品属性的组合。

上面只是一个简化的例子。在实际应用当中，一个产品的设计可能包含众多属性。假设一个产品有5个属性，每个属性有3个不同的等级，那么总共可以组合成3×3×3×3×3=243种产品型号。在应用过程中,不可能也不需要让用户给每一种产品型号进行偏好排序。通过统计学方法和回归分析,进行有限的偏好排序和分析即可得到用户在每个产品属性的各个等级上的效用值。而完成这样一次联合分析,通常需要4个步骤。其过程如下:

1. 设计产品的属性层面和等级

这一点是很多企业容易忽视的地方。记得数年前,薯片市场在我国迅速发展,一个国内食品企业也希望进入薯片市场,推出自己品牌的产品。这家企业没有做任何产品定位的研究就开始生产,然后调制不同口味的成品,就开始包装销售。至于每一款产品卖得如何,就看销售团队的"执行力"或者运气了。

一个产品包含哪些属性层面,在设计的时候有清晰的思考,对于后期的市场推广、销售将起到关键的作用。人们容易认为一个产品就是"长得那个样子的东西",但是仔细分析会发现包含很多关键属性,见表6-3-4。

表6-3-4 产品不同维度的属性举例

含量	包装方式	内包装	加工方式	口味	零售价
100g	袋装	无内包装	油炸	原味	8元
200g	筒装	大包套小包	非油炸	番茄味	10元
300g	——	——	——	芝士味	12元

将产品拆分到不同的属性维度,可以帮助企业更精细化地设计产品,并且更好地定位目标用户群,什么样的属性组合最适合这个用户群?什么样的属性组合在市场上是空白,而且有明显的需求?比如如果针对注重健康的用户群,在加工方式属性上显然更适合"非油炸"。

2. 选择用于测试的产品属性和等级组合

有两种方式:一是将产品所包含的属性都描述出来供潜在用户测评;二是

选择几个属性的组合描述给用户，让用户评价或者排序。前者更加真实准确，但是工作量大；后者工作量小，需要通过统计分析来推断用户群对每一个属性的价值判断。

3. 设计测试类型和方式

测试类型包括"偏好测试"和"购买可能性测试"。比如前面对各种型号的产品进行排序就是一种偏好测试。每一种类型的测试可以通过下面几种不同的方式来完成：

（1）排序方式，如本文开头的例子；

（2）定性测量方式：比如对不同型号产品，从"非常喜欢""喜欢""略有好感""不喜欢""非常不喜欢"中选择对各个产品的喜好程度。如果是购买可能性测试，则是"一定会买"到"绝不会买"的一系列选项。

（3）定量测量方式：对每个产品的喜好程度或者购买可能性进行打分，比如从0分到10分，分数越高，表示喜好程度、购买可能性越高。

（4）对比测试：描述A产品和B产品的属性特征，询问用户更喜欢哪一个，然后拿胜出的产品再和下一款产品对比。

两种类型的测试都可以通过排序、对比、打分等方式进行，其背后的逻辑也相同，但在某些情况下，两种不同类型的测试可能带来完全不同的结果。比如下面一个对此测试的案例：

苹果笔记本电脑	惠普笔记本电脑
英特尔i7内核	英特尔i5内核
256G存储空间	500G存储空间
￥9000	￥4600

你更喜欢哪一个产品？你更可能购买哪一个产品？

两种测试方法得到的答案很可能是正好相反的（很可能某个消费者更喜欢

苹果笔记本的选项，但出于经济考虑，最后还是购买了惠普的产品）。那么在实际应用中，哪一种测试方法更合适呢？有研究显示，在相对给定的市场大小，测试不同产品的市场占有率、销量占比的时候，通过喜好测试更为有效；在预估市场大小和产品销量的时候，通过购买可能性测试更为有效[3]。

4. 收集数据并分析

通过收集用户提供的数据并进行计算，可以得到用户对不同产品属性的效用价值判断。我们考虑下面这个例子，用户对手机产品的各个属性价值判断，见表6-3-5：

表6-3-5　用户对手机产品各个属性价值判断

存储空间		屏幕		外壳		价格	
128G	0.0	大屏	0.3	金属	0.67	¥5000	1.5
256G	0.7	小屏	0.0	塑料	0.0	¥6000	1.1
512G	1.1			混合材料	0.3	¥7000	0.0

根据这个表格，就可以推算出各种属性组合出来的产品在用户心目中的价值，见表6-3-6：

表6-3-6　不同属性组合在用户心目中的价值

产品型号	存储空间	屏幕	外壳	定价	价值得分
A	128G	小屏	塑料	¥5000	1.5
B	256G	大屏	混合材料	¥6000	2.4
C	512G	大屏	金属	¥7000	1.97

也就是说，对于A、B、C三款产品，用户的价值得分是1.5、2.4、1.97，这三个数值反映了产品在市场上的受欢迎程度，B产品最高，A产品最低。这一个分析方法及分析结果可以有多种用途：

（1）预估产品的销量占比。我们可以假设，每个用户会购买他认为效用值最高的产品。询问一定数量的目标用户，他们将最高分给予各个产品的人数比，作为各个产品销量占比的近似预测。另一种推算方法是，假设用户购买这三个产品的概率比是1.5∶2.4∶1.97，也就是25.6%∶40.9%∶33.6%。因为用户并非总会购买偏好程度最高的产品，也受到产品供应、断货等因素的影响。

（2）判断价格调整对一款商品的销量影响。假设公司决定对A产品降价1000元，销量会有什么变化？对产品B、产品C的销量有什么影响？改变A产品的价格条件，然后重新分析数据，即可得到新的结果，可以预判对产品销量的影响。

利用联合分析法来判断品牌溢价能力

企业在预测一款产品的竞争力和销量的时候，可以将自己的品牌作为一个属性维度，和几个主要竞争对手的品牌设为不同等级，然后通过联合分析法测试用户对不同品牌等级的价值评估。

对于一个强势品牌，它可以测试针对某一类细分用户群，在产品性能、属性与一个弱势品牌的产品等同的情况下，强势品牌在价格高出多少的情况下，仍可保证大多数用户不转向弱势品牌，见表6-3-7：

表6-3-7　不同品牌的效用值差异

存储空间		屏幕		品牌		价格	
128 G	0.0	大屏	0.6	品牌A	1.33	￥5000	1.5
256 G	0.7	小屏	0.0	品牌X	0.7	￥6000	0.9
512 G	1.1			品牌Y	0.35	￥7000	0.4
				品牌Z	0.0	￥8000	0.0

表6-3-7，针对某一类用户群，同样存储空间、屏幕大小（假设都是128G存储空间、大屏幕）的产品，在不考虑价格因素的情况下，其A品牌和X品牌的效用值分别是：

A品牌：0.0+0.6+1.33 = 1.93

X品牌：0.0+0.6+0.7 = 1.3

如果X品牌这一款产品在市场上售价是6000元，其总效用值为1.3+0.9=2.2；A品牌在定价的时候希望效用值不低于2.2，定价在7000元的时候，效用值为2.23，而定价在8000元的时候为1.93；所以A品牌定价在7000元甚至再略高一点的时候，该用户群仍会选择A品牌。也就是说，相对于X品牌，A品牌可以实现1000~2000元的溢价。

同样，弱势品牌在推出竞争产品时，考虑到品牌不如强势品牌，需要在价格、产品性能等属性上创造更大的优势，才能吸引用户购买其产品（可以从价格、产品材质等不同维度综合调整，而不是只考虑降价）。以上是演示性的举例，实际应用中可以用更小的价格段的差距（示例中以1000元为价格差）以获得更精确的结果。最后介绍一下联合分析法的应用范围和价值。当产品的"设计-生产"周期短，可以小规模生产时，比如小零食，企业可以通过市场测试、市场动向迅速调整产品方向。如果不进行联合分析，试错成本也不会太高（但并不表示这种情况下联合分析没有价值）。而当产品的"设计-生产"周期长，难以小规模生产，则试错成本巨大。而且根据市场的反馈来调整产品设计，很可能已经错过了时机，因此联合分析就更加重要。

联合分析是大型跨国企业在新产品上市前通常都会做的研究分析。而我国改革开放以后，一直处于经济高速增长的阶段。市场、新的用户群足够大时，企业在产品设计层面即使做出不太合理的决策，也能把足够多的产品销售出去。因此联合分析法对于国内大多数企业来说都是新概念（仅在汽车等少数行业得到应用）。而当市场增长放缓，经济增长进入新常态以后，企业关于产品决策必然会有越来越高的要求，联合分析法将越来越重要。

SUMMARY
总 结

☐ 产品设计包含多个产品属性和维度。精确定义出产品的属性维度和等级,有利于企业准确把握目标用户群的需求,设计出有市场潜力的产品。

☐ 不同产品属性,可以组合产生多种型号的产品,通过联合分析可以了解目标用户群对每一种属性的价值判断。进而可以帮助企业更好地制定产品价格,预估产品的销量和市场份额。

☐ 企业品牌也可以成为一个产品属性,通过联合分析测试出品牌的溢价能力。

☐ 随着市场不断成熟,联合分析法在未来将得到越来越广泛的应用。

6.4　向苹果公司学习销售渠道的选择方法

通过本思考方法你将了解

- 什么是产品销售过程中的信息服务和物流服务
- 不同类型的商品选择什么样类型的销售渠道更容易打开市场
- 为什么奢侈品品牌长期拒绝电商渠道
- 什么类型的奢侈产品最适合尝试通过电商渠道销售
- 随着产品沿着生命周期发展，产品销售的渠道应该如何调整、演化

适合对象：以实物商品的生产和销售为核心业务的企业

为什么苹果公司推出第一代iPod的时候，只在苹果官方商店出售？

为什么第一代iPhone推出的时候，也只有在苹果官方商店出售（某些地区会有一个独家运营商伙伴的门店也出售）？尽管产品上市之初始就不断有各种经销商来努力寻求合作，苹果都不授权其他渠道来销售。而几代产品之后，为什么各种通讯运营商、电子产品经销商、电商平台、甚至超市、书店都开始销售苹果的产品[4]？

一个产品从制造完成，到最终销售到用户手上，企业可以选择多种渠道（图6-4-1和图6-4-2）。

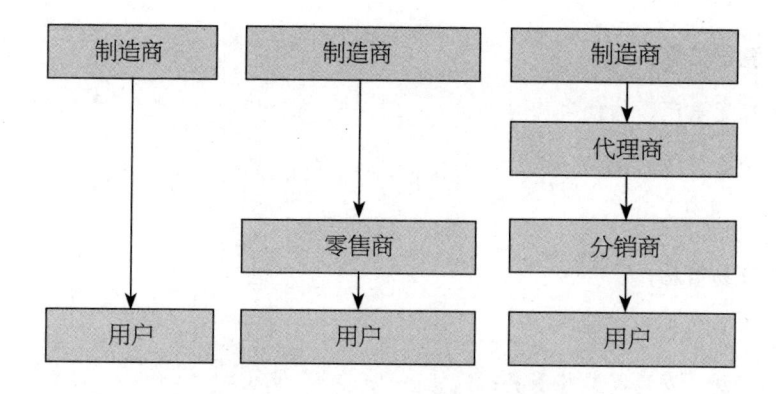

图6-4-1 对个人用户的销售渠道选择

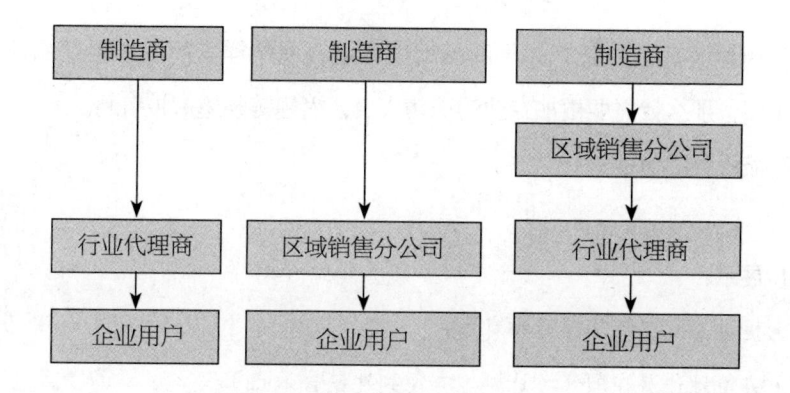

图6-4-2 对企业用户的销售渠道选择

现有产品的销售渠道是否合理有效？在进入一个新市场或者推出了一个新的产品时，什么样的销售渠道更合适？对此，我们需要从两个方面来分析，即销售渠道提供给用户的两种服务——信息服务和物流服务。

信息服务指的是渠道（销售人员/销售平台）给用户提供有价值的商品信息，包括：

1. 商品信息：

- 产品的功能，给用户带来的价值；
- 产品展示及如何使用产品的培训。

2. **竞争信息：**

- 与竞争产品的优劣势对比；
- 价格与促销信息。

3. **交易信息：**

- 交易的合同条款；
- 定制、安装等额外服务；
- 质量保证与退换货条款。

销售渠道链条越长，关于商品的信息越容易走样。所以如果商品信息复杂、重要，那么就需要更加专业的销售人员，销售链条越短越有利。

物流服务则包括：

1. **展示：**

- 提供不同产品的型号和种类；
- 方便触达潜在顾客（让顾客方便到达销售地点）。

2. **交易：**

- 达成交易条款（比如是否包含最低订货量等要求）；
- 确定交付条款（商品尺寸大小与运输难度等）。

3. **交付：**

- 送达时间；
- 售后的相关服务。

如果销售渠道能囤积大量的商品，那么就更加有利于用户快速获得商品，如果渠道服务是用户选择的关键，那么覆盖更广泛的渠道、相对更长的渠道链条或者能提供专业物流的渠道商是更好的选择。

从经济的角度来讲，最好的渠道选择就应该是**"使得渠道提供信息服务和物流服务成本最低的选择"**。通常产品的生产商比起中间商，在提供产品信息服务方面更有优势，因为他们更懂产品，也避免了产品信息在向一层层经销商培训过程中的丢失和变形。而中间商比起生产商在物流服务上更具有优势，因为他们能更广泛地触达用户，更快捷地交付商品。

因此，根据用户对商品信息的需求，以及对物流的需求程度不同，我们可以将商品分成四个不同的类别，并且有针对性地采用不同的渠道策略，见图6-4-3。

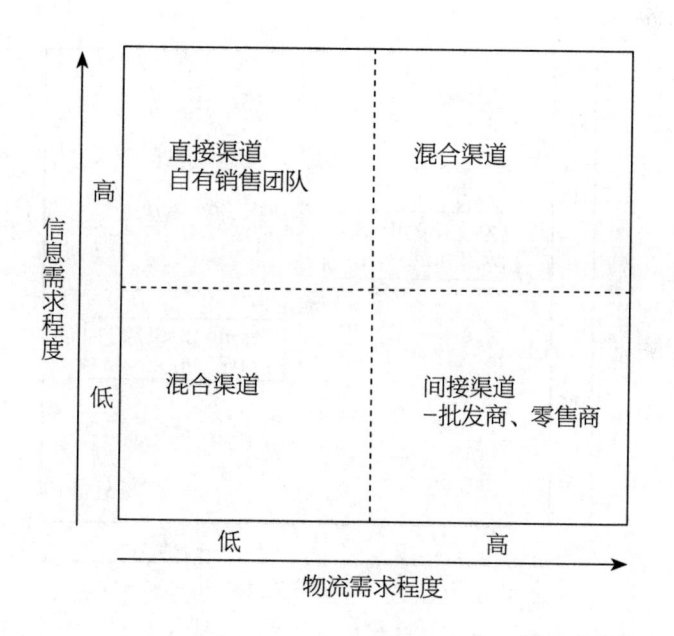

图6-4-3　不同的信息需求和物流需求适合不同的渠道策略

如果某类商品只是信息服务重要，物流服务不重要（图6-4-3的左上角），那么就应该用直接销售渠道，让企业自己的销售团队去给用户传递产品信息。比如飞机引擎，用户（各大航空公司）需要的信息极为复杂，而用户数量少，并不需要广泛的分销商去触达大量用户。

如果某类商品只是物流服务重要、信息服务不重要（图6-4-3的右下角），那么就应该选择间接渠道，利用更多的中间商来广泛地触达更多的用户。

如果商品的信息服务或者渠道服务都重要，或者都不重要（图6-4-3的右上角和左下角），采用单一类型的渠道总会带来某些低效，因此需要一定程度的混合渠道来实现最优组合，让直接渠道承担信息服务，让间接渠道去承担物流服务。比如电梯行业，用户对产品的信息需求是很高的，而用户的分布也相对广泛，各种新建的写字楼、住宅小区、商业楼盘、公共建筑等，因此电梯企业需要自己的销售分公司，以及各个地区的经销商一起配合来开拓市场。这几类产品的对比见图6-4-4。

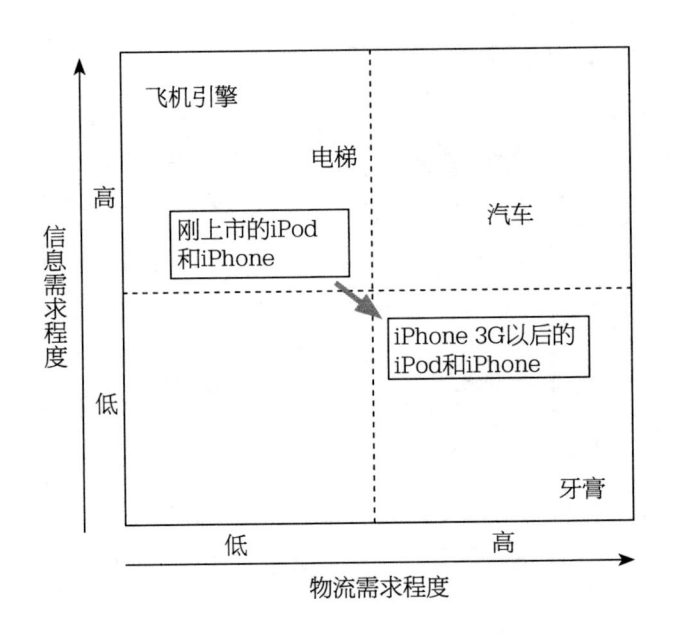

图6-4-4　不同类产品的渠道策略

在此，我们来看一下iPod和iPhone的例子。在苹果公司刚刚推出iPod（及iTunes音乐商店）的时候，iPod的产品及音乐商店平台的使用，对于市场来说都是全新的产品。对于商品的展示、软硬件的使用指导，用户所需要的信息服务是非常高的。这种情况下，对产品理解度低的经销商销渠道可能很难让用户获得好的商品指导和用户体验。而这个阶段愿意使用的用户也都是新潮、酷爱音乐的群体。因此苹果公司全部用直接销售渠道保证用户获得好的信息服务和产品体验。对于iPhone刚刚面市的时候也是同样的策略。

而当iPod逐渐流行，尤其是iPhone 3G这一代产品之后，用户对苹果的系统、iTunes平台都更加熟悉，产品的信息服务需求大幅减少，大众都成了苹果产品的潜在消费者，因而物流服务的需求上升，有的顾客不会愿意走很远（更不会彻夜排队）去苹果自营的专卖店购买产品，因此需要各种不同类型的经销商来满足用户的物流需求，见图6-4-4。

从上面这个例子可以看出，在产品生命周期的不同阶段，企业需要不同的渠道策略来服务市场，见图6-4-5。

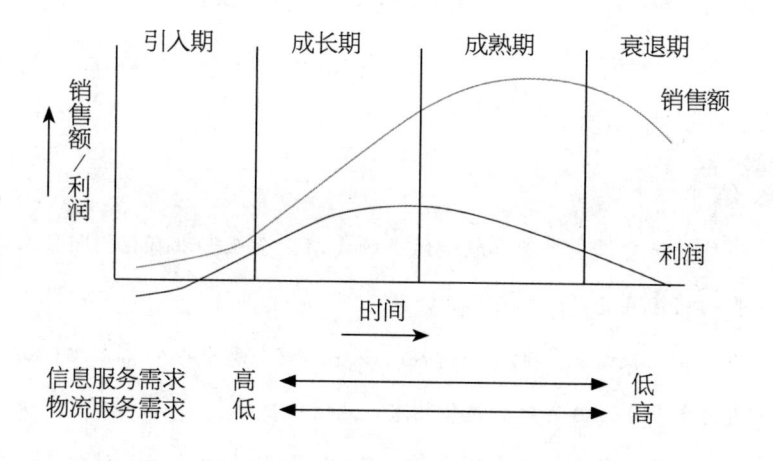

图6-4-5　产品生命周期对信息服务和物流服务需求的影响

当我们熟悉了这个渠道选择的分析模型，便可以对很多新的渠道进行分析。比如电子商务渠道，电商渠道对商品的全面展示能力比较弱，而且缺少销售人员与用户的互动，只能让用户自己去浏览页面上的商品信息（随着技术发展，比如视频展示，VR、AR技术等，商品信息展示的能力将会得到提升）。而电商渠道的覆盖面是最广的，因此可以判断，信息服务需求低、物流服务需求高的商品在电商渠道是最快能够发展起来的。商品的信息服务需求高的产品在电商渠道则会发展比较缓慢。

电商领域在全球已经有超过20年的发展，很多行业都跟随电商渠道的拓展得到发展。至今仍对电商渠道抱有排斥（或者怀疑）的行业要算奢侈品行业。奢侈品讲求给用户的尊贵体验，这一点网页上的互动很难实现。而且奢侈品的目标群体本来就很小众，物流服务的需求并不是那么高，因此一直不愿拥抱电商渠道。如今随着很多消费者都转移到网上购物，很多奢侈品牌也希望尝试电商渠道。通过这个分析模型，我们可以看出，最适合尝试的将是信息需求少、目标用户群相对更广的产品线，比如各个奢侈品牌的经典款产品（用户已经相当熟知）；产品线当中的入门款产品，轻奢产品（用户群更广）。而每年的新款产品，在面料、技术细节上有创新突破的产品，特制的高价款产品，由于信息服务的需求高，物流服务需求低，则更适合留在店里。

SUMMARY
总 结

☐ 通过分析对信息服务和物流服务的需求，企业可以有效判断什么类型的销售渠道更适合自己的产品。

☐ 当产品比较新颖、独特的时候，消费者对信息服务的需求比较高，更适合专业、链条短的销售渠道。

☐ 当产品已经普及、信息需求比较低时，则适合更广泛的销售渠道，加强物流服务，触达更多的潜在用户。

☐ 不论是对即将上市的新品的销售布局，还是对现有各种产品线的销售渠道分析、整合改进，都可以通过这个分析方法来有效规划、管理产品的销售渠道。

6.5 如何有效投放1：氛围型产品投放策略

通过本思考方法你将了解

- 如何区分功能型商品和氛围型商品
- 用户如何感知不同类型商品的价值
- 为什么氛围型商品降价促销，对销售增长的贡献微乎其微
- 如何影响消费者对氛围型商品的价值感知，提升商品价格的同时促使销量增长

适合对象：ToC（个人用户）类型的企业

一个新产品在完成研发与设计之后正式投放市场，投放过程中涉及包装设计、价格制定、渠道选择、营销推广、人员培训等众多方面。其中对新产品的成功影响最为重要的要属产品的价格和营销推广策略（产品的包装设计，通过用户测试可以迅速得到理想的答案，而价格策略和营销策略的设计则复杂得多）。

对新产品应该采用什么样的定价与营销策略？在回答这个问题之前，我们先要区分两种不同类型的商品：根据用户对商品价值判断方式的不同，我们可以将商品分为功能型商品和氛围型商品。两者的差异见表6-5-1：

表6-5-1　功能型商品和氛围型商品对比

产品类型	特征	产品举例
功能型商品	用户对商品的价值判断主要取决于商品所带来的功能（功效），功能越强大，效果越明显，顾客所认知的商品价值就越高	文具、药品、食品、日用消费品、工业原料、机械产品
氛围型商品	商品的价值不来自其使用功效。用户难以根据自己体会到的效用来衡量商品价值，更多的时候要依赖他人对这类产品的评价及产品受追捧的程度来判断	奢侈品、高端烟酒、工艺品、艺术家的字画

从上面的介绍可以看出来，市场上的绝大多数商品都是功能型商品。氛围型商品的覆盖面较小，但是产品的平均价格、毛利空间则要高得多。

有的商品会兼具两种属性，比如高端服装。在判断这个商品属于哪一个类别时，可以做一个简单测试：如果顾客的付费意愿主要来自服装的保暖效果、设计、面料的质量、舒适度等价值因素，那么这个服装就属于功能型商品。如果顾客的付费意愿主要来自品牌形象、产品的稀缺性（但稀缺性并不带来额外实际功效），那么这个服装就属于氛围型商品。

习惯上人们会认为，一种商品的价格定得越高，销量就越低，反之价格越低，销路则会越好。但是对于氛围型的商品，这个原则就不适用。在此我们看一个酒类市场的真实案例。

在2001年以前，日本的酒类采用的是国家统一决定供给的专卖模式（类似中国目前的烟草专卖制度），这种情况下，Cutty Sark、White Horse 等苏格兰威士忌品牌在日本销售价格非常高，也比较受欢迎。2001年4月，日本政府废止了酒类专卖制度，任何企业都可以进口酒类产品，价格也不再由政府管制，因此这些高端的苏格兰威士忌品牌价格大幅降低，但是销量不但没有增长，反而一路下跌。价格从10000日元上下一直降到2000日元都几乎无人问津。相反的是，价格在5000到10000日元之间，日本本土的三得利

（Suntory）、日果（NIKKA）旗下的威士忌产品的销量反而开始增长[5]。

进口高端酒就是一种典型的氛围型商品。大部分日本人并不知道如何鉴别威士忌的口味和品质，只是沉醉于大家一起喝酒的那种气氛当中。**而气氛是无从把握的，更多是靠酒的价格和人的心里感觉来判断威士忌的价值**（这和数年前拉菲葡萄酒在中国的情况几乎完全一样），所以价格降低以后反而销量大减。

因为这种价值认知方式的不同，功能型商品和氛围型商品在投放市场的时候需要完全不一样的价格策略和营销策略。

氛围型商品投放市场时的策略：识别价值来源，针对性地教育消费者。首先需要研究消费者对这个新产品的付费意愿主要来自产品的哪个方面，然后凸显商品在这个方面的价值。氛围型商品的价值来源通常包含以下五个方面：

1. 品牌价值：包括品牌的历史、调性、整个品牌产品线的价位等。如果用户的主要付费意愿来自品牌价值，在这种情况下，企业在营销过程中需要重点强调品牌的故事性，悠久历史，或者独特的品牌个性，以及这一款新产品如何延续了这种历史，或者进一步彰显了这种个性。在价格层面，可以对比消费者心目中同一个档次的竞争产品价格，并且根据消费者测试来确定最终售价。常见的例子是各大国际奢侈品牌在推出新的服装、鞋包等产品时的策略。

2. 产品稀缺性：比如纪念款商品，限量发行的商品，历史上存留下来的数量有限的产品。这种情况下，企业需要重点凸显产品的稀缺性、不可复制性，以及稀缺性所带来的增值空间。常见的例子是瑞士著名手表品牌推出发行量有限的纪念款手表时的策略。除了突出产品的稀缺性，强调二手市场上持续涨价的行情也是凸显新品价值的有效手段（不排除品牌方在一定程度上干预二手市场价格的可能性）。

3. 原料的稀缺性：比如产品的原料是某种珍贵的稀有金属，甚至珠宝，难以获得的动植物原料，等等。这种情况下需要强调由稀缺性带给用户的尊贵感。运用这种方法的一个经典的案例是一个源自日本的高尔夫品牌，推出各种含有黄金或者钻石珠宝的高尔夫球杆系列，这些贵重、稀缺的原料对使用者提升打球成绩可能没有任何帮助，但是在中国市场，这个品牌受到广泛的欢迎。

4. 设计、制造者的IP：比如著名设计师、明星参与设计或者制造的商品。这种情况下需要突出产品的特殊品位（大师之作）、领先的时尚感。尤其是针对设计师、明星的拥护者可以卖出更高的溢价。此外，还可以一同使用"产品稀缺性"的策略，限量发行某些特殊版本，创造话题并且拉动后续的销售，比如第一批首发限量1000件，每一件商品都有设计师的亲笔签名，或者给购买者提供额外的服务。这一批可以高价卖给付费意愿最高的一批用户。之后推出同款的普通的批次，出售给付费意愿低的用户。

5. 价格：除了上述各种因素外，有的时候用户认为一个产品价值更高，可能仅仅就是因为这个产品的标价更高。奔驰汽车和茅台酒在面对竞争对手不断蚕食市场份额的时候，通过提升价格扭转颓势的例子相信大家并不陌生。宝洁公司（P&G）在推出高端化妆品的时候，进行了广泛的价格测试。在测试阶段发现在产品的成分和包装都不变的情况下，提高价格以后，目标用户的购买意愿出现提升，并且对产品的评价更高[6]。这些例子都说明，单纯调整价格也能改变用户对产品的价值认知，因此为了找到最理想的价格，企业需要做广泛的测试，在各个不同价位下，对比消费者对自己的产品和竞争产品的感受。

SUMMARY
总 结

☐ 在新产品投放市场的时候，首先考虑产品属于氛围型商品还是功能型商品。不同类型的商品所适合的策略完全不一样。

☐ 氛围型商品的价值不取决于其使用功效。用户难以根据自己体会到的效用来衡量其价值，更多的时候要依赖他人对这类商品的评价及商品受追捧的程度来判断。

☐ 针对氛围型商品，降价促销可能会起到相反的效果。

☐ 在推广氛围型商品的时候，企业需要找准目标用户价值认知的来源（品牌价值、产品稀缺性、原料稀缺性、设计者或制造者IP、价格五个方向），有针对性地进行消费者教育。

6.6 如何有效投放2：功效型产品投放策略

通过本思考方法你将了解

· 针对功能型商品如何制定市场推广策略

· 当产品的功效相比市场上的竞争产品具有明显优势或不具备明显优势的时候，分别应该采取怎样的定价策略

· 同样通过电商销售水果产品，为什么有的产品高定价还能迅速增长，有的产品用正常售价却打不开市场

适合对象：各种类型企业，尤其是To C（个人用户）类型的企业

功能型商品靠产品的实际功效体现价值，因此消费者能相对清晰、客观地判断商品的价值。在选择商品的时候，消费者则是通过价格和功效来进行权衡。因此，功能型产品的投放策略的核心就是：突出功效/价格比。根据功效的显著性，以及目标市场大小，我们可以采用不同的市场推广策略。

在此，我们通过两个维度来区分各种功能型产品。横轴衡量该商品所针对的目标人群的大小：针对广泛的大众，还是某个具有特殊需求的小众群体。纵轴衡量该商品相对市场上的竞争产品的优势是否明显。如果产品的优势能够直观、迅速地被使用者感知，我们称之为明显。如果感知的周期比较长（比如某种药品、保健品的疗效需要较长时间见效），那么就归为不明显。

根据这两个维度，我们可以将产品分为4个类别，见图6-6-1：

第二部分　经营分析与业绩提升

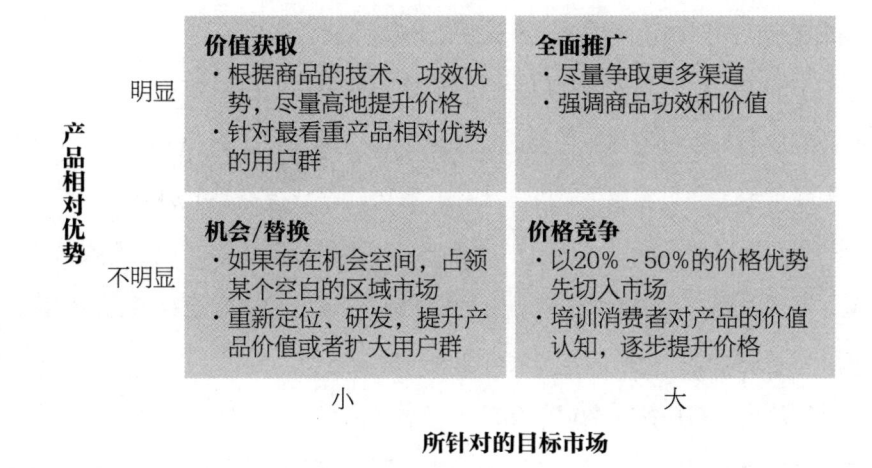

	小　　　所针对的目标市场　　　大
产品相对优势　明显	**价值获取** · 根据商品的技术、功效优势，尽量高地提升价格 · 针对最看重产品相对优势的用户群	**全面推广** · 尽量争取更多渠道 · 强调商品功效和价值
产品相对优势　不明显	**机会/替换** · 如果存在机会空间，占领某个空白的区域市场 · 重新定位、研发，提升产品价值或者扩大用户群	**价格竞争** · 以20%~50%的价格优势先切入市场 · 培训消费者对产品的价值认知，逐步提升价格

图6-6-1　产品相对优势与目标市场分类

　　如果一个新产品处于右上角，相对优势明显，而且针对的目标市场巨大，那么这个产品就处于最理想的位置。对于这类新品，应该采用的是全面推广策略：尽量争取更多的渠道销售，不断强调产品的功效，还可以大量地发放免费样品让目前用户广泛地体验（如果产品的优势不明显，大量发放免费样品就不是好策略了）。

　　处于左上角的产品相对优势明显，但是目标市场小。这类产品应该采取价值获取的策略：选择对这种功效需求（依赖）程度最高的用户群，尽量高地提升价格。

　　处于右下角的产品相对优势不明显，但是目标市场大。这类产品适合采用价格竞争的策略：以30%~50%的价格优势先切入市场，获得一部分用户。同时不断展开消费者教育，帮助消费者逐步认识到产品的优势，之后**随着消费者对产品价值认知的提升，逐步提高价格**。如果消费者对产品的价值认知难以提升，那么可以长期地采用低价策略。

　　处于左下角的产品是最不理想的情况，产品优势不明显，目标市场小。这种情况下，可以采用机会主义的策略，如果存在某个空白市场，可以作为竞争产品的一个替代品，占领这个空白市场。或者采用替换策略，改进产品的功效，或者重新定位，让产品能转移到左上角或者右下角。

在了解这四种不同的策略以后，我们通过两个案例来看如何运用。随着物流行业的发展，生鲜电商行业最近几年出现迅速的增长。有一个创立于北京的社区电商平台，通过水果生鲜切入市场。该公司在选择产品的时候，只有一个要求：甜。通过糖度测试，挑选出比同类产品甜得多的货源。其采购人员的思路是，用户收到产品的时候，可能出现包装破损或者物流延迟等问题，但是只要产品吃起来特别甜，用户就不太可能要求退货了。

这是从吸引用户和避免退货角度来考虑。但是在上图的分类模型中，由于甜是一种非常明显的特质，用户可以立即体验到产品的优势。凭这一点可以确定，此类产品一定是在矩阵上方的两个区域。该公司以一线城市、追求口感和高品质的用户为目标，提供从橘子、杧果到罕见的新鲜枸杞等各种水果。产品价格比市场上的同类商品至少高出30%甚至翻倍，但是产品都很受欢迎，而且用户黏性极高。仅用了1年的时间，月销售额就突破了2000万元人民币。

我们可以看到，这个平台采用的是左上角价值获取策略。所选择的产品优势明显，目标用户是追求高端、相对小众的用户。因此**在保证产品新鲜、甜度明显高于同类产品的前提下，尽量提高产品价格来创造收益。**

与此同时，有一种"富硒苹果"产品通过电商渠道投放市场。这种苹果含有的硒元素更加丰富。硒元素具有提高人体的免疫力，预防心脑血管疾病等功效。在投放市场的时候，采用了比市场上普通苹果的价格略高一些的策略，但是销售并不理想。

与前面的一个例子对比我们就会发现，"富硒"不同于甜，一吃就能体会到。富硒的好处很难让用户立即体会到，而且大部分消费者对"富硒苹果"的价值认知并不深。而苹果是一个大众产品，因此该产品属于图中的右下角，对于大众，优势不明显，适合采用"价格竞争"的策略，首先以较低的价格才能迅速切入市场，之后不断培养用户对富硒的认知，逐步提升价格。如果提前认识到产品应该采取价格竞争策略，那么在种植、包装、运输等各个环节就会充分考虑压缩成本，保证能以较低的价格投放市场。而这个企业在前期没有做好产品的策略定位，自认为产品可以溢价销售，所以并没有努力去做成本控制，等到投放阶段已经为时已晚。

SUMMARY
总 结

☐ 对于功能型的产品，要分辨清楚，产品在功效上的相对优势和竞争产品相比是否明显。相对优势明显与否，适合的策略及运营方式将完全不同。

☐ 对产品功效优势的判断一定要多从消费者角度考虑，切不可自信地认为自己的产品明显地优于竞争对手。

☐ 根据产品功效明显程度与目标市场大小的不同，企业可以有针对性地采用价值获取、全面推广、价格竞争、机会主义等不同的推广手段。

第七章　经营流程优化

7.1　如何战略性地管理供应商

通过本思考方法你将了解

- 企业拥有众多供应商时，如何建立有效的供应商管理体系
- 企业如何确定供应商的分析、考察维度
- 对具有不同战略价值的供应商，企业应该采取什么样的方式来差异化管理

适合对象：各种类型的企业

供应链管理的一个基本的核心是如何对供应商进行有效的分类管理。当一个企业逐步发展壮大，合作的供应商也越来越多，企业将不得不面对以下这些问题：

- 选择哪些供应商？
- 哪些供应商需要给予重点关注？
- 是否需要和所有供应商建立同样深度的伙伴关系？

- 如果不需要，对于不同的供应商如何分类管理？

这里我们先看一个零售企业对不同供应商的分类管理办法。图7-1-1是该企业将各个供应商年度销售额的大小进行的排序：

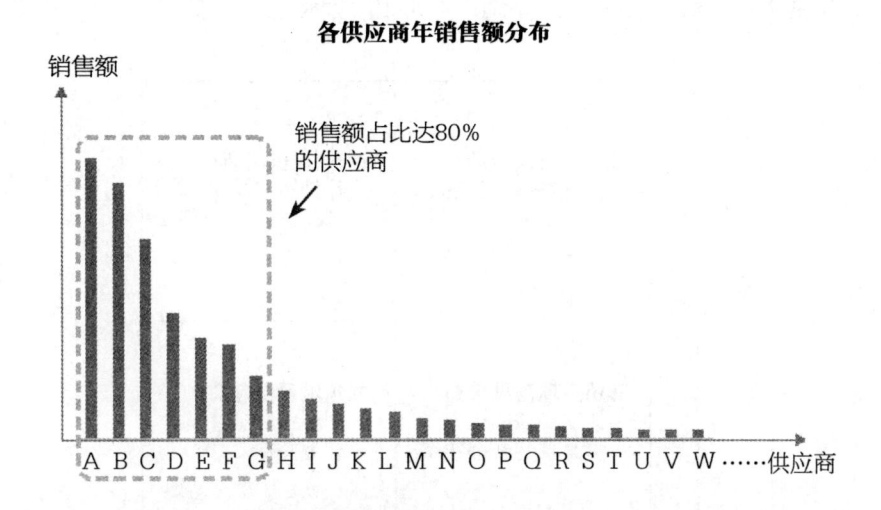

各供应商年销售额分布

图7-1-1　某零售企业对供应商进行分类管理的方法举例

该企业将各个供应商的产品销售总额按照从高到低排列。大约前20%的供应商的产品，占到该企业年销售总额的80%。因此将这20%的供应商划分出来作为重点供应商，要求业务人员维护好与供应商的关系，争取其新产品、畅销产品能优先供货，同时给予更多促销支持，希望通过对这些供应商的销售扶持，促进下一年的业绩增长。

以上就是一个对供应商进行分类管理的方法。只是，这里仅从销售额一个维度去考虑，对供应商的管理方式仍比较初级，缺少策略性（现实中，很多企业就是这样简单地对供应商进行分类管理）。

为了对供应商进行策略性的分类管理，更合理地分配企业的管理资源，管理学家克拉基克（Peter Kraljic）提出了Kraljic矩阵（Kraljic Matrix）对供应商进行分类。该矩阵采用了两个衡量供应商的重要维度：利润贡献

（Profitability）和供应链风险（Risks）。利润贡献指的是一个供应商提供的产品或原料，对公司所创造的利润的贡献大小。供应链风险指的是供应商在生产、交付的整个流程中，出现商业风险、自然灾害、政策变动等各种风险的可能性大小。

根据利润贡献和风险的大小不同，可以将供应商分成四个类别，见图7-1-2：

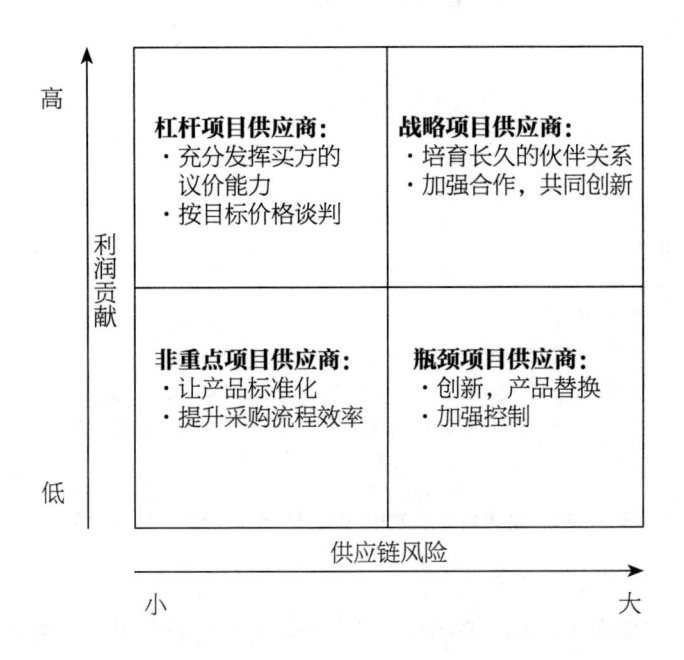

	供应链风险小	供应链风险大
利润贡献高	**杠杆项目供应商：** ·充分发挥买方的议价能力 ·按目标价格谈判	**战略项目供应商：** ·培育长久的伙伴关系 ·加强合作，共同创新
利润贡献低	**非重点项目供应商：** ·让产品标准化 ·提升采购流程效率	**瓶颈项目供应商：** ·创新，产品替换 ·加强控制

图7-1-2　Kraljic供应商分类方法

左上角的区间被称为杠杆项目（leverage items）的供应商：这些供应商为企业贡献的利润高，而且供应链风险小。企业对这类供应商的依赖也偏小，通常多个供应商可以提供同样（同类型）产品。针对这个区间的供应商，企业可以采取的策略是，发挥自己的议价能力，进一步降低采购价格，替换没有价格优势的供应商。

左下角的区间被称为非重点项目（Non-critical items）供应商：其贡献的利润低，供应链风险也低。对于这一类供应商，企业应尽量减少时间和精力的投入，以及相关的行政成本，比如打包采购，进一步简化采购的审批流程，等等。

右上角的区间被称为战略项目（Strategic Items）供应商：利润贡献高，供应链的风险也高。这个区间的供应商是对企业经营影响最大的供应商，值得企业的管理层投入精力，培养良好的伙伴关系，共同投入研发，进行产品技术的创新，让这类供应商的成功来促进企业自己的成功。与战略项目的供应商可以合作展开的活动包括：

- 在产品、服务、流程等方面创新；
- 联合设计与产品研发；
- 共享市场信息；
- 联合展开市场预测；
- 共同研究降低产品和运营成本的方法；

……

右下角的区间被称为瓶颈项目（Bottleneck items）供应商：利润贡献低，并且供应链风险高。这个区间的供应商比较难以替换，因此他们具有较强的议价能力，企业从这类供应商身上能获取的利益非常有限。针对这类供应商应该采取"限制策略"：通过内部创新，减少对这类供应商产品的需求；或者开发替代性产品，让其他区间（最好是左上区间）的供应商也能供应替代产品；再或者通过某些方式加强对这类供应商的控制，比如投资收购。如果供应存在不稳定性，在货源充足的时候可以进行大量囤货，等等。

Kraljic矩阵通过上面的方法帮助企业对供应商进行有效分类，采用不同的策略来差异化管理。这个工具得到广泛的应用，在某些行业得到进一步的调整和延伸，尤其是在汽车、IT、电子消费品等供应商体系庞大、产品有不断升级换代需求的行业。

图7-1-3就是一个升级版的供应商分类矩阵：采用的两个维度，一个是供应商被替代的难易程度，另一个是供应商的研发创新能力。

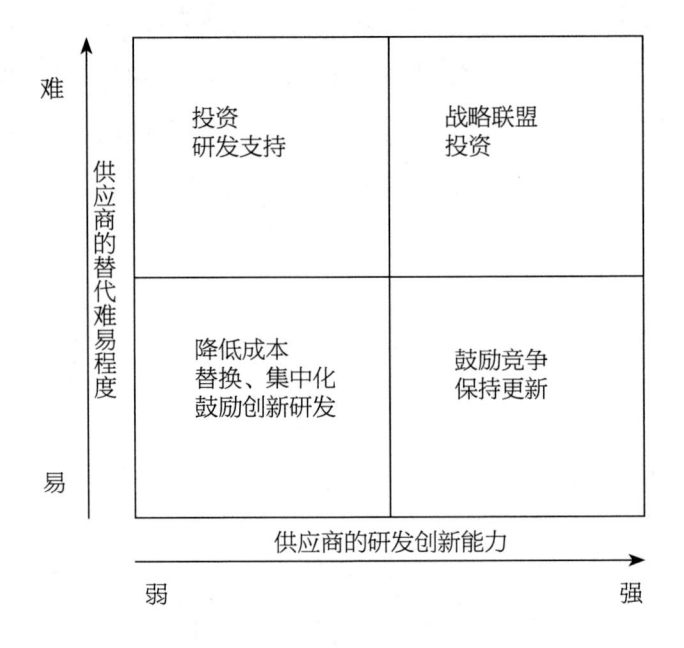

```
                    难
                 ┌─────────────┬─────────────┐
                 │             │             │
                 │   投资      │  战略联盟   │
     供         │  研发支持   │   投资      │
     应         │             │             │
     商         ├─────────────┼─────────────┤
     的         │             │             │
     替         │  降低成本   │             │
     代         │ 替换、集中化│  鼓励竞争   │
     难         │鼓励创新研发 │  保持更新   │
     易         │             │             │
     程         │             │             │
     度         └─────────────┴─────────────┘
                    易
                     弱   供应商的研发创新能力    强
```

图7-1-3　升级版的供应商分类矩阵

由于汽车、IT、消费电子产品等领域产品升级换代的速度快，供应商能否跟上企业产品升级的步伐，以及供应商的自主研发能力如何，都是重要的筛选指标。因此，供应商的研发创新能力在此作为一个关键的分类维度。

在图7-1-3中，处于左上角的是研发创新能力较弱而又难以替代的供应商（比如拥有某些垄断资源的企业，自身的创新动力有限），对这类供应商，企业需要建立好的伙伴关系，以保持稳定的供应。如果供应商也有提升研发与制造工艺的动力，企业可以对其投资并提供研发的技术支持。

左下角的供应商容易替代，并且研发创新能力弱，对这类供应商可以通过竞标的方式不断降低采购成本，淘汰较弱的供应商，持续地精简这个区域供应商。比如当前有三个供应商分别生产同一种部件，那么可以将三种部件都交给其中一个技术最强、供应链最稳定的供应商，淘汰另外两个。

右上角是最为重要的一类供应商，难以替代，并且自身的研发能力强。对这类供应商最理想的方式是结成战略联盟，共同投资，加强产品的研发和创新。

右下角是容易替代且研发能力强的供应商,对这类供应商可以鼓励他们互相竞争,并且可以不断寻找新的更具有技术优势的供应商。

以上是对于现有的供应商进行分类管理的方法。关于如何选择新的供应商,我们可以参考本田公司的做法。本田公司在对供应商进行评估时,会从5个角度来考评,分别是质量(quality)、成本(cost)、交付(delivery)、开发速度(development speed)、管理态度(management attitude)[1]。其中管理态度是最为关键的因素。管理态度又可以细分为:

- 对产品品质要求的标准;
- 对技术与公司运营不断提高的期望;
- 对合作方的尊重态度。

此外,选择供应商时,不仅仅要看供应商现有的技术和服务水平,还要看供应商的发展前景。只要供应商伙伴具有良好的管理态度和技术基础,那么对未来的产品的创新、技术的升级、市场的扩张,供应商也一定能跟上步伐。

最后我们再来看看流通型企业对供应商的管理策略。流通型企业(比如大型超市、连锁便利店、电商平台)不同于研发制造型企业,不需要采购部件进行加工,而是将采购的成品原样的销售出去。对此,我们仍然可以参考Kraljic的方法,根据行业特征或者企业发展的阶段特征,选择对业务影响最大的维度来对供应商进行分类。

如果利润率是流通型企业当下的重要战略指标,那么供应商的毛利率和销售额占比将是两个重要的衡量维度;如果销售增长是公司当下的战略重点,那么供应商的销售额及供应商所属品类的增长速度则是重要维度;对于新兴的品类,供应商的销售增长潜力则是重要的考虑维度。流通型企业需要"像投资人选择最具有潜力的目标投资企业那样"去筛选、扶持未来最可能成为这个品类巨头的供应商企业。

这里我们举一个例子来说明。某零售平台发现1990年后和2000年后出生的人群已经逐步成长为主力消费群体,而该平台的90后和00后顾客群的占比仍比较低，接下来需要重点增加对这两个目标客户群的吸引。因此，供应商的品牌、产品线对90后/00后的吸引力被选为一个衡量维度。衡量方法包括：

- 其品牌在90后/00后的认知和口碑；
- 其品牌在90后/00后顾客群的市场份额；
- 当前购买这个品牌的用户结构，等等。

此外，整个品类的市场处于快速增长的阶段，因此也可以把供应商的增长潜力作为衡量维度来进行分析。衡量供应商增长潜力的方法包括：

- 供应商近几年的销售增长速度；
- 其新产品开发的速度；
- 市场营销领域的专业水平；
- 管理层的态度和专业能力，等等。

我们看到上面两个维度都不是像销售额一样可以直接拿到结果，需要对供应商进行深入的分析、走访。如果其他经销平台都等着供应商上门来拜访，那么带着战略眼光走出去的人一定能比竞争对手获得更强的信息优势。

通过上面这两个维度，我们可以建立如下一个供应商矩阵（图7-1-4），此外，我们还可以考虑各个供应商对当前平台销售额或利润率的贡献情况，在矩阵中用圆圈的大小来表示：

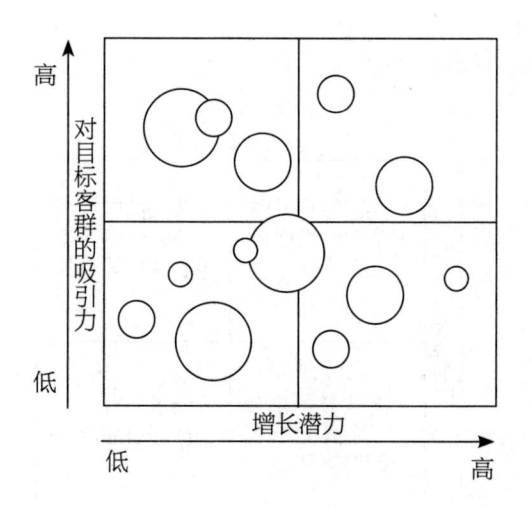

图7-1-4　供应商对目标新客吸引力和增长潜力分析

图中左上角是对目标客户吸引力高、增长潜力低的供应商。对此类供应商，我们需要保证这些供应商能稳定供货，尤其是当下目标用户群中最热的产品线，并争取价格优势。

左下角是吸引力低、增长潜力低的供应商，可能是对当前主流用户（70后/80后）为主要目标消费群的品牌。对新的目标群吸引力较少，增长机会也有限，对于其中销售额/利润贡献比较大的供应商应该保留，销售/利润贡献小的供应商可以逐步淘汰。

右上角是吸引力高而且增长潜力高的供应商。对这类供应商需要不断加强合作，比如进行品牌合作或者定制款商品，并争取供货价格优势。对于其中销售额还比较小的供应商，其当下市场影响力和谈判能力都比较弱（但是增长潜力巨大），流通企业甚至可以通过投资孵化，帮助这些供应商成为未来的领导品牌，并且收获其品牌成长带来的价值。

右下角则是具有增长潜力，但是目前对新的目标用户群吸引力弱的供应商。对此，供应商可能也在努力转型提升对年轻群体的吸引力。一旦识别出这样的供应商并且确认了其增长潜力，企业可以大力扶持，协助该供应商进行产品创新，通过销售支持，争取某些创新产品线的独家经销权等权益。对不同供应商的管理策略，见图7-1-5：

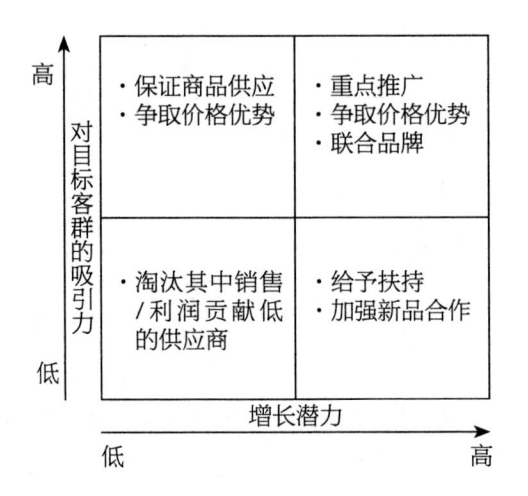

```
对
目           高
标    ·保证商品供应    ·重点推广
客            ·争取价格优势    ·争取价格优势
群                           ·联合品牌
的
吸
引    ·淘汰其中销售    ·给予扶持
力    /利润贡献低    ·加强新品合作
              的供应商
             低
                    增长潜力
              低              高
```

图7-1-5　对不同供应商的管理策略

由于流通型企业通常处于甲方这种更强势的谈判地位，其采购（或者招商）人员常常是坐在办公室等着供应商找上门，很少能真正走到市场上去主动了解供应商，深入地研究供应商。当竞争对手都在办公室等着"被供应商伺候"，而你能主动走出去，深入了解、筛选供应商，你的企业就能领先对手，夺得先机。

SUMMARY
总　结

☐ 当企业拥有数量庞大的供应商时，对供应商进行战略性的分类和差异化管理是企业取得成功的关键。

☐ 对供应商的衡量指标，有的非常简单直观，比如销售额、毛利；有的则需要更强的经验和分析能力来识别，比如研发能力、对创新的重视程度、增长潜力。

☐ 企业应该避免用静态的眼光去看待每一个供应商，需要结合自身的业务发展状况、市场变化趋势，策略性地选择供应商衡量标准。比如当一个流通型企业面临吸引年轻用户的挑战时，供应商在年轻群体的市场份额、口碑就是重要的衡量指标。

☐ 为了对供应商进行有效的评估，仅仅看报表数据是不够的，尤其是具有重要战略意义的供应商，企业需要深入其企业，了解他们的管理制度、企业文化、员工的精神面貌等。像投资基金去了解目标投资企业那样，与供应商的管理层深入地沟通，才能领先一步发现机会。

7.2 如何用数据化的方法改进业务流程（Waterfall分析）

通过本思考工具你将了解

· 企业如何发现运营流程中哪个环节存在较大的问题

· 如何有效地将流程分解，通过横向对比，发现需要改进的地方

· 在生产、销售等环节，以及互联网企业的经营过程中，如何运用流程的瀑布分析法提升业绩

适合对象：各种类型的企业

瀑布分析法指的是将一个完整的业务工作流程从第一步到最后一步，每一步成功进入下一个步骤的比例用柱状图标识出来，从而清晰地看出在哪些环节出现较大的落差（可能存在问题的地方）。瀑布分析法在生产管理、销售进程管理、价格分析、财务利润分析、互联网产品运营等领域得到广泛的运用。图7-2-1就是一个通用型的瀑布分析示例。

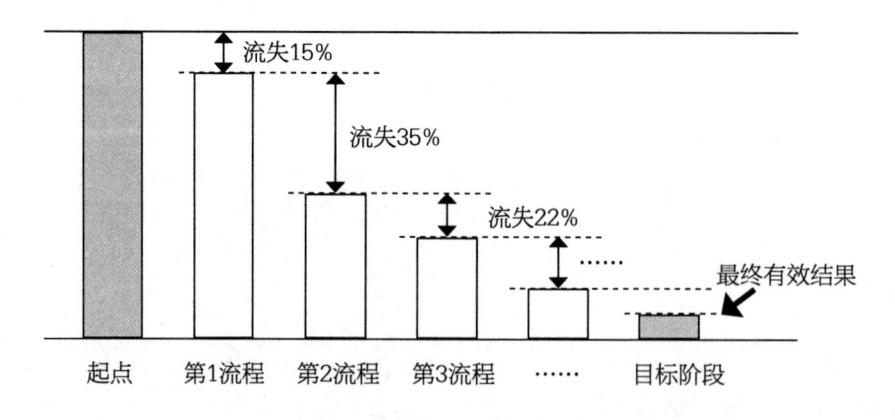

图7-2-1 Waterfall Analysis（瀑布分析）示例

第二部分　经营分析与业绩提升

在具体的应用领域，我们将公司的具体运营的数据，填到每个流程中即可得到经营状况的瀑布图。比如图7-2-2，某建筑材料公司发现其对其核心经销商最后结算的销售净收入远远低于预期，进行价格瀑布分析得到的结果如下：

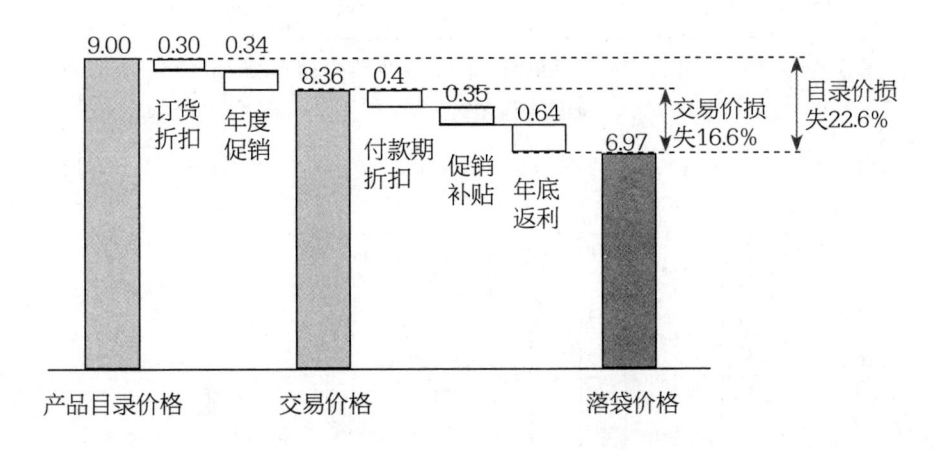

图7-2-2　某建筑材料公司的价格瀑布分析

通过瀑布分析，便可看出存在哪些"隐藏"的价格折扣，以及哪些折扣过高或者根本不应该存在。之后就需要制定相应的价格执行制度来进行规范（关于价格管理，参见本书第七章中的《世界级的企业如何管理价格体系》）。

接下来我们看一个B2B销售管理的例子。某公司针对同一个行业的企业用户，拥有几个不同的销售团队。每个团队都遵循同样的预约拜访、需求洽谈、产品展示、邀约试用、谈判或者竞标到最后成交。对于销售业绩比较差的团队，成交的客户占比不到4%，而业绩好的团队成交占比达到10%以上。我们将两个不同团队的成交进展的流程做出瀑布图（图7-2-3）：

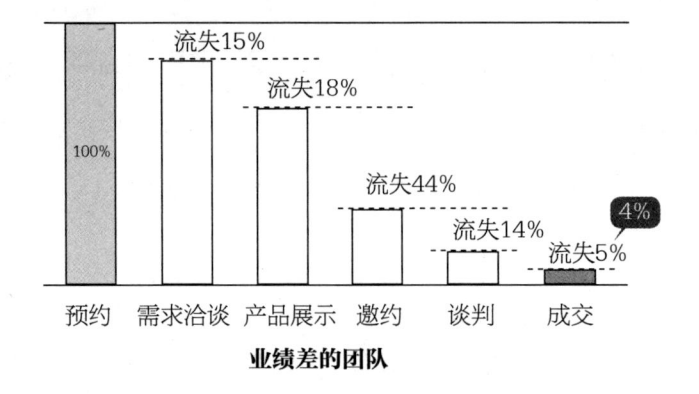

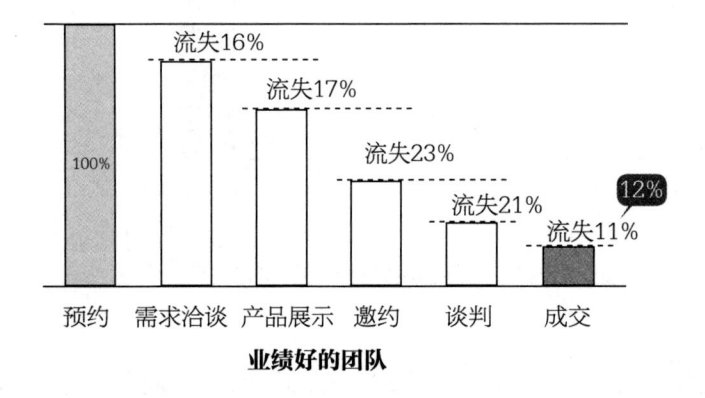

图7-2-3　不同销售团队的瀑布分析对比

对比这两张瀑布图，我们看到第一个团队相对于第二个团队，在"产品展示"进入到"邀约"环节时存在最大的差距。那么这个时候就可以深入对比两个团队在产品展示环节有怎样不同的做法：

- 产品展示前做怎样的准备；
- 用什么样的展示文稿；
- 用什么样的形式进行展示；
- 带怎样的技术人员一同参与；
- 如何回答客户的疑虑和挑战性的问题；
- 展示结束后如何与客户方保持沟通；

......

针对显著差异环节，通过比较两个团队在材料准备、展示的话术、互动方式等方面，可以发现业绩差的团队存在问题的地方。然后展开培训和技能提升，帮助团队提升业绩。

在互联网领域，由于用户的每一个行为都能够准确记录，数据的获取更加容易且准确，瀑布分析在运营流程改进方面得到了更加有效的应用。

这里我们看一个电子商务行业的例子。在分析电子商务平台的运营情况时，人们通常会看流量（Traffic）和转化率（Convert Ratio）两个指标：有多少用户访问，多少最终成交。从用户访问到最终成交，我们可以用瀑布分析对这个过程进行更加精细的分解成下面几个关键流程步骤：

1. 某一周期内总用户访问量：即这段时间内进来的用户总数；

2. 在产品页面活跃状态下停留n秒钟以上的用户数量；

（说明：n是一个测量参数的标准，比如设n=10，即选择在页面活跃并且停留10秒以上的用户。背后的逻辑是：极少数用户在10秒钟之内就直接下单。如果用户在10秒钟之内就跳转离开，说明用户并没有阅读产品的详细描述。）

3. 将产品加入购物车的用户数量；

4. 最终确认购买，生成了订单的用户数量；

5. 生成订单并完成付款的用户数量。

通过横向对比每一个环节进入下一环节的数据（如果有行业数据，我们可以比较整个平台各环节的运营情况。没有行业数据时，各个板块、产品线之间也可以进行横向对比），我们可以发现哪个流程运营得比较弱。

如果从总访问用户到进入具体商品页面的用户流失比例较高，那么说明采购人员对商品的选择，或者商品的命名、标题栏的描述存在问题，用户不愿意了解这些商品。

如果用户进入商品页面（并且停留了n秒钟以上），到加入购物车阶段的流失比例较高，那么说明商品在触发用户做购买决定的力度不够，可能是商品的详情描述不够有吸引力，或者商品的价格优惠、促销力度不足。

如果是加入购物车到最后生成订单阶段的流失比例较高，那么说明很多用户有购买意向，但是没有下定决心。对此，需要提供一些手段促进用户下单，比如针对加入购物车的商品提供一个额外的折扣或者限时优惠，等等。

通过这样的分析，我们就可以发现需要改进的环节。在此补充说明一下为什么把停留n秒钟的用户作为一个独立环节。如果用户在一个商品页面停留不到n（比如n=10）秒钟就购买，说明用户在登录电商平台前就已经有了**极其明确的购买目标，其购买决策是不受电商平台和商品页面的运营状况影响的**（只要把商品挂上来，价格不离谱，这个用户就会购买）。

如果用户在一个页面停留不到n秒钟就离开，可能原因是：

- 用户是失误点击，不小心打开了不想点开的页面（所以立即就关掉或返回上一页面）；
- 被商品的标题误导，看标题或者小图，以为是某种样子的商品，但是点开以后，发现是另一个样子，于是立即离开；
- 商品详情页面的关键词描述、商品大图存在比较大的问题。用户看到关键词或者商品大图就失去兴趣，立即离开。这种情况下则应该改进大图（包括商品的包装）、关键描述等最先映入顾客眼帘的信息。

只有用户在页面活跃状态下停留了n秒钟以上，才表明用户有可能认真查看了商品详情页面信息、促销活动，并以此来做购买决策。

关于用户在商品页面的停留时间，这是一个越来越受到电商平台重视的研究领域。亚马逊就通过跟踪用户在活跃商品页面停留的精确时间，分析用户对该商品感兴趣的程度，并融入"商品关联推荐"的算法当中。其关联推荐产生的销售达到了百亿美元的规模[2]。随着技术的进步，类似的精确数据追踪能力无疑将会进一步提升，企业将获得更多的流程维度分析，不断提升精细化运营。

SUMMARY
总 结

☐ 瀑布分析法是各类运营分析中使用最广泛的工具之一。企业通过各个业务的关键节点将整个流程分解成不同环节，对比分析各个环节的运营状况。

☐ 企业获取内部每个运营环节的数据的难度不大。但对于行业的数据有时候很难直接获取，需要依赖行业研究报告，或者通过某些可以获得的数据（比如行业里上市公司的年报）作为参照，然后进行一定程度的预估。

☐ 企业经过对各个流程对比，发现明显的差异后，可以借鉴好的对照组的方法，对表现不好的流程进行改造。

☐ 除了收集行业数据，企业也需要保留各个流程的历史数据，分别用于横向与纵向分析。

7.3　如何调整产品线（贡献度与关联度分析）

通过本思考方法你将了解

·如何进行累计利润分析，找到对利润影响为负的商品

·当产品种类众多，很多产品不盈利的情况下，哪些产品应该主动放弃，不再经营

·如何避免因放弃不盈利的产品而对核心创收商品的销售带来影响

适合对象：各种类型的企业

通常企业按照时间维度，或者部门划分来计算公司的收入和盈利数据，给管理者展示公司的经营状况。比如类似下面的销售额数据（表7-3-1）与毛利数据（表7-3-2）：

表7-3-1　销售数据汇报举例

月度	一月	二月	三月	四月
销售额（万元）	823	864	880	852
毛利（万元）	127	133	144	132

表7-3-2　毛利数据汇报举例

部门	A	B	C	D
Q1销售（万元）	314	211	182	146
Q1毛利（万元）	63	25	−11	17

第二部分　经营分析与业绩提升

对于这种数据，企业领导人通常只能看出大趋势或者某个部门存在的问题（"四月份销售和利润出现下滑，需要努力提升""C部门去年出现亏损，需要设法扭转"）。具体问题在哪儿、如何改进，通过这样的汇总数据是无法发现的。

当企业从用户层面分析，精确核算每个顾客的营收和服务成本，很多企业惊奇地发现原来很多看似挣钱的顾客，其实企业一直在他们身上赔钱（参考本书第五章的《如何战略性地选择真正有价值的用户》）。同样，从产品层面分析，当企业精确到每个产品维度，核算每个产品带来的净利润，也常常有令人意外的发现。

图7-3-1是一个工业耗材产品企业对每一个产品进行利润分析的结果。制作该图的时候，首先核算出每个产品一个年度的销售总额，减去各种相关联的销售成本、仓储成本、服务成本，得到每一个产品对公司利润的贡献额。

第二步，将每个产品按照利润贡献从高到低排列。第一个是贡献利润最多的产品，第二个是贡献利润第二多的产品，以此类推。

第三步，计算出前n个产品的累计利润总额，然后绘制到图表当中，见图7-3-1。

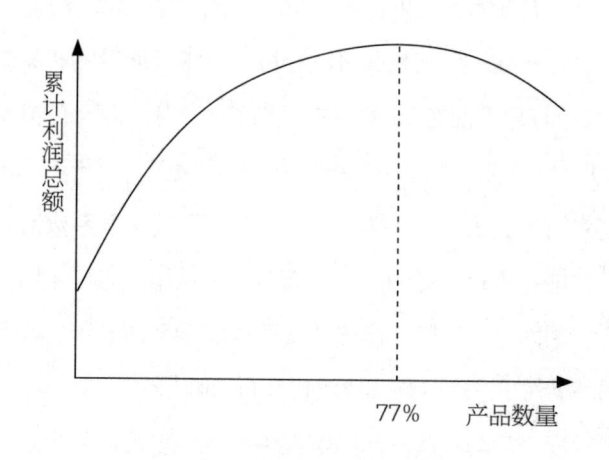

图7-3-1　产品的累计利润状况

超越执行力
Beyond Execution

从图中累计利润总额这条曲线当中，我们可以看到，所有产品当中有超过五分之一是没有带来任何利润，而且造成亏损的。当前77%的产品线利润加总时，公司的利润总额达到最大值，后面的都是带来亏损的产品，我们称之为"亏损产品"。

对此，人们的第一直觉反应是："后面这些产品应该立即砍掉"，这样公司的整体利润将大幅提升，而且更少的产品种类，管理起来会更加简单。

但是进一步思考，**有的产品也许本身不能带来利润，但是属于众多顾客都需要的产品，如果没有这样的产品，很多顾客可能就不来了。**那么如何判断一个带来亏损的产品是否应该砍掉呢？对此，我们需要做一个关联性分析。

根据80/20法则，我们可以推断公司绝大部分利润可能都是前20%的产品创造的。我们将公司利润贡献最高的20%的产品拿出来，我们称之为"利润产品"。然后分析每一个购买了亏损产品的用户订单中，有多少个订单中也包含利润产品。对此我们就得到了一个关联性结果。

比如图7-3-1中，假设共有100种商品，前77号商品是带来正利润的，其中1~20号是贡献利润最高的利润产品。78~100号是亏损产品，我们从中随机选择一个，比如第89号产品来分析。过去一年共有25个用户购买过89号产品，一共产生了40个含有89号产品的订单。这25个用户中有5个用户，共计产生6个订单，购买了利润产品。那么我们可以计算，订单层面的购买关联系数为15%（6除以40，40个订单里面有6个具有产品重叠）。用户层面的购买关联系数为25%（5除以25，25个用户里面有5个具有购买重叠）。对于不同行业，需要用不同的关联度来衡量。比如便利店，使用订单层面的关联系数比较合理，因为用户每一次购物都是相对独立的行为。而对于工业用品，使用用户层面的关联系数比较合理，因为用户不同批次的购买可能需要考虑品牌、型号的匹配度，前一次购买的产品对下一次的购买决策也会有影响。

根据每个亏损产品与利润产品的购买关联性，以及产品带来的亏损金额大小，我们可以得到下面一个分布图，见图7-3-2（如果还需要考虑每个产品贡献的销售额大小，可以用一个圆圈表示每个产品的总销售）。

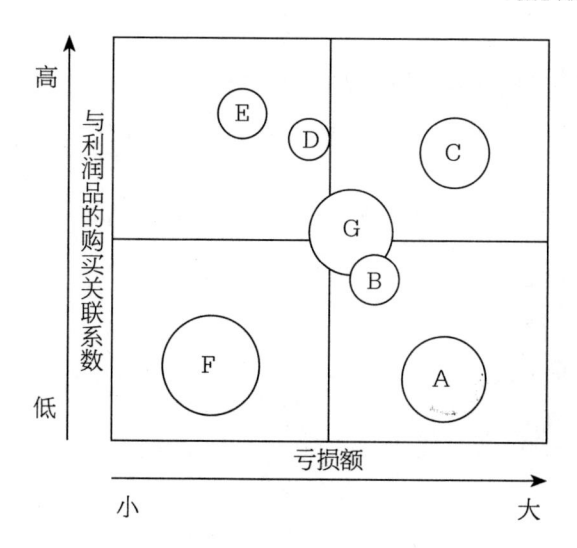

图7-3-2 产品的亏损状况以及与利润产品关联状况

从图中可以看到，产品A、B带来的亏损额大，与利润产品的关联性低，可以考虑立即砍掉；产品C的亏损大，但是与利润品的关联性高，对此不得不保留。产品D、E和C一样，应该保留。产品F亏损额较小，虽然关联性不高，但是其销售规模最大，说明这个产品的亏损率（亏损额/销售额）比较低，处于收支平衡的边缘，稍加改善，成为一个盈利产品应该不难。G产品处于中间地带，可以考虑暂时保留，尝试降低运营成本，争取在未来实现盈利。

除了上面的亏损额、关联系数、销售额等因素，还可能需要考虑某个产品销售的增长速度（增长速度越快，越值得保留）、产品的战略价值、改善盈利的难易程度等因素，综合判断是否应该立即砍掉。

运用同样的思路，我们可以分析所谓的"长尾商品"（图7-3-3）。长尾理论的提出让长尾商品成为一个热点词汇。很多零售企业以此为理由保留众多低销量的长尾商品，认为这些商品累计销量虽然小，贡献不了什么利润，却是吸引用户保证用户体验的重要手段。但是考虑到维持大量SKU（最小库存单位）所带来的额外供应链成本和管理成本，这样的做法并不一定明智。将长尾商品与企业最核心的商品做一些关联性分析（如果能追踪客户ID，比如电商平台，分析购买各个长尾商品的用户群和为公司贡献利润最高的用户群的重合度）就可以发现，哪些长尾商品并没有起到吸引有价值用户的作用。

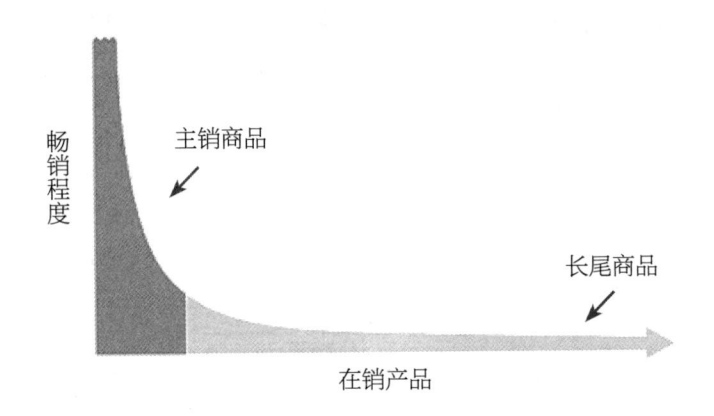

图7-3-3　长尾商品的分布状况

最后需要说明一下：在进行产品的贡献度分析的时候，进行准确的会计核算是关键。比如某个顾客购买了A、B两种产品，由于对产品不满意，整批订购的产品都退货了。没有进一步信息的情况下，核算退货成本的时候通常由A、B两种产品一起承担。但如果了解到用户是因为不满意A产品而退货的，那么整个批次的退货成本就应该计算到A产品上。

SUMMARY
总　结

□ 企业很少从产品维度核算每个产品最终为企业贡献的净利润。很多销售额高的产品，对企业的利润贡献可能是负数。

□ 企业不仅仅要看销售额，还要看利润的贡献额，以及商品间的购买关联性，才能评估一个产品对公司的真正贡献。

□ 通过关联度分析，可以判断哪些负利润的产品可以立即砍掉，长尾产品中哪些不值得保留。通过削减商品数量，可以有效简化供应链管理，提升企业的利润。

7.4 如何制定与购买模式匹配的营销手段

通过本思考方法你将了解

- 为什么人们在购物时会有两种截然不同的决策方式
- 不同的购买模式下，人们关注哪些不同的信息
- 为什么很多电商网站的运营工作是白白浪费精力，对促进消费者购买转化没有任何帮助
- 如何针对不同的购买模式设计有效的市场营销方案

适合对象：各种类型的企业

周末你去商场购物，想购买一种新的眼霜，选中了理想的产品之后，你到了食品区。由于顺利买到了满意的眼霜，你希望买一种新口味的饼干来犒劳自己。加入购物车，结完账之后，你愉快地回到家里。

在刚刚的购物经历当中，你其实经历了两种完全不同的购买模式。在购买眼霜的时候，你会详细阅读产品介绍，包括成分、功效、适合的人群与年龄段，多个品牌的眼霜会拿到一起详细对比，甚至需要现场试用……而到了食品区，你可能只是看到一个鲜亮的外包装，或者"抹茶口味"这样一个标签，就将饼干加入了购物车。这前后两种购买方式分别称为高介入购买（High involvement purchase）和低介入购买（Low involvement purchase），见图7-4-1。

高介入购买
- 购买决策时间长
- 关注度高
- 对需求有深入理解
- 购买之后会对购买结果进行对比分析

低介入购买
- 购买决策时间短
- 关注度低
- 对需求只有大致理解
- 购买之后很少对购买的结果进行对比分析

图7-4-1 高介入购买与低介入购买对比

在高介入购买模式中，购买者会花较多的精力去全面了解一个产品或者服务的详细信息，对同类产品会进行细致的对比，并且在购买之后对使用的效果和体验进行对比分析。如果产品的效果没有达到预期，购买者会出现比较强烈的怀疑与后悔情绪（post-purchase dissonance，在购买之后怀疑自己购买时是否做了正确的选择，或者后悔没有选择另一种），整个购买决策的周期也比较长，从数十分钟到甚至数周（比如购买房产）。

在低介入购买模式中，购买决策时间则短得多，通常几秒钟到几分钟就做出了决策，购买者不会去全面了解产品的信息，购买后即使不符合预期，也不会有强烈的后悔情绪。通常人们会认为购买越贵的东西越偏向高介入模式，越便宜的产品越接近低介入模式。但情况并非总是如此，有的人可能在购买数万元的奢侈品手提包时很快就做了决定，而对一款价格数百元的保健品可能反复对比成分和功效。**决定高介入还是低介入购买的主要因素是用户收集所需要信息的难易程度、对商品价值衡量的复杂程度，以及购买失误所带来的风险大小。**比如二手汽车、健康保险，人们购买时都有很高的信息需求，购买错了可能会带来比较大的麻烦（比如汽车维修、保险时理赔遇到的各种麻烦）。

理解了这两种不同的购买介入模式，我们就可以有针对性地制定不同的营销手段：

对于低介入购买的产品或服务，人们不用全面了解产品，只需要一个简单的理由就做出了决策。因此推广这种产品和服务，只需要强调核心优势，让一两个卖点（口感好、性价比高，或者经久耐用，等等）显得足够领先，就能打动消费者。

市场营销学者里斯（A. Ries）与特劳特（J. Trout）提出的定位理论（Positioning Theory）[3]对于低介入购买的产品和服务具有很强的适用性，一个独特的卖点占领用户心智就能有效转化大量潜在用户。

此外，对低介入购买的产品降价促销通常能明显地刺激销售增长（低价成为一个核心优势）。但是对于高介入购买的产品，降价促销并不能让潜在消费者立即购买，最多只能起到吸引注意力的效果，之后还是会进入信息收集、产品对比的阶段。

对于高介入购买的产品或服务，企业需要提供全面的信息服务，从不同的层面、触点去影响消费者。此外，关系营销也是推广这类产品的有效手段，比如人们从信任的朋友那里购买二手车，决策的速度会快得多。

这里我们有一个分析模型可以帮助营销人员更有效地应对高介入购买：在此我们将一个产品或者服务从两个维度来划分。一个维度是信息收集的成本和难度：难度越低，获取信息方式越简单，所需时间越少；而难度越高，需要的产品信息越多，甚至不通过亲自体验，难以判定质量的好坏。当用户对某一类产品越来越熟悉，那么信息收集成本和难度将逐渐下降（后文即将谈到的汽车保险就是一个例子），所以越是新推出的产品，用户的信息收集成本越高。

第二个维度是顾客对产品或服务的价值衡量方式。通过经济价值去衡量的产品，用户更看重产品的经济收益，同类产品之间的价格、性价比都很容易比较，价值衡量方式简单。另一种产品则主要靠用户通过心理价值去衡量的产品带来的感受，产品的价值衡量是多层面的（比如海外留学，既要考虑教学质量，还要考虑生活学习的环境、就业机会等多个方面），同类产品之间很难直接比较性价比，价值的衡量方式复杂。

从以上两个维度，我们可以以将产品分为4类，见图7-4-2：

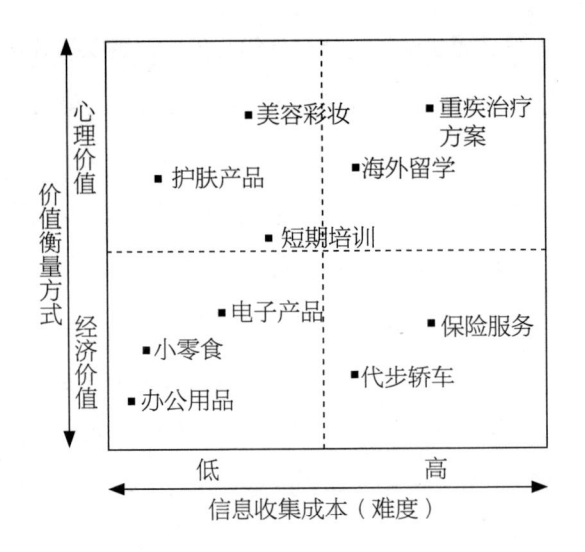

图7-4-2　不同产品的信息收集和价值衡量方式

在图7-4-2的左下角，产品的信息收集成本低，价值衡量方式简单。这一区域的产品显然属于低介入购买的产品。企业采取突出产品核心卖点、加强终端促销、广告等方式增加知名度能有效促进销售。

剩下三个区域则更加接近高介入购买的产品，在此我们逐个分析：

左上角，产品信息收集成本低，但是价值衡量的方式复杂。这种情况下，企业需要多方面地提供详细信息，帮助用户更直接、更全面地了解产品。比如销售员的口头介绍、公司网页、社交媒体，以及第三方的论坛，等等。企业可以有效利用这些渠道来影响消费者决策。同时可以鼓励用户试用、亲自体验来了解产品的价值。

右下角，产品信息收集成本高，但主要是用经济价值去衡量。对此，企业应该围绕性价比来突出卖点，将各种显性成本（购买商品或者服务的价格）、隐性成本（保养维修成本、后期服务的响应速度等）传递给用户。此外，可以通过关系营销或者全面的售后保障条款（维修、退换货服务等），有效地降低消费者的怀疑和顾虑。

右上角，产品的信息收集成本高、衡量方式复杂，企业应该综合运用上面两类商品的营销方法，提供详细、全面的信息，与顾客保持多层面接触，展开关系营销，强调服务与保障。

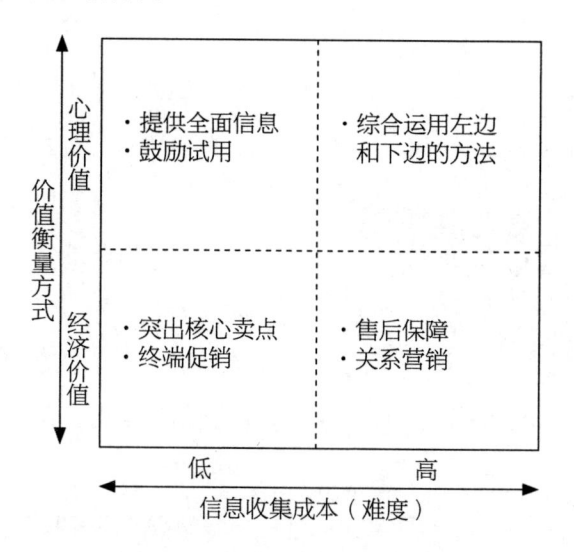

```
       心理价值  │ ·提供全面信息    │ ·综合运用左边
价值          │ ·鼓励试用        │  和下边的方法
衡量   ───────┼─────────────────┼─────────────────
方式          │ ·突出核心卖点    │ ·售后保障
       经济价值  │ ·终端促销        │ ·关系营销
              低                  高
                  信息收集成本（难度）
```

图7-4-3　针对不同类产品的营销手段

分析完高介入和低介入购买模式和适合的营销手段，我们来看市场上的一些应用案例和值得借鉴的经验和教训：

案例1：商品展示

一个大型电商平台在销售美妆护肤品、保健品、小零食等不同类型的产品时，都使用同样的结构制作产品的详情页面。在此请大家思考，这样做有必要或者有效吗？

对于美妆这种高介入购买的产品，用户（尤其是首次购买的用户）会去详细了解产品成分、功效、适用的人群等信息，对于用户评价也会认真阅读。但是对小零食，则是完全不同的情况。选择零食产品时，人们只需要看到一两个卖点就会买单，可能是对口味的一句描述，或者吸引人的产品图片。很少有人会去看小零食的成分等信息。小零食属于图7-4-2中左下角的产品。这类商品的详情页面，只需要突出核心卖点，漂亮的商品照片加上几个食用场景（餐厅或者聚会中）就能起到很好的转化效果。使用同样的详情页模块和制作方式，只会白白增加工作量，并且销售效果也可能打折扣。

案例2：营销方式设计

2017年，阿里巴巴旗下的蚂蚁金服推出了互联网保险业务，包括车险和健康险业务。经过近一年的推广，健康险业务一直没有什么起色。图7-4-4就是健康险经过几轮测试和调整后，在2018年年初的用户界面[4]。

健康险属于典型的高介入购买模式的产品（位于图7-4-2中的右下角）。人们对于具体的条款、疾病包含的类型、赔偿的流程和周期等信息，都需要详细了解。而蚂蚁金服的

图7-4-4 蚂蚁金服健康险的产品界面

思路是：通过提供简单条款、突出卖点（花多少赔多少）的方式，希望能立即转化潜在用户。这就是典型的用适合"低介入模式"的营销手段来推广"高介入模式"的产品的例子。

不同于车险在国内已经大量普及，人们对车险的条款和理赔方式都有了较深的理解（从图7-4-2中的右下角逐步转移到左下角），因此突出一两个核心卖点的方式，能有效推广车险业务。而健康险业务仍处于兴起阶段，对绝大多数消费者来说都是陌生的，同样的方式自然效果有限。

也许现阶段通过APP上面的链接来销售健康险并不是最有效率的渠道。如果一定要在此基础上改进，企业可以通过缩短决策周期、加强信息服务、多层面影响消费者、关系营销等角度来提升效果。缩短决策周期，比如针对中国内地希望去香港购买健康险的群体（2016年以来成为一大趋势）推出一个"香港同款"的

产品，则能有效缩短消费者收集信息和对比的周期。多层面接触，通过鼓励用户间互动来进行信息普及（可以借鉴母婴平台宝宝树，把具有相似需求的用户组成一个个群，让用户之间互相讨论，发现自己的痛点和需求并且讨论各种类型的母婴产品，然后在平台上推出母婴用品，转化的效率可能更高）。关系营销，则可以鼓励用户分享自己购买健康险的经验，或者对于成功推荐新用户的老用户赠送额外险种，或延长被保险周期。人们更容易相信自己认识、信任的朋友的推荐。很多互联网理财的产品也使用了类似的方法来吸引新客户。

案例3：购买模式转化

脑白金产品风靡全国数十年，除了团队强大的地推与广告经验，还有一个很成功的手段就是将高介入购买的产品包装成低介入购买的产品。

选择给父母的保健品，很显然是一个高介入的购买决策，针对什么样的健康问题，适合什么样的人群，会有怎样的功效，购买者都会去全面地了解（在图7-4-2中应该位于右上角，或者左上角靠近右侧的区域）。但是脑白金团队并没有将这个产品描述成功效卓越的老年人保健品，而是包装成适合给任何长辈的礼品。买给长辈的礼品则是一个相对介入程度低得多的购买决策，只要产品好看或者显得够档次就行。这种包装产品、推广产品的方式有效地降低了人们的决策时间，更迅速地转化了大量的消费者。

了解了两种不同的购买介入模式及这些应用的案例，再回过头思考一下自己的产品线，我们提供的是高介入模式购买还是低介入模式购买的产品？潜在用户是在全面了解产品信息，还是在寻找1~2个突出卖点？我们当下的产品设计、促销方式符合用户的购买决策模式吗？

SUMMARY
总 结

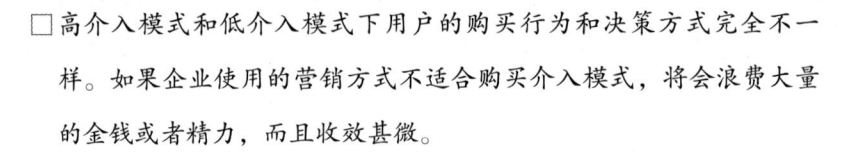

☐ 高介入模式和低介入模式下用户的购买行为和决策方式完全不一样。如果企业使用的营销方式不适合购买介入模式，将会浪费大量的金钱或者精力，而且收效甚微。

☐ 对于低介入模式，只需要提供一两个突出卖点，或者终端拦截促销，能有效转化潜在消费者。

☐ 对于高介入模式，单纯强调某个卖点或者降价是难以打动消费者的。企业可以从信息收集成本和产品的价值衡量方式两个维度来区分不同的产品，有针对性地展开营销方案。比如提供详细的信息，强调售后保障，多层面影响用户，等等（图7-4-3）。

☐ 如果将产品由高介入模式包装成低介入模式，能有效加快用户的购买决策，并有可能转化更大群体的消费者。

7.5 世界级的企业如何管理价格体系（四维定价管理模型）

通过本思考方法你将了解

- 在销售和结算的过程中如何保证价格政策的有效执行
- 为什么员工激励政策对定价管理和利润水平有巨大的影响
- 如何迅速发现一个企业在定价管理上存在的问题
- 如何建立世界级的定价管理体系

适合对象：大型企业，尤其是to B类型的企业

定价能力是当代大型企业最稀缺的专业技能。即使分析今天经营最成功的企业，我们也能经常发现定价混乱、交易过程中价格执行随意、价格折扣人为变动等现象。由于对定价缺少重视和优化的方法，很多企业将大量的利润白白拱手让人。

对于商品和服务的定价，传统上最常用的几种方法是：

1. **成本加成法**：核算出产品或服务的成本，根据公司的毛利目标要求，增加毛利比例，得到最终价格；

2. **市场对标法**：比照市场上同类商品或服务的价格，同时考虑自己产品或服务相对竞争对手的优劣势做一定调整，确定最终价格；

3. **价值定价法**：根据商品或服务给顾客带来的价值，以及用户的付费意愿来制定价格；

4. **撇脂定价法**：在产品上市的初期，定尽可能高的价格，让需求最大、付费意愿最高的群体购买（获得超额利润），之后逐步降价，吸引更广泛的消费群体。

直到今天，这四种定价方法在企业界仍广泛应用。但这些定价方法只在价格的数据这一个方面进行考量，并没有考虑交易的复杂程度、不同体量的客户议价能力、同类型产品之间的价格一致性等方面的问题，因此很多企业在价格的制定和执行上非常低效。面对这种情况，一种更加有效的定价管理工具，四维度定价管理模型开始在企业界得到运用，并且在销售管理、客户管理、公司盈利提升等方面带来显著的成效。

如同这个工具的名字，四维定价管理模型从4个层面来设计、管理企业的定价行为和交易过程中的价格执行，见图7-5-1：

1. **战略与定位**：产品的服务的定价体现怎样的公司定位？针对怎样的目标用户群？

2. **价格制定管理**：同一品类、不同型号商品的价格逻辑是什么？不同交易条件下的价格规则如何？

3. **定价执行**：实际销售过程中如何执行已经制定好的价格规则？

4. **价格监控与管理**：如何监控交易过程中出现的价格不一致现象？如何设立人员和部门的激励机制来保证价格体系的有效执行？

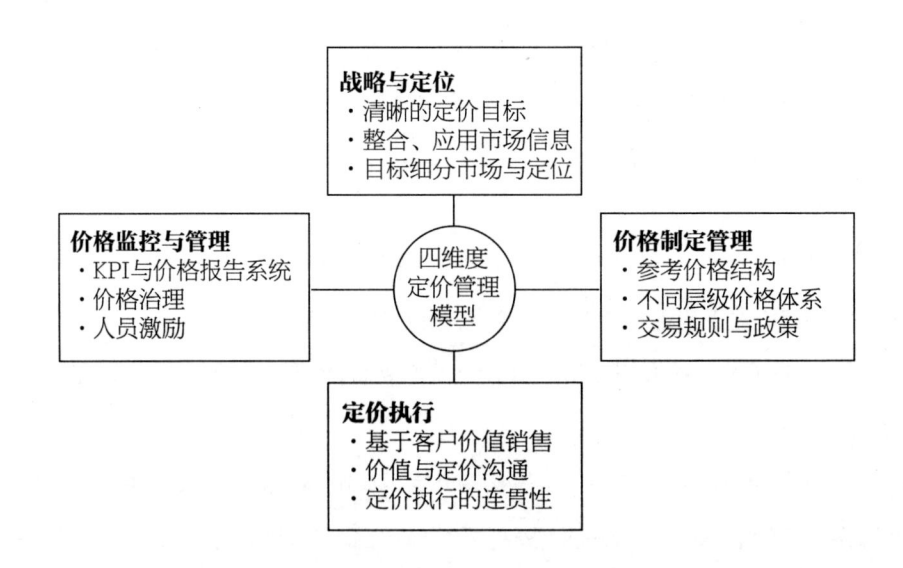

图7-5-1 四维度定价管理模型

一个大型工业用品企业,通过引进并实施四维度定价管理,在第一年就将公司的净利润提升了近1亿美元。我们通过这个例子来说明企业如何通过这个模型提升定价管理的能力。整个项目执行的过程分为4个步骤,见图7-5-2:

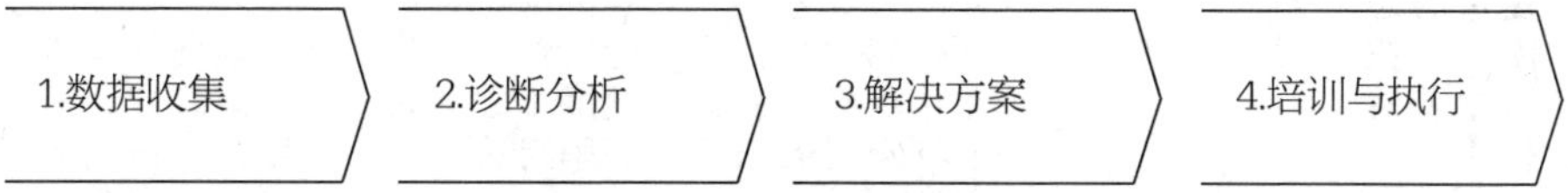

1.数据收集 → 2.诊断分析 → 3.解决方案 → 4.培训与执行

图7-5-2 四维度定价管理的执行步骤

第一阶段,需要收集的数据包括:

- 对各个分公司的管理层进行谈话,了解公司定价制度的目标、定价所采用的方法,以及价格变动机制;
- 过去1年所有产品线的成本和标签价格信息;
- 过去1年所有交易的订货量、成交价、价格折扣、客户累计订单量信息;
- 各个分公司销售团队与顾客的销售流程、沟通方法和销售团队给予折扣的权限;
- 各个分公司销售团队及高管人员的薪酬结构和奖金激励制度;
- 各个分公司对所在地区市场信息,以及竞争对手价格变动的追踪情况。

以上数据通过访谈和从公司的ERP中提取交易等数据,通常2~3天即可完成。接下来就进入第二阶段——诊断分析。根据定价管理的4个维度,分析公司分别处于什么样的水平。这里有4个表格供大家对比参考。4个维度,总共12个考察点,每一点可以分为从"完全业余"到"专业级"4种不同的水平:

(1)定价的战略与定位水平分析,见表7-5-1

表7-5-1 定价的战略与定位水平分析

水平等级	完全业余	初级水平	基本合格的水平	动态、专业级的水平
定价的思路、方法与企业目标*	·不清晰，不存在	·非正式，无记录 ·由个人或者某个团队来管理 ·定价方法和制度与公司的战略联系微弱	·有正式的记录及公司层面的定价管理制度 ·定价管理与公司战略之间只有单向联系	·正式、动态分析式的定价制度 ·企业各相关部门都参与 ·定价方法与公司战略互相支持
市场与竞争对手的信息利用	·只有短期的市场信息 ·缺少对竞争对手定价信息的收集	·对市场发展状况具有较广泛的视角 ·碎片化地收集竞争对手信息	·对市场发展具有长期的、广泛的信息收集 ·能够系统化地收集竞争对手在产品、价格、市场份额等方面的信息，但信息分析缺少洞见	·对市场发展、市场的影响因素具有长期、深入的系统分析 ·能够将竞争对手的信息转化成有效的应对方案
市场细分与定位	·没有市场细分 ·没有定价策略（价格领袖还是价格跟随者）	·有一个基本的用户细分（按区域、客户规模等） ·在业务层面有所细分和定位	·根据用户的行为特征（采购量、频次等）来进行市场细分 ·产品线层面有定位	·根据给用户的价值层面进行市场细分 ·根据目标用户来定位

（注：定价思路、方法与企业目标，主要通过访谈分公司总经理、财务负责人、销售团队负责人，询问他们是如何制定、调整产品线价格的。分公司在当地市场的战略目标是什么？定价与公司战略目标如何相互支持？哪些部门的人会参与到价格的制定与执行？价格管理是否有正式的文件性制度，还是人为、临时性的决策？等等。）

（2）价格制定水平分析，见表7-5-2

表7-5-2 价格制定水平分析

水平等级	完全业余	初级水平	基本合格的水平	动态、专业级的水平
整体价格体系	·价格体系对成本、对用户价值的变动没有考虑	·价格体系能部分地根据成本变化动态调整 ·销售主要依赖标签价指导	·价格体系部分考虑成本、对顾客价值的变动因素 ·全面使用标签价、折扣制度、年终返利制度，但效用没有最大化	·价格体系全面考虑产品对用户的价值、成本变动因素 ·标签价、折扣制度、溢价制度、促销与返利等手段综合使用，促使效益最大化
定价/报价制度	·通过成本加成法来报价（制定价格） ·服务是附带品，没有定价	·通过内部视角，根据产品的价值来定价 ·服务也作为出售的产品，但没有价格体系	·产品的定价根据给用户的价值来制定 ·服务也作为产品出售，有一个固定的价格制度	·产品与服务是整合一体的，根据给用户的价值制定价格体系
交易规则与政策	·付款方式和周期等按照惯例操作，无规则	·只有非正式、区域性的交易规则	·具有正式的交易制度，但并不全面、连贯	·正式的、能满足全球市场，同时具备灵活性的交易制度

（3）定价执行水平分析，见表7-5-3

表7-5-3 定价执行水平分析

水平等级	完全业余	初级水平	基本合格的水平	动态、专业级的水平
根据价值来销售	·以产品为中心展开销售，不考虑产品对不同用户的价值差异	·销售过程中能部分地考虑到产品给用户的价值	·销售过程中能较全面地考虑顾客价值，但不是以顾客价值为中心	·以用户价值，而不是以产品为中心展开销售，关注用户独特的价值

续表

水平等级	完全业余	初级水平	基本合格的水平	动态、专业级的水平
价格与价值沟通*	·只在有限渠道向顾客沟通产品的价值和价格合理性	·多个渠道与顾客沟通产品的价值，但是缺少系统性和连贯性	·多个渠道能前后连贯地与顾客沟通价格和价值，但是水平有限	·所有渠道能前后连贯地与顾客沟通产品价值与价格的合理性
定价执行的连贯性	·结算时销售人员可以给予降价或者折扣，无章可循	·对结算时给予降价与折扣有人为的管理，但不制度化 ·持续型的销售，在产品成本上涨时没有干预措施	·对结算、收款过程中给予折扣具有制度化的管理 ·持续型的销售，在产品成本上涨时采用"一刀切"的价格调整政策	·完整、连贯的结算折扣管理 ·持续型的销售，在产品成本上涨时有差异化、针对性的价格调整政策

（注：价格与价值沟通指的是：当商品价格调整，尤其是涨价的时候，销售人员不是只告诉顾客价格变动了，而且从给用户的价值角度，向用户沟通为什么产品值更高的价格。）

（4）价格监控与管理水平分析，见表7-5-4

表7-5-4　价格监控与管理水平分析

水平等级	完全业余	初级水平	基本合格的水平	动态、专业级的水平
KPI与汇报管理	·不能体现定价水平与价格执行的状况	·销售额/销量是KPI与汇报的核心 ·汇报的内容分散、混乱	·销售额、利润作为KPI的核心，综合考虑 ·流程化的汇报管理系统	·战略性的定价与价格管理也作为KPI的核心 ·有效的监控体系，出现价格执行偏差时能迅速体现
定价管理	·留给市场与顾客	·具有价格分段制度（比如达到多少销量对应最高能给予多少折扣），但不够优化	·有效的价格分段制度，但是执行不到位	·有效的价格分段制度，并且有效执行

续表

水平等级	完全业余	初级水平	基本合格的水平	动态、专业级的水平
激励制度	·销售与销售支持的服务人员没有激励制度	·以销量、销售额为核心的激励制度	·对销量、利润综合考虑的激励制度	·以用户满意度与价值创造作为核心的激励制度

我们看一个示范性的例子，价格折扣与订购量的对比状况。某个分公司过去一年来，销售折扣和顾客平均订购量的数据见图7-5-3。我们看到订单大小与折扣率并没有明显的线性关系。在左下角很多小订单折扣甚至接近5折（并不存在每次订货量极小，但是超高频订货、总订货量极高的大客户）。这就表明，在第三个层面，价格执行方面存在很大的随机性。销售人员在签单和收款的过程中，有很大的折扣权限，缺少系统性管理。

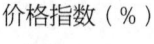

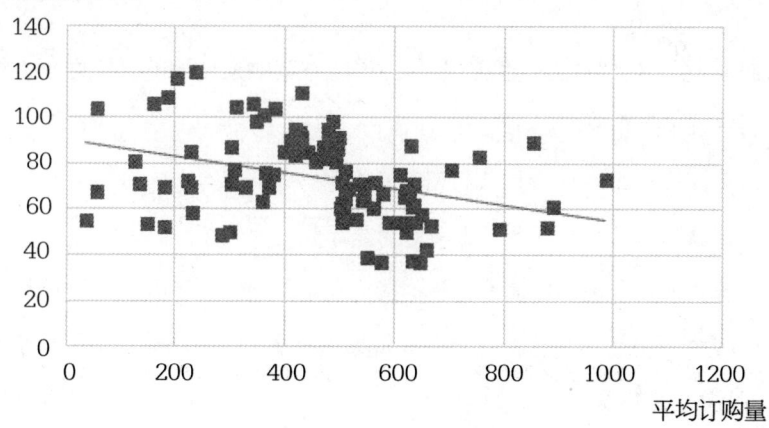

图7-5-3 价格折扣与平均订购量对比

另一个发现是，销售员在价格变动或者新产品上市的时候，很少与顾客进行"价值沟通"。也就是把新的价格表发给顾客，最多再口头或者邮件解释一下，由于原材料价格上涨或者公司政策不得不涨价（或者新品必须定这么高的价格），而没有充分地沟通产品给顾客带来的价值，造成顾客的抵触。在不了解竞争对手是否有同类新品或对竞争对手的同类产品价格不清楚的情况下，销售员面对顾客转向竞争对手的威胁，不得不妥协降价。顾客发现"一旦威胁就能获得折扣"，那么对未来的价格政策也就更加不信任。

进一步的研究发现，在第四个层面激励制度上，销售员的考核指标主要是销量和回款金额。利润率不是考核指标，因此销售员都利用折扣权限，希望尽量多地提升销量和回款，而很多订单很可能带来负的利润（越小的订单，送货与销售成本所占的比重越高）。

通过对数据的分析，发现公司在哪些层面存在问题，就可以制定相应的解决方案。如果某个分公司缺少交易制度规范，那么就根据该公司所在市场的特征来制定规范制度，并且与销售人员的绩效考核绑定。如果某个分公司的员工激励制度只考核销量，那么就调整员工的激励制度，加入折扣、毛利率等方面的考核指标。

最后一个步骤就是执行解决方案，并将方案融入公司的制度层面。根据各个公司问题的不同，可采用的方式包含：

- 开设公司战略目标与定价管理工作坊；
- 建立市场信息与竞争对手动态的展示板；
- 给销售团队展开价值销售和价值沟通的培训；
- 设立新的考核指标，展开考核指标说明会，并且引入标准化的价格监控体系与绩效核算体系。

在此重点介绍一下"价值销售"和"价格监控体系"。通过沟通，企业的销售人员能够有效地影响顾客对产品的"价值判断"，让顾客认同产品的价格。强生公司（Johnson & Johnson）在推出药物涂层式冠状动脉支架

（drug-coated coronary stent）时将价格定在3500美元，比传统的没有涂层的支架高出250%，受到医疗界的强烈批评。强生公司在沟通产品价值时解释：一次支架植入手术的花费达3万多美元，使用传统的没有药物涂层的支架，有20%的病例中支架会在1年内重新堵塞动脉，需要另花一笔3万美元再进行一次手术。使用新的涂层支架后手术重复率能降低到约5%（次年需要3万美元额外手术花费的概率降低了15%，这部分收益价值为3万×15%＝4500美元），此外避免重复手术的危险、不适感等心理价值，新产品的价值远远高于其价格。通过沟通产品的经济价值和心理价值，公司大幅降低了医疗界的敌意，并且为该产品争取到较大比例的医疗保险报销资格[5]。

有效的价值沟通，应当在新产品规划阶段及即将上市之前、上市后，前后连贯地与顾客群进行沟通。沟通应该围绕产品给用户带来的价值，从公司产品资料、销售人员对顾客进行拜访、电话或者邮件沟通、新闻媒体等多渠道进行。这一步也需要市场状况、竞争对手动态等信息支持，以及高质量的沟通文案。

而在价格政策的执行过程中，则需要严格地时时监控。一些价格执行的KPI指标可能包括：

- 出现价格折扣的订单数量不能超过5%；
- 价格折扣不能高于5%；
- 总金额低于10万美元的订单不允许价格折扣。

对于每一个KPI建立监控系统（图7-5-4），出现超过警戒线的情况，管理层要及时干预，不能等到年末才去统计异常状况。

价格折扣订单的数量占比

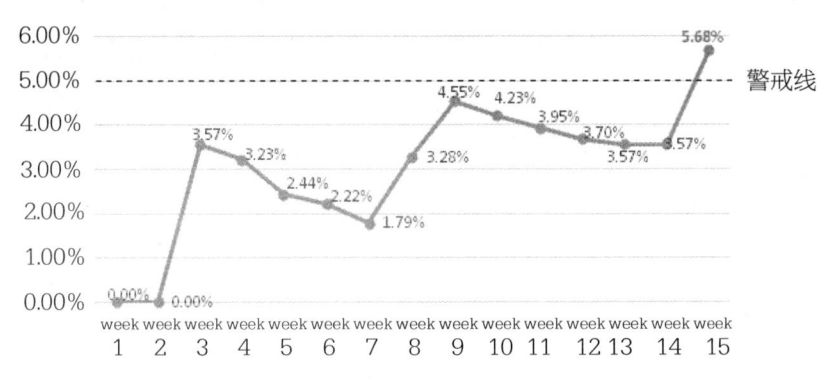

图7-5-4 折扣订单数量占比的监控示例

  出现价格执行的警戒状况时，也是审查、重新制定公司价格政策的好时机。很多企业规定了什么样级别的人拥有什么样的价格权限。比如，销售代表可以给予最高5%的折扣，而大区销售总监可以给予最高15%的折扣。但这并不是价格政策，而是在公司没有清晰的定价原则下的人事政策。一个有效、具有指导意义的价格政策应该清晰地告诉销售团队，不论是一线业务员还是销售最高负责人，在什么样的情况下给予例外的价格（比如当顾客愿意提前两个月订购，并且预付一笔保证金，帮助企业提前规划生产，那么企业能够给予对应的折扣）。

  一个企业开始执行四维度的价格管理制度后，除了保证管理层和销售团队对定价战略有清晰的理解，建立规则清晰的制度，还需要有效的监控和定期诊断分析（执行步骤中的第二步），使整个公司在意识和行动上大幅提升定价管理的能力。

SUMMARY
总 结

☐ 定价管理不仅包括标签价格的制定，还涉及价格执行、折扣制度、以价值为核心的销售管理、人员激励政策与定价管理的关联，而后面这几点是企业常常忽视的。

☐ 从战略与定价、价格政策、定价执行、监控激励4个维度、12个问题展开分析，可以帮助企业找到定价管理中存在的问题。

☐ 很多企业在定价制度、定价执行（折扣、交易方式）、监控与激励层面缺少清晰的制度，造成大量利润白白浪费。其根本原因是公司缺少定价管理的目标，盲目追求销量增长。新兴、快速增长的行业可以部分掩盖这种思路带来的问题。当行业增长放缓，企业必须建立更加成熟的定价管理制度。

7.6 从亚马逊到阿里巴巴:互联网时代的差别定价法

通过本思考方法你将了解

- 为什么在很多行业,统一售价会等于白白浪费利润
- 如何通过身份、时间、渠道等差异尽量高地占取消费者剩余
- 互联网企业如何采用动态竞价模式提升产品的平均售价
- 不可存储的商品或者服务,如何制定有效的定价策略

适合对象:各种类型,尤其是to C(个人用户)类型的企业

假设你推出了一种商品,成本50元,有A、B两类人群都是目标用户。人群B对这个产品有更强烈的偏好,最高愿意付150元,而人群A最高只愿意付90元。如果对商品定价150元,那么就丢失了人群A可能带来的销量。如果定价90元,销量会扩大,但是损失了从人群B身上本来可以获得的利润。

最理想的方式就是,对A类人群标价90元,对B类人群标价150元。在经济学上被称为价格歧视或者差别定价。通过有效的差别定价,企业可以在不增加太多投入的情况下赚取更多的消费者剩余(图7-6-1),大幅提高利润。

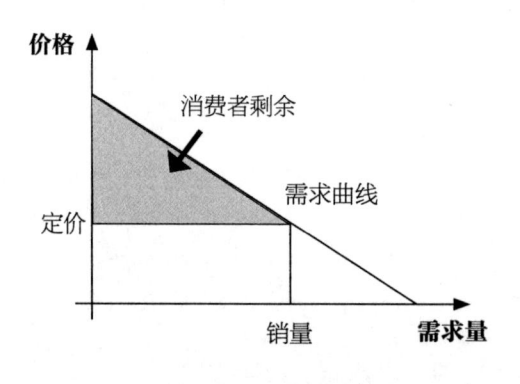

图7-6-1 消费者剩余

第二部分　经营分析与业绩提升

1. 通过购买者身份差别定价

这是差别定价的各种手段中，历史最久、最常见的方法。比如各类景区都会推出学生价，给学生群体一个更低的价格。这种做法可不是体谅学生收入不高，而是为了实现收益最大化，对付费意愿不同的群体收取两种不同的价格。

对什么群体展开差别定价的核心是，分析用户的付费意愿和价格敏感性。到了互联网时代，通过群体身份而差别定价的做法得到更广泛的应用。

亚马逊推出Amazon Mom会员体系（后来更名为Amazon Family）。允许新生婴儿的母亲注册，交纳一笔年费后（最初为99美元）即可成为Amazon Mom会员。新生儿的家庭需要不间断地购买大量的奶粉、尿布、喂养用品等母婴产品，高频重复购买的消费者，大部分情况下对这些产品的价格是比较敏感的。对于Amazon Mom会员，尿布、婴儿纸巾类产品在亚马逊的价格基础上给予20%的额外折扣，尿布和婴儿纸巾以外的母婴产品可以获得10%~30%不等的额外折扣，此外还可以享受亚马逊的急速物流和其他额外服务。通过这种差别定价的方式，不仅抓住对价格敏感的群体（尽管交纳年费，但因为高频，仍会比直接购买便宜得多），而且有效黏住用户，增加了亚马逊在这些用户群的口袋深度（Share of Wallet，请参考本书第五章第2节《如何提升对用户的黏性》）。除此之外，各种其他形式的会员体系背后都有类似的逻辑。

2. 通过用户个性偏好差别定价

如果一个用户的购物记录显示其对某种商品的兴趣较高，或者购买的高价商品多，消费能力更高，那么对这样的用户标更高的价格同样有可能成交。在电子商务普及以前，想了解用户之前的消费记录几乎是不可能的，而且很难做到让不同的用户看到不同的价格。

到电子商务领域，一切都变得可能了。亚马逊在美国曾经根据用户的浏览和购物记录，判断用户的付费意愿，进而显示不同的价格。也就是说，由亚马逊在同一时间出售的同一款商品，A用户看到的是一个价格，B用户看到的是另一个价格。这种做法被用户发现后（一名经常购买DVD的用户在删掉电脑里标识用户身份的cookie后，他准备购买的DVD的价格立即降低了约15%），引起了大面积的用户愤怒而被迫停止[6]。

根据用户偏好和付费能力给出不同的价格容易引起消费者反感（好比小市场上的商贩看到衣着高档的顾客就喊出一个更高的价格），但是根据用户偏好和付费能力来给予优惠则容易让人接受。比如记录显示某个用户付费意愿比较低，那么在这个用户的页面上显示一个额外优惠券，或者展示出价格更低的第三方卖家的链接（非平台自营的同款商品）而促成销售。

3. 通过购买时间差别定价

著名的双十一就是一种差别定价的方法。对于付费意愿低的人，可以等到11月11日这一天购买。如果用户急着购买，或者不在乎额外的优惠，那么就会按照正常价格购买。

除了这种特定日期来差别定价，还有多种其他的方法。比如：

- 每天的某个固定时间段展开折价销售；
- 间断性降价，比如对促销商品每个小时的前100名购买者半价（或给予其他折扣）；
- 预售，现在付款，2周以后才发货，但是价格比正常购买低。

以上这些方法比起直接打折或者降价，在抓住低付费意愿群体的同时，能更好地维持产品在消费者心目中的"价格形象"。如果一个产品经常打折或者持续较长时间的降价促销，消费者会认为这个产品只值打折后的价格。恢复到正常价格时，具有高付费能力的用户也会减少购买。

此外，前面提到的撇脂定价（Skimming pricing）也是利用时间实现差别定价的一种方式。在产品上市的初期，定尽可能高的价格，让付费意愿最高的群体购买（获得超额利润），之后逐步降价，再获取付费意愿更低的用户群。

4. 通过购买渠道差别定价

航空公司、高档酒店，如果有没定完的座位或者房间，空置就白白浪费了资源，而增加一个顾客的边际成本是极低的，因此航空公司和酒店都有动力将确定会闲置的资源低价销售。而这种超低价的机票或者酒店房费，如果放到官方网站或者大众常见的预定网站，则会引起正价购买的顾客的不满。因此需要一些其他渠道来销售，吸引那些不愿意以正常价格购买的用户群。

这些低价的机票和酒店服务通常流向了lastminut.com、priceline.com、jetsetter.com这样的网站。顾客在这样的网站上预订，常常有可能以2~3折的价格住进5星级甚至更豪华的酒店。但这些网站上面可供选择的酒店与机票服务并不全，所以对价格不敏感的消费群仍会选择官网或大众化的预定平台。

5. 通过商品差异化差别定价

为了吸引不同付费意愿的群体，同一款商品可以做出两种不同的包装，比如金属盒包装的高价款，同时推出塑料袋包装的低价款。产品完全一样，或者对高价款增加某些附加赠品或功能，抓住两种付费意愿的消费群。

近年来，在互联网上购物，价格比较更加简单，很多大的购物平台都会要求供货商给予最低零售价的承诺。比如京东（www.jd.com）和天猫（www.tmall.com）在某些节日促销活动上都会要求供应商给予最低价格。而平台之间常常有各种不同的补贴和优惠，两边互相竞争性压价，最后又通过种种方法把成本转嫁给供应商。

这种情况下，最理想的解决方式就是，给不同渠道提供略微差异化的产品，即使是同一款产品，分别生产两种颜色的包装，在两个平台上以不同的价格销售。这种做法并非互联网时代才有，Guylian（吉利莲）等高端巧克力品牌就专门提供特制的包装盒供给机场门店渠道（通常价格更高），这样一来，虽然是同样的产品，但有效避免了与街边店铺、商场等渠道的价格冲突[7]。

6. 通过商品组合差别定价

商品的定价不变，但是通过商品组合销售来实现差别定价。比如"买N送一""满300减100"的促销活动。

商品组合销售并不一定是为了降价，而是要看所针对的消费群。将一批小包装的产品做成礼盒，售价可以高于产品的原价之和，而同一批产品用胶带简单地捆绑起来，价格就低于原价之和。因为针对的是不同需求和付费意愿的消费群。

7. 通过流程差别定价

同一款商品以同样的价格在同样的渠道出售，同时给消费者设置一个额外的流程，完成这个额外流程之后可以返还现金或者优惠券。如果顾客对价格不敏感或者嫌麻烦，则不会在乎返还的优惠。而对价格敏感的顾客则会完成这个流程，获得优惠。这种增加流程的方式，就等于用两种不同的价格销售给了两种不同的用户群。

常见的方式比如请用户使用完商品后，寄回一份用户反馈表。企业收到反馈表后退还一笔现金给顾客。在互联网渠道，则有提交用户评论后返优惠券、给予优惠但不是立即享受，需要确认收货后联系客服退补贴等多种手段。而对价格不敏感的用户，收货以后就不会在意这些返还优惠了。

这种优惠方式还有一个好处，在电商平台的交易记录上仍然是优惠前的价格。在某些电商平台，保持较高的交易价格记录更有利于未来争取活动支持（比如电商平台在某些大型活动上，要求品牌方的销售价格比近半年成交的最低价还要低至少10%，如果之前交易记录的价格已经很低，此时就很难办了）。

8. 通过动态竞价实现差别定价

这种方法在B2B销售领域应用更多，通常是针对不可存储的服务产品。会说话的汤姆猫（Talking Tom）广告位的销售采用的就是动态竞价的模式。每千次广告展示的价格（CPM）由各个广告购买方竞价，空白的广告位置按照从竞价高到低，分配给出价最高的广告买主。亚马逊针对云服务也采用了类似的销售手段。对于闲置的云计算产能，亚马逊让买家竞价购买。这就如同酒店闲置的房间，只要价格高于使用部分的维护成本，就可以增加额外利润。

SUMMARY
总 结

☐ 差别定价是企业尽量获取消费者剩余、提高利润的有效手段。

☐ 有效进行差别定价的关键，是准确分析、把握不同用户群的消费能力和对商品的付费意愿。

☐ 用户身份、购买时间、渠道等因素是差别定价最后的展现形式，而不是制定差别定价的原因，切不可围绕形式来制定价格策略，本末倒置。

☐ 对于不可存储的产品或者服务，在设计产品销售模式阶段就需要考虑差别定价。

第八章　建立卓越的品牌

8.1　如何选择品牌的覆盖维度（企业vs产品）

> 通过本思考工具你将了解
>
> - 企业层面的品牌和产品线层面的品牌分别有什么好处
> - 什么样的企业、业务类型适合企业品牌，什么样的适合产品品牌
> - 当企业开辟新的产品线时，应该使用原有的品牌，还是创立一个新的子品牌
> - 当企业收购新品牌（或两个不同品牌的企业合并）时，如何有效进行品牌整合
>
> 适合对象：各种类型，尤其是To C（个人用户）类型的企业

有这么一个故事：蚂蚁金服的一位高管到一个县级市去洽谈合作。在会面前，秘书将这位高管介绍给政府领导，结果被领导一阵训斥："你怎么什么乱七八糟的公司都介绍过来，还有叫蚂蚁金服的！"[1]如果这位秘书说是阿里巴巴集团来洽谈合作，可能就避免这个误解了。

当企业逐步发展，新的产品线越来越多，尤其是兼并收购之后，企业下属的子公司、子品牌也越来越多。比如今天的阿里巴巴集团，旗下各业务线都有独立的品牌，还有我们熟悉的日用消费品公司，如宝洁（P&G）、联合利华（Unilever）等。而有的公司无论业务线延伸到哪儿，所有的产品线都使用一个统一的企业品牌，比如西门子公司（Siemens），从医疗产品、能源业务，到家电设备都使用西门子品牌；迪士尼（Disney）旗下的电影、图书、玩具等业务也都使用迪士尼品牌。

使用一个统一的企业品牌具有明显的好处：首先在广告宣传和品牌推广上具有巨大的规模效应。宝洁公司每年需要为约100个不同的产品品牌投入大量的市场费用。相对而言，如果使用一个企业品牌，那么在广告费用投放及管理成本上无疑能节省巨大的开销。此外，如果同一个品牌能够跨越多个产品种类，更容易塑造出"品牌巨头"的形象。

那么当一个企业不断扩张，出现越来越多的业务线和子品牌时，应该考虑逐步合并到一个企业品牌下，还是应该保留多个产品品牌独立发展？对此我们可以从以下4个不同的维度来判断。

1. 产品线之间的个性差异

每个产品都有其独特的品牌个性。不同品牌个性之间，有时甚至是相互排斥、抵触的。**如果一个企业旗下各个产品线展示出来的个性和风格是非常接近的，那么企业更适合保留一个统一的企业品牌。**比如迪士尼，旗下不论电影，还是图书、玩具，都是"家庭的""温暖的"品牌形象。西门子旗下不论是对企业用户，还是对个人用户的产品线，都是"高质量""专业"，甚至略带一些"古板"的品牌形象。如果一个产品线的个性是"叛逆的""新潮的"，而另一个产品线是"专业的""古板的"，那两个产品的用户群都会对另一个产品线的定位感到排斥，进而对统一的企业品牌也会产生隔阂。

一个典型的例子就是德国大众公司，旗下拥有大众（Volkswagen）、奥迪（Audi）、保时捷（Porsche）、兰博基尼（Lamborghini）等众多品牌，每个品牌都代表一种独立的个性。如果统一成一个品牌,将会失去大量偏好其他个性的顾客群。

2. 产品线的价格定位

每一个品牌的价格定位可以简单划分为高端、中端、低端三个等级。如果同一个品牌的不同产品跨越多种价位等级,则会造成**品牌定位失调,最后通常是低价位的产品线将整个品牌的价格定位拉低**。如果使用统一的企业品牌,那么在不同的产品线上,定价策略应该保持一致。比如索尼公司(SONY),无论是电脑产品、音乐设备产品、游戏产品,还是针对企业客户的光学设备产品,都采用了高端价位的定位。在随身听(Walkman)市场仍然火热的时候,SONY公司在推出中低端价位的产品时,就用使用了下属子公司爱华(AIWA)的品牌,这样就避免了品牌在价位上的认知失调[2]。

另一个例子是西班牙的Inditex公司。旗下拥有Zara、Massimo Dutti、Pull and Bear、Bershka、Uterque等多个服装品牌[3]。同时拥有多个子品牌,一方面考虑到不同品牌产品线的个性差异;另一方面,旗下也有多个产品个性相同或相近的品牌,因为其价格定位不同,所以也采用了不同的子品牌。

3. 品牌的信任黏性

品牌的信任黏性表示一个品牌带给用户的信任感和安全感(而不是时尚、个性等因素)。如果一个品牌的信任黏性高,那么当用户更换另一个品牌的产品或者服务时,会产生比较强烈的不安全感。举例来说,某人喜欢A品牌的服装,这种偏好可能来自A品牌的设计感、产品风格、品牌形象等因素。这种黏性是偏好黏性(出于用户个性偏好而产生的黏性)。

如果某个人生病时总选择去B医院,这种偏好并不是来自B医院的个性或者时尚因素,而是对B医院治疗水平和服务的信赖。如果让他换到其他的医院,则会产生不安全感。这种黏性被称为信任黏性。通常一个产品或者服务信息不对称的程度越高,那么其品牌的信任黏性也越高。

如果一个企业收购了高信任黏性品牌，那么更适合保留原有品牌，而不是整合到现有的品牌下。比如银行和保险业务，品牌通常具有很高的信任黏性，这也是为什么很多大型的保险集团、银行集团，收购了其他保险公司和银行时倾向于保留这些保险公司和银行的品牌（汇丰银行在1965年就收购了恒生银行的控股权，但保留这个品牌至今[4]）。

如果品牌的信任黏性低，则比较容易替换为统一的企业品牌。比如大众文具类产品，信息不对称的程度非常低，品牌的信任黏性是很低的。

还有一种情况介于两者之间，比如电子产品，存在一定的信任黏性（性能与稳定性），但并不像金融、医疗服务的信任黏性那么高。这种情况下，企业收购了一个品牌以后，可以通过联合品牌的方式过渡一段时间，让原有的消费者逐步对新品牌建立信任，之后再统一到企业品牌之下。比如索尼收购爱立信的手机业务之后更名为索尼爱立信（SonyErricson），数年之后，去掉Erricson，统一成SONY品牌[5]。不同类型产品的品牌黏性见图8-1-1。

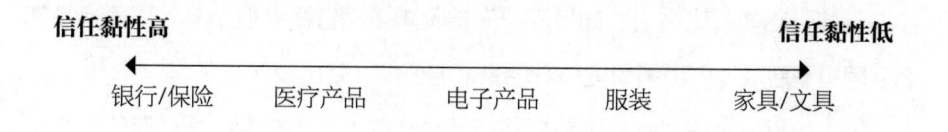

图8-1-1 不同类型产品的品牌信任黏性

4. 产品生命周期因素

除了上面三个维度之外，我们还需要考虑产品的生命周期。如果某些产品线的生命周期比较短，那么更适合使用企业品牌。因为前期培育一个独立的品牌通常需要较高的市场投入，产品的生命周期太短则有可能后期无法收回前期投入的成本。使用企业品牌则避免了这个风险。如果产品的生命周期比较长，两种方式都可以考虑，可以参考上面三个维度来分析（图8-1-2）。

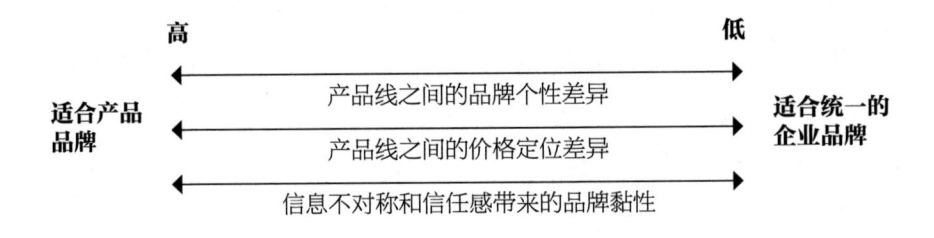

```
        高                              低
适合产品    ←──产品线之间的品牌个性差异──→    适合统一的
  品牌      ←──产品线之间的价格定位差异──→     企业品牌
            ←─信息不对称和信任感带来的品牌黏性─→
```

图8-1-2　三个维度判断适合产品品牌还是企业品牌

现在我们回头看看开头提到的阿里巴巴旗下的蚂蚁金服业务。这块业务创立之初使用企业品牌（比如叫阿里金服），还是使用一个新的产品线品牌（比如蚂蚁金服）更合适呢？

阿里巴巴的金融业务是计划发展成一个独立的上市公司，也不排除与其他金融企业合并成为一个新公司（或者被收购）的可能。金融服务（尤其是针对个人用户）属于高信任黏性的业务，未来如果被收购或者合并成为一个新的公司，不适合更换品牌。所以适合采用一个独立的产品品牌。假设使用了统一的企业品牌，比如阿里金服。如果某一天被收购（尽管概率很小），不更换品牌名，阿里金服成为阿里集团竞争对手旗下的公司，就比较讽刺了。

所以给蚂蚁金服建立一个独立的产品线品牌，虽然初期品牌打造的成本比较高，但确实是更恰当的选择。

使用统一的企业品牌，在品牌建立与推广方面具有巨大的规模优势。因此近年来出现了多品牌企业精简产品线品牌、重点力推企业品牌的趋势。比如雀巢（Nestle）等企业不断精简旗下品牌数量，把更多的推广资源投入雀巢这个企业品牌。尽管这种品牌缩减能有效节省成本，但是在推行的过程中，企业一定要考虑不同产品线的个性、价格定位及品牌的信任黏性。某些情况下，拥有多个品牌仍是获取不同消费群的更佳选择。

SUMMARY
总 结

☐ 拥有多产品线的企业，如果使用统一的企业品牌，在广告费用投放及管理成本上能节省巨大的开销，也更容易塑造出"品牌巨头"的形象。

☐ 但是以下情况，企业更适合采用多品牌策略：不同产品线的个性差异大、跨越不同的价位等级、信任黏性高。

☐ 收购品牌时，企业可以采用"联合品牌"的方式过渡，把忠实于原品牌的信任感转移到新品牌下。

☐ 多品牌企业进行品牌精简行动时，需要考虑产品线的个性、价格定位差异。

8.2 如何获得持久的品牌生命力（品牌审计）

通过本思考工具你将了解

- 为什么多品牌的企业会定期淘汰旗下一些哪怕历史悠久的品牌
- 如何展开品牌审计，判断一个品牌是值得继续投入资源继续培育、需要重新定位，还是应该淘汰或者出售
- 当企业淘汰、出售一个品牌以后，如何通过法律手段防止这个品牌反过来成为竞争对手

适合对象：各种类型，尤其是 To C（个人用户）类型的企业

在20世纪末，随着中国的市场开放，大量的外资品牌涌入中国，其中很多消费品巨头，比如雀巢（Nestle）、联合利华（Unilever）等收购了大量的国产品牌。后来很多这些被收购的国产品牌陆续从市场上消失了，国内出现了众多"外资有意收购并雪藏，打压民族品牌"这样的阴谋论的声音。真的有这样的阴谋吗？或者这其实就是一个合情合理的市场行为？

我们再从另一面来看这段历史。随着企业的不断发展壮大，推出新的产品线或者收购扩张，很多企业会发现旗下拥有越来越多数量的品牌。而每个品牌后面都有一个小型的团队，以及独立的品牌预算。联合利华公司就是一个例子，随着不断扩张和全球发展，到1999年，联合利华发现自己在全球150多个国家总共经营着1600多个品牌。整个公司超过90%的利润来自其中约400个品牌，剩余1200多个品牌要么是亏损状态，要么只创造微薄的利润。而公司却有大量的管理资源、广告预算分摊到这些品牌上[6]。

因此，从2000年开始，联合利华开始了历史上规模最大的瘦身活动，计划

只保留最具有市场竞争力的400多个品牌。通过系统的评估，最终公司砍掉了900多个利润贡献小，并且缺少未来增长潜力的品牌（其中就包含好几个在中国收购的品牌）。将公司的管理资源、市场预算重新分配，完成瘦身之后的几年，公司的利润得到大幅的提升。

随着市场的发展、消费者的变化，新的品牌不断被创造出来，现有的品牌也在不断老化。一个品牌什么时候需要增加推广，什么时候需要进行重新定位，甚至彻底淘汰？对此，我们可以通过品牌审计的方式来得到答案。

品牌审计是通过一系列的指标来衡量一个品牌的健康程度。通常会选择的衡量指标包括：品牌在目标用户群中的知名度、品牌的市场占有率、品牌形象与品牌联想、品牌价值、品牌的财务贡献。在此，我们逐个说明。

1.品牌的知名度（Awareness / Recognition）：知名度的测量可以分为"无提示测量"和"有提示测量"。两种方式可能导致差别巨大的测量结果。无提示测量表示不给予任何提示，询问被访者"请告诉我您所知道的某某类商品的全部品牌"，看被访问者是否能主动提到目标品牌。因为存在被访问者知晓但一时没有回忆起来的可能性，所以通常会低估实际数据。有提示测量指的是询问被访对象"是否听说过某某品牌"，或者拿出包含目标品牌logo的一系列品牌logo列表，请被访问者指出其中所认识的品牌。由于提示测量会包含顾客误认的情况（误以为自己听说过，或者把不认识的品牌logo认成了某个相近的品牌logo，并且碰巧说出了品牌的名字），所以通常会高估实际数据。所以进行有提示测量的时候，需要进行一些二次确认，比如询问被访者"这个品牌生产的主要产品是什么"。

2.品牌的市场占有率（Market share）：不同的品牌覆盖的市场范围也不尽相同。有全球性品牌，覆盖世界上多个国家；有全国性品牌，覆盖某一个国家绝大部分地区；也有地区性品牌，只在一个城市或者省份销售。在衡量市场占有率的时候，国际性品牌一般会采用全球的市场占有率。而非国际性品牌一般使用某个国家整体市场的占有率。除了市场占有率的数据，我们还需要知道市场份额的排名。通常人们将市场份额排名分为三个级别：**排名第一为主导地**

位；排名第二到第三为强市场地位；排名第四及之后被称为弱市场地位。如今电商销售占比越来越高，电商渠道的市场占有率，以及在各大电商平台的销售占比也可以作为市场占有率的衡量指标。

3.品牌形象与品牌联想（Brand image and association）：人们谈到一个品牌时，会联想到哪些积极或者消极的方面。其测量方法可以通过一些模型化的量表，或者是直接询问。比如请被访者用三个词来描述一个品牌。或者用拟人化测试，"如果××品牌是一个人，请问您认为他/她会是一个具有什么样性格特征的人，是什么性别，大约在什么年龄"。

当我们得到一系列积极的和消极的品牌联想，我们还可以测试各个不同品牌联想的强度，找出关联性最强的品牌联想。比如我们得到一个品牌联想的词汇"具有活力的"，那么我们可以请被访者选择：

我认为××品牌是								
具有活力的	1	2	3	4	5	6	7	毫无活力的

4.品牌价值（Brand Equity）：品牌价值是指品牌的知名度、品牌形象对消费者行为所带来的影响程度。常见的测量方式如：

我认为××品牌是								
质量低劣的	1	2	3	4	5	6	7	品质上乘的
毫无吸引力	1	2	3	4	5	6	7	非常吸引人

在购物行为和品牌推荐行为方面，测量的方式如：

我在接下来3个月＿＿＿＿购买××品牌的产品								
完全不可能	1	2	3	4	5	6	7	一定会

如果被访者知道调研人员是代表某个品牌在做调研，很可能处于"照顾他

人感情"而将评价向更高的方向打分。对此,调研人员最好隐藏自己所代表的公司,并且在量表上同时测量几个竞争品牌的得分,这样被访者更容易给出真实的反馈。

5.品牌的财务贡献(Financials):通常包括三个方面,该品牌的销售额在整个公司的销售占比;该品牌的利润在整个公司的利润中的占比(这一部分由于成本核算与分担等工作,很少有公司会定期核算品牌的利润贡献,拿到结果后也往往会大感意外);该品牌的现金流状况,是为公司贡献净现金流、消耗现金流,还是无影响。

除了上面几个常用的维度,品牌审计的时候还可以考察其他一些方面,包括:品牌与竞争对手的优劣势差异,品牌的用户群特征,等等。

经过全面的品牌审计之后,企业将旗下所有品牌的核心信息整理完,可以得到每个品牌的详细审计报告[7]。之后将各个品牌的核心信息汇总就可以得到类似下面的一个品牌审计表(表8-2-1),包含品牌的市场占有率情况、在各个地区的市场地位、电商渠道的销售情况(对于最大的几个电商平台,可以将该品牌在每个平台上的销售占比或者品类销售排名信息也列举出来)、品牌联想、品牌的财务状况。

表8-2-1 品牌审计表

品牌	全球/全国市场占有率	各个区域市场的地位和品牌形象					公司销售占比	公司利润占比	现金流状况
		南区地位/形象	北区地位/形象	东南亚地位/形象		电商类目排名			
A	21%	强	成熟的	强	专业的	弱	高品质的	3	15%	16%	贡献
B	9%	弱	科技的	弱	现代	弱	时尚的	7	11%	5%	消耗
C	3%										
D	<1%										
...											

当企业的领导层拿到汇总后的品牌审计表时，很有可能会看到很多品牌的市场份额非常小，或者在很多地区毫无竞争力，或者在财务上（尤其利润和现金流方面）带来负的贡献。对于那些表现不尽如人意的品牌，企业可以考虑重新定位，或者直接取消。

1. 重新定位（Repositioning）：当某个品牌还具有一定的销售体量，但是市场地位在走下坡路，而且品牌形象明显老化，对目标群体缺少吸引力，那么这个品牌就需要重新定位了。重新定位指通过对品牌的再造，更新目标用户群对一个品牌的认知，从而达到吸引新的目标消费群或者提升消费者购买意愿的目标。

重新定位并不是换一个商品包装，或者给品牌制作一组新的广告来告诉消费者就够了。重新定位涉及的维度包括：

（1）品牌的logo及整个视觉识别体系（比如使用新的颜色、造型）；

（2）品牌的口号、价值陈述；

（3）品牌与竞争对手的差异点；

（4）该品牌的产品线设计、包装风格；

（5）产品的核心功能、独特卖点；

（6）产品的价格体系；

（7）产品的销售渠道；

（8）产品的目标用户群定位及相应的给用户的价值；

（9）品牌的广告风格；

（10）广告投放渠道；

……

关于重新定位，一个成功的例子就是宝洁（P&G）公司旗下的玉兰油（Olay）。20世纪末，玉兰油品牌开始出现严重下滑趋势，尽管品牌知名度非常高，但是品牌形象被认为是"过时的""适合老年妇女"的，尽管价格比同类产品更低，但是很难吸引新时代的女性消费者。对此，宝洁公司展开了全面的品牌定位。针对35岁以上、开始出现皱纹并且开始注重保养的女性群体，公司简化了玉兰油的品牌名称（从Oil of Olay改名为Olay），重新设计了品牌标志和整个产品线，突出抗皱和修复功效，提升产品价格，销售渠道也从传统超市转移到精品百货店，并且在时尚杂志、电视剧中投放广告（与奢侈品牌在同样版面投放广告让消费者认为玉兰油也属于高端品牌）。经过品牌重新定位之后的10年，玉兰油在销售额和利润上都保持了两位数的增长。

2. 取消品牌（Brand deletion）：面对品牌审计表当中表现不理想的品牌，企业可以从不同的角度来筛选哪些品牌应该被取消掉。常见的选择维度包括：财务维度、增长潜力维度、目标细分市场维度。

（1）财务维度：所有品牌当中，选出那些利润上（或者现金流）亏损或者利润微薄的品牌，同时分析它们分别所处的竞争环境、市场地位、未来两年大幅改善盈利的可能。如果难以扭转改善，则可以取消。

（2）增长潜力维度：这里我们通过前面联合利华公司的例子来说明。在2000年前后，联合利华对旗下所有品牌评估，并决定只保留符合下面全部3个增长指标的品牌。

- 必须有潜力在该品牌所在的市场成为第一或者第二，并且能吸引顾客到店的品牌；
- 品牌必须展示出增长潜力（基于对当前的顾客群的吸引力），或者是能满足未来顾客需求的能力（比如在人们越来越注重健康的趋势下，具有健康生活形象的食品品牌）。
- 品牌的销售规模必须足够大，能支撑品牌的宣传、技术升级带来的成本。

根据这三个维度的指标，公司经过数轮的分析、辩论，最终决定只保留400多个品牌。

（3）目标细分市场维度：根据顾客的消费能力、功能诉求等方面的不同，企业将目标市场划分为多个不同的细分市场，然后保证旗下有至少一个品牌满足每个细分市场的顾客需求。而在同一个细分市场里面重复的、竞争力较弱的品牌则取消掉。

以上是企业用来识别该取消哪些品牌的方法。识别出来这些品牌之后，具体如何执行，伦敦商学院（London Business School）的教授 Nirmalya Kumar总结了4种方法[8]：

（1）**直接出售**：当企业发现某个品牌不再符合企业的战略定位，或者难以实现上述的增长目标、竞争力指标时，企业应该在该品牌还保持盈利的情况下尽早出售。这样更容易找到买家并且卖出好的价钱。企业可以通过一些聪明的法律手段（比如限制这个品牌未来的产品线范围）来防止这些品牌出售了以后反过来成为竞争对手。

（2）**榨取残值**：当准备取消掉的品牌还具有一定的销售规模和用户群时，企业可以停止原本给该品牌的广告和营销预算，只投入最小的额度保证商品能够持续地出售。降低给渠道的支持，同时将该品牌的团队逐步转移到其他品牌，公司从这个品牌中获取的利润最大化，直到这个品牌不再有任何价值后直接取消。

（3）**直接取消**：当品牌对顾客不再有吸引力时，企业可以直接取消该品牌，尽快将品牌背后的生产、营销、管理资源转移到其他品牌上，在取消一个品牌之后，企业应该将该品牌的所有权再保留一段时间，不要直接注销。否则，其他人可能利用这个品牌残留的知名度，重新注册成为一个品牌来竞争。

（4）**合并品牌**：当某个准备取消的品牌不再有增长潜力，但是仍具有一批忠实用户群的时候，企业可以考虑将该品牌并入旗下另一个品牌，或者将数个这样的品牌合并成一个新的品牌。将这些品牌被忠实用户认可的某些特质、功能、品牌形象，注入新的品牌，然后在原有的渠道、原有的顾客接触点（比如超市里相同的货架地点）展开促销活动，鼓励原有的用户试用新品牌的产品，并可以宣传"新品牌的产品使用了原品牌同样的工艺"，让原有用户转移到新品牌。

当企业取消一些品牌时，尽管利润有可能大幅提高，但企业所销售产品的品种和销售额将减少。企业节省出大量的原本支持这些品牌的市场预算和管理资源，应该用来支持保留下来的核心品牌，帮助核心品牌创造更大的规模经济效应。比如用一个全国性品牌取代之前的多个区域品牌，在采购、生产、广告投放领域都会有更好的规模效应。切不可只是砍掉多余的品牌收获利润，让剩下的品牌继续按原路径发展。

SUMMARY
总 结

☐ 每隔一段时间，企业需要对其拥有的品牌进行全面的品牌审计，发现是否出现品牌老化、品牌形象过时，或者出现品牌负面联想的情况，进而及时展开调整。

☐ 当企业拥有众多品牌的时候，哪些品牌不再有增长潜力，哪些品牌在消耗企业的利润，需要尽早识别出来。

☐ 具有一定销售体量或者较高用户认知度基础的品牌可以进行重新定位，让品牌恢复活力；而不再值得保留的品牌则可以通过出售、直接关闭、合并等方式取消。

☐ 取消不值得保留的品牌，可以大幅降低管理成本，提升企业利润。除了直接取消、出售的方式之外，企业还可以考虑品牌合并等手段，取消品牌的同时保留住仍喜爱该品牌的用户。

第三部分

人才培养与组织发展

PEOPLE & ORGANISATION DEVELOPMENT

引言

企业最有价值的资产是人。如何选择、保留最优秀的人、如何让员工在企业内得到成长进而推动企业前进，以及如何让企业保持活力、取得持续性的发展，这是本书第三部分的内容。

这一部分总共介绍10个分析工具，分别围绕"人才的识别、培养与激励""领导力发展""企业的业绩目标设定""组织发展与变革"四个领域展开。应用案例主要来自伦敦商学院、哈佛商学院对领导力、组织发展的研究，以及通用电气（GE）、花旗银行、纽约时报、华为等企业的实践。

需要强调的是：很多人认为人才的招聘与培养、组织发展是HR部门的事情。其实真正卓越的企业，其最高领导人对人员与组织的发展往往给予无比的重视。而这也是企业取得长久成功的关键。

第九章 赢得人才战的关键

9.1 德鲁克最推崇的企业家如何管理人才（A-B-C人才模型）

通过本思考方法你将了解

- 如何识别、区分出A类人才和B类、C类人才
- 为什么很多企业大学开设优质的培训项目，但是人才培养的收效却甚微
- 如何提升企业招聘、选拔A类人才的能力
- 如何开展人才审计，关注并且不断优化企业的人才结构

适合对象：各种类型的企业

"永远要找到最优秀的人。"这是在企业界常听到的一句话。如何定义最优秀的人？如何识别？如何让他们发挥最大的能量？对此，我们可以借鉴备受管理学大师德鲁克推崇的企业家莫顿·曼德尔（Morton Mandel）的经验。

曼德尔将企业的人才分为A、B、C三类[1]：

- A类人才往往超越工作的职责，能够完成额外的任务，永远在进步，并且

推动组织前进；

•B类人才能够尽其所能完成职位赋予的工作，但是B类人才不能帮助组织取得更大的成就；

•C类人才通常无法达到工作标准，在一段时间后被解雇或者自己离职，或者混日子（在人事管理糟糕的机构）。

习惯上人们会认为一个企业当中，越优秀的人越少，而且这样的人才结构是合理的。企业当中A、B、C三类人才的分布可能是：A类人才最少（通常是企业最顶尖的管理层），B类人才略多，C类人才最多（图9-1-1）。

图9-1-1　人们印象中企业的人才结构

但是一个企业应该追求的是正好相反的人才结构（图9-1-2）：拥有尽量多的A类人才，同时有部分B类人才配合A类人才工作，而C类人才要尽量避免。在这种结构下，一个企业才能充满活力、不断进步。

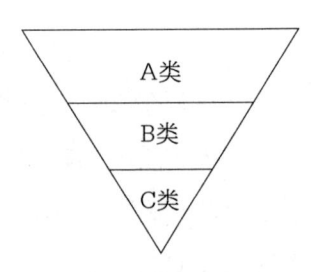

图9-1-2　企业应该追求的人才结构

因此，对于一个企业的领导人来说，不断地识别、吸引A类人才加入企业就是最核心的工作之一。关于如何识别A类人才，我们可以从三个方面来考察：

- **他们是否以创造性的方式来应对挑战？** 不仅仅是把问题解决了，而且能提出、采取开创性的想法或者行动。
- **他们是否不断地投入精力追求优秀，提升标准？** 在工作中，以及工作之余都不断提升自己，努力学习。
- **他们有不同想法时，是否能开诚布公地提出不同意见？** 而不是一味地避免冲突，或者附和领导的想法，不敢向上级提出反对意见。

企业在考察候选人的第二点"是否不断提升自己"时，如果问候选人"你是否对自己有高要求，不断追求上进"？对方肯定回答"是"。因此需要通过侧面来了解。几个有效的问题包括：

- "你最近读过的5本书是什么？每本书的主题内容分别是什么？"通过询问主题内容，避免了候选人随口提几本书的名字来应付。之后可以进一步询问候选人对这个主题的思考。
- "最近2年当中，你在工作的本职要求之外（如果针对刚刚毕业的学生，就询问课程内容之外），自主学到的新知识或者技能是什么？"了解候选人是否会在被动要求之外，主动地学习。如果是因为工作需要（比如销售团队的负责人需要掌握销售成本的核算，开始学习相关的会计知识）学习的新技能不能算主动学习。

对于第一点和第三点，创造性地应对挑战、开诚布公地提出反对意见，则可以请候选人举出实例，询问他们之前是否有过这样的行动，以及在采取这样的行动时，他们是如何进行分析、思考的。

如果满足上面三个条件，就属于A类人才（注：这里并没有提到正直、诚实守信等条件。因为这些特质是成为合格员工的先决条件，缺少这些品质的人是不应该被雇佣的）。所以A类人才并非只会在企业高层才存在，在企业的中层、基层都有可能发现这样的人才，而且他们的成长速度会远快于其他人。领导者很重要的一个职责就是识别A类人才，关注他们，给予支持，为他们树立起责任感（并避免骄傲）。

很多企业都设立了企业大学，邀请著名的学者、行业专家、企业高管来授课，希望能够帮助员工快速成长，但是大部分情况下都收效甚微。因为企业在最初招聘的时候，选到的就不是追求上进、不断提升自己的A类人才。所以说，识别A类人才比任何形式的培训都更为重要。

接下来我们看B类人才。我们可以通过两个问题来判断B类人才：

- 他/她能够按质量要求，按时完成工作任务吗？
- 因为他/她的加入，企业（或者某个部门）能够上到一个更高的台阶吗？

如果第一个问题的答案是"Yes"，第二个问题的答案是"No"，那么所评判的这个人就是B类人才（如果第一个问题答案是No，就是C类人才了）。

B类人才可以满足岗位要求，而且较少犯错。但是仅仅靠B类人才，企业不可能往前进步。他们属于无风险、够用，但又有可能带来危险的人群。因为当领导者习惯了身边B类人才的表现，就会忘了其实还有A类人才可以做得更好。长此下去，企业就会走向平庸。所以企业要尽量多地拥有A类人才，保留一定限度的B类人才。C类人才是难以满足岗位要求的员工，在招聘或者试用阶段需要及时识别。

了解了三类人才的分类和识别方法之后，企业可以进行人才审计。对整个公司，或者各个事业部分别独立进行。之后可以横向对比，或者历史纵向对比。看一个企业的人才结构是否在不断优化。图9-2-3是一个业务部门3年来人才结构变化的趋势。

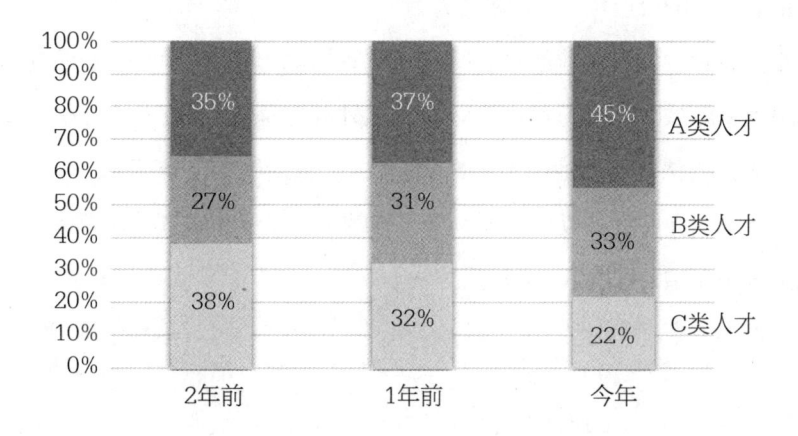

图9-1-3　人才审计　人才结构变化趋势

在进行人才审计的时候，需要业务部门的负责人和人力资源负责人（现在很多企业都设立了专门的HRBP，服务于某个业务部门的人力资源专家）对每个员工，按照前面识别A类人才、B类人才的方法（通常包含：应对工作挑战、自我成长、沟通与反馈、业绩的达成4个维度），进行客观、公正的评估。

当一个业务部门的负责人自己只是B类甚至C类人才的时候，进行人才审计就会遇到困难。这种情况下，部门负责人很难给予下属客观、准确的评估，通常会降低对下属的标准或者打压威胁到自己职位的高潜力下属（让部门负责人承认自己不是A类人才，有可能带来抱怨或者消极情绪）。在这种情况下，就需要企业的高层领导亲自来改善企业的人才结构，为各个部门找到A类人才来领导。

进行人才审计可以帮助企业准确识别A类人才，关注优秀人才的流失和比例变动。企业领导人需要关注A类人才的成长，以及企业对A类人才的凝聚力，从企业文化和制度上保证A类人才在企业能够得到长远的发展。

除了帮助企业人才结构优化，A-B-C人才结构模型还给投资界提供了一个有价值的启示：寻找管理不善的企业（这样的企业各项业务负责人通常不会是A类人才），收购以后，吸引到A类人才，建立更完善的管理制度，让企业焕然一新，企业的价值也一定大幅提升。

很多企业都说，企业最有价值的资产是人才，但是很少有企业能真正做到识别并且有效激励优秀的人才。A-B-C人才结构模型给出了一个清晰、有效的识别人才的方法。不断地吸引A类人才加入，创造好的工作环境让他们充分发挥能力，是一个企业成功的关键。如果你的企业还没有做过人才审计，不妨现在就看一下身边，哪些人是A类人才？

SUMMARY
总 结

☐ A类人才是一个企业最有价值的资产。他们的三个特质是：1.能用创造性的方式来应对挑战；2.不断地投入精力追求优秀，提升标准；3.有不同想法时，能开诚布公地提出不同意见。

☐ B类人才可以满足岗位要求，但是不可能把企业推到更高的台阶。当领导者习惯了身边B类人才的表现，就会忘了其实还有A类人才可以做得更好。

☐ 不断地吸引A类人才加入，创造好的工作环境让他们充分发挥能力，是一个企业成功的关键。

9.2　如何正确地引进外部高管（人才结构与稳定性分析）

通过本思考工具你将了解

·如何判断一个企业管理层整体的稳定性

·当企业招聘能力满足需求，但是存在稳定性风险的高管候选人的时候，应该如何决策

·新进员工、业务线的中坚力量、高层管理人员，企业如何帮助每个不同层级的员工有效融入企业

适合对象：各种类型的企业

一个企业开辟了一个新板块的业务，急需从外部引进有经验的领导者来负责新业务。面试了一批候选人之后，招聘团队找到了行业经验、管理能力等各方面都很出色的候选人。但是招聘团队的负责人担心这位候选人可能不会工作长久，理由如下：（1）候选人确实很优秀，各种外部机会一定很多；（2）他在过去两份工作中的稳定性都不高，只有2年左右的时间。

作为最高负责人，最后决定招还是不招？你陷入了思考。或许我们可以换一个角度来看这个问题：对于所空缺的这个岗位，我们希望招聘一个负责人过来起什么样的作用？

一个员工在企业中所处的阶段，以及相应发挥的作用可以分为三类（表9-2-1）：

1. 发展阶段：处于发展阶段的员工对于自己手上的工作并没有太多的经验，这类型的工作是否适合自己也不确定，还处于职业探索发展期。他们在企业中主要完成一些基础性、可替代程度较高的工作。发展阶段的员工大致可分

为三类：新参加工作的群体、处于轮岗期的雇员、对之前的工作不喜欢（或者不胜任）而转换到一个新行业或新职能的有经验工作者。

2. **承担阶段**：处于承担阶段的员工对某一类型的工作已经具有了很深的经验，能够独当一面地负责某一类型的业务。员工进入承担阶段有两种途径：因为出色的业务表现提升为某一部门或者业务板块的负责人；因为资深经验而被企业从外部聘请来领导一个业务板块，或解决企业的某个难题。

3. **核心阶段**：进入核心阶段的员工，不仅对某一业务具有资深经验，而且对企业的目标、价值观深入认同，愿意持续性地与企业一起发展下去。核心阶段的员工不是指处于核心领导层的员工，在企业的中层、高管层中都可能存在（从业务经营、企业认同两方面衡量，而不是职位高低）。在理想情况下，一个企业的最高领导层都应该处于核心阶段。

表9-2-1　员工在企业的不同阶段

阶段	内容	持续时间	举例
发展阶段	新接手一种类型的工作或者在不同岗位轮岗，探索自己的职业方向及与企业的契合程度	通常1~3年	·咨询公司的分析师和初级咨询顾问 ·企业的初级员工
承担阶段	在企业负责某一个业务板块，或者阶段性地雇佣来完成某一个具体的任务	依具体业务类型和任务而定，短则半年，长则3~5年	·咨询公司的项目经理、资深顾问 ·企业的部门负责人或高管
核心阶段	愿意与企业持续待下去的高管和中坚力量	持续的	·咨询公司的合伙人 ·企业核心领导

在判断一个企业的管理层是否稳定的时候，我们可以将一个企业的人才分成四个层级：

1.**核心领导层**（包括企业的CEO、总裁、CFO等最高决策层）；

2.**高管层**（包括企业的VP、分公司负责人、事业部负责人）；

3.中层管理者与业务专家；

4.初级管理者与一线员工。

通常企业从外部引进，而不是内部提升的核心领导或者高管层员工时，前1~2年属于承担阶段。在确认价值观的高度认同、愿意持续待下去之后，这样的外聘高管才算进入核心阶段。

对每个层级的员工评估之后就可以得到一个员工职业阶段的分布图（图9-2-1）。通过这个分布图可以对公司管理层的稳定性进行评估（注：图中白色、浅灰色、深灰色分别代表核心阶段、承担阶段、发展阶段的员工占比情况）。

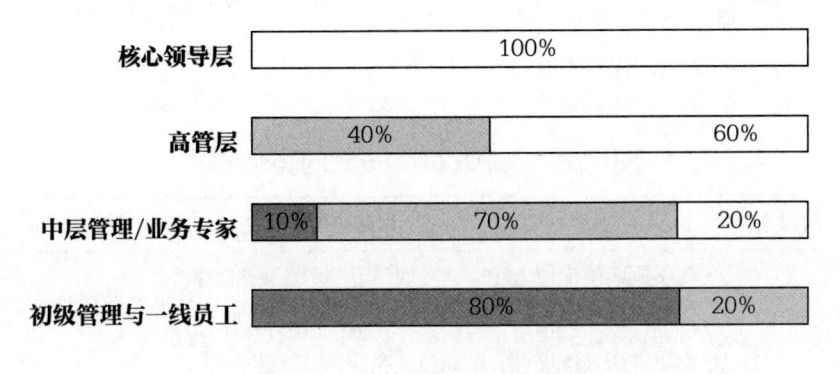

层级	深灰色	浅灰色	白色
核心领导层			100%
高管层		40%	60%
中层管理/业务专家	10%	70%	20%
初级管理与一线员工	80%		20%

图9-2-1 员工职业阶段分布图

核心领导层的人员变化通常会带来很大的动荡（对于上市公司尤其如此）。因此，大部分企业都倾向于从内部选拔核心领导层，这样可以从高管层当中选择业务能力突出，并且已经进入核心阶段的人来担当核心领导岗位。当企业不得不从外部聘请核心领导人员的时候，也会非常小心，确保外聘领导对企业的文化、价值观高度认同，尽快度过承担阶段。

在高层管理者层级，如果核心阶段的员工在60%以上，也就是其中大部分都高度认同并且愿意和企业持续发展下去，那么人员结构就处于一个比较稳定的状态。由于新业务的发展或者业务困境需要从外部引进新的高管时，这种氛围也有利于新加入的高管融入企业。

中层管理者和业务专家层级，大部分可能处于承担阶段，也可能有部分对企业高度认同，处于核心阶段的人员。在业务能力出色的前提下，他们是未来高管层的理想人选。企业应该保证核心阶段的员工不低于20%，但也不需要追求过高的比例。在中层管理人员和业务专家层级，引进处于承担阶段的新员工能有效引进新的新鲜血液、新的活力和技能储备。

绝大部分初级管理者和一线员工都处于发展阶段。通常有20%的人员已经在某个领域积累了相当的经验，具备了被提升到中层管理者或者业务专家岗位的能力，这就是一个理想的状态（因为这一层级的人员数量远大于中层和业务专家的数量）。

对于不同阶段的员工，企业可以采用不同的策略来帮助他们获得发展，并且很好地融入企业，见表9-2-2。

表9-2-2　企业对不同阶段员工的帮助策略

阶段	帮助策略
发展阶段	·在不同职能岗位上轮岗，发现自己愿意深耕的领域 ·与行业专家、资深人士建立导师关系，深入了解某种工作类型未来的职业状态。如果员工寻求职业转换，尽量提供内部机会 ·提供业务技能培训，帮助员工在该领域迅速成长
承担阶段	·建立明确任务目标：加入公司最重要的任务是干什么，完成某一项研究，或开辟一个新业务 ·有效展开交流和反馈：工作的进展给企业、承担阶段的管理者分别带来什么，是否按照预期的方向前进 ·对于能力胜任但文化不匹配的管理者制定好的退出路径，请他们协助招聘继任者，避免出现矛盾和业务动荡
核心阶段	·在高层领导间建立畅通的沟通机制和氛围，保证大家对目标、当前状况的认知一致 ·处于核心阶段的中层管理人员，保证其个人成长与企业的发展同步。尤其在企业经历变革的过程中，避免这样的员工产生被抛弃感

回到开篇的问题，是否招聘这位最有能力的候选人？现在我们明白，公司在招聘的是一个承担阶段的业务负责人。那么我们需要思考的问题是：企业需要这个候选人完成什么样的任务，以及候选人是否有能力和责任心完成这个任务？

如果在组建、管理这个新业务板块的过程中，候选人表现出优秀的能力，并且对企业产生高度的认可，过渡到核心阶段，自然是最理想的结果。如果能保证新业务有效建立、企业稳定地发展，负责人即使最终没有进入核心阶段，那么承担阶段的工作也是非常有价值的。毕竟招聘人的目的不是为了让他来了以后一直工作到退休。

如果企业发现在中高层的管理者当中，核心阶段的员工比例非常低，担心未来人员动荡太频繁，因而更希望能招聘稳定性高的员工。这种情况下，**企业应该关注的是企业文化，以及最高领导人的管理方式和领导力上存在的问题**，而不应该寄希望于通过企业招聘到"稳定性"高的员工来改变这种状况。

SUMMARY
总 结

- 不同的员工，他们所处的职业状态和在企业承担的作用通常都不一样。在不同层级，企业应该关注员工所处的阶段，而不是单纯看"稳定性"。
- 每一个对外招聘的人员（尤其是中高层领导）都是来解决某一个问题和需求的，而不是为了招聘他们来干到退休的。所以企业应该分析招聘到的人能否解决问题和需求，如果在解决完问题之后离开，是否能保证业务稳定地过渡。
- 在理想情况下，一个企业的最高领导，以及大部分中高层领导都应该处于核心阶段。
- 如果企业核心阶段的员工比例非常低，企业需要检讨在企业文化上，以及最高领导人的管理方式和领导力上可能存在的问题。

9.3 人员激励：什么比晋升和奖金更有效（人员激励模型）

通过本思考工具你将了解

- 员工努力工作的内部动机与外部动机的区别
- 为什么单纯的绩效和金钱激励难以起到长久的激励效果，并且难以提升员工对企业的认同感和忠诚度
- 如何设计有效的、个性化的激励制度
- 如何避免激励制度与企业期望的目标之间出现偏差

适合对象：各种类型的企业

一个金融企业的高层朋友曾咨询我除了奖金之外，还有什么办法可以更好地激励员工。因为他发现，有的人即使给予奖金激励，也并没有更加努力地工作；还有的人，可能就只考虑如何做好短期业绩，拿到更高的奖金。而那些因为金钱回报来这个公司，因为奖金激励而努力工作的人，如果遇到更高报酬的工作机会，更有可能立即离开。所以如何找到金钱因素之外的奖励，是一个令人头疼的问题。

谈到激励，大部分企业想到的就是"胡萝卜加大棒"。设立明确的业绩目标，做得好的，加奖金、升职；做得不好的扣绩效，甚至降级、辞退。这种简单、粗暴的激励方式在工业化时代或许有效，但是在今天，尤其是对脑力劳动者则难以起到积极、长久的效果。那么如何能做得更好？我们可以通过图9-3-1的三个步骤来完善人员激励的方法。

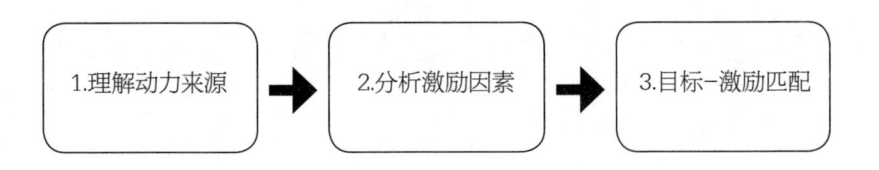

```
1.理解动力来源  →  2.分析激励因素  →  3.目标-激励匹配
```

图9-3-1　有效人员激励的三个步骤

1. 理解动力来源（Motivation）

要想做好激励制度，首先需要理解人们努力工作的动力来源。通过多年的管理实践，人们总结出努力工作的人的两种不同动力来源（动机）：

• 外部动机（Extrinsic Motivation）：外部动机来自人们对所从事的工作本身之外得到的回报。最常见的外部动机包括：金钱的奖励、更高的职位和更好的办公环境等。这种类型的动机，适用于几乎任何行业、任何岗位的工作，与工作本身的相关性不大。

• 内部动机（Intrinsic Motivation）：内部动机指的是人们直接从事某种事情所获得的愉悦感。包括人们对活动本身的兴趣，活动带来的挑战、成长和认可。这种类型的动机并不适用于所有的岗位，这与工作者本身的兴趣与价值观，以及工作本身的内容息息相关。

我们看到，大部分企业实行的激励方式都是针对员工的外部动机，利用胡萝卜加大棒。如果将关注点转移到内部动机，反而能够发现更为有效的方式。这里我们可以使用图9-3-2的模型来找到适合内部动机的激励方式。

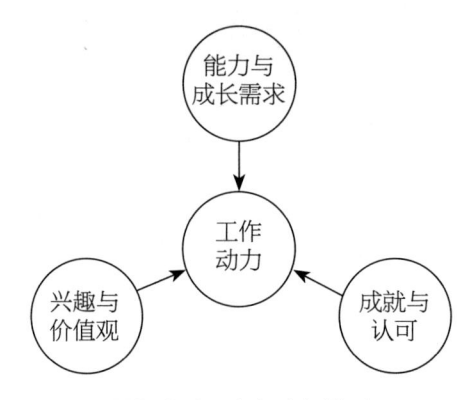

图9-3-2　内部动机模型

对核心岗位的人员，可以对其兴趣与价值观、能力与成长需求、希望取得的成就与认可进行深入的沟通了解。之后，除了公司统一的激励制度（通常针对外部动机），对这些核心岗位的人员就可以设计个性化与针对性的激励方式，比如：

- 让员工参与到工作目标的制定；
- 允许员工自主安排工作内容，在保证工作目标的情况下提供自主性；
- 提供内外部学习机会，满足员工的成长需求；
- 达到一定的业绩与能力指标后允许岗位转换；
- 给予新的权限和工作挑战，让员工获取成就感。

2. 分析激励因素（Incentives）

结合这两种动机类型的分析，人们进一步研究企业能够提供给员工的激励因素：

- 内部动力因素（Intrinsic Motivators）：能够给员工带来内部动机的因素，比如工作本身所具有的挑战性、工作的社会意义等。
- 卫生因素（Hygiene Factors）：意思可以理解为，好比一个地方如果环境不卫生，你会极其难受，希望立刻离开。但如果这个地方非常卫生，你也不太可能因此而非常喜欢这个地方（也有翻译为保健因素）。

图9-3-3中的10个数据截取自管理学家亨茨伯格教授（F. Herzberg）对3000多个引发员工对工作产生满意度和不满意度的案例研究[2]。

我们看到，横线上方的5个因素，都是容易带来工作极度满意的因素，而这些因素都属于内部动力因素。横线下方的5个因素则是完全相反的，容易引起员工对工作的极度不满，很少能让员工因此对工作极度满意，其中尤其以行政制度最为突出。糟糕的行政制度可能把员工逼疯，而行政制度即使再好，也很难让员工因此而爱上公司。

（备注：很少比例的人因为工资而对工作极度满意，因为企业通常不可能付给员工远高于其价值的工资待遇。而当工资与自己的能力相匹配时，员工会认为这是合理工资水平，并不会因此而对工作极度满意）

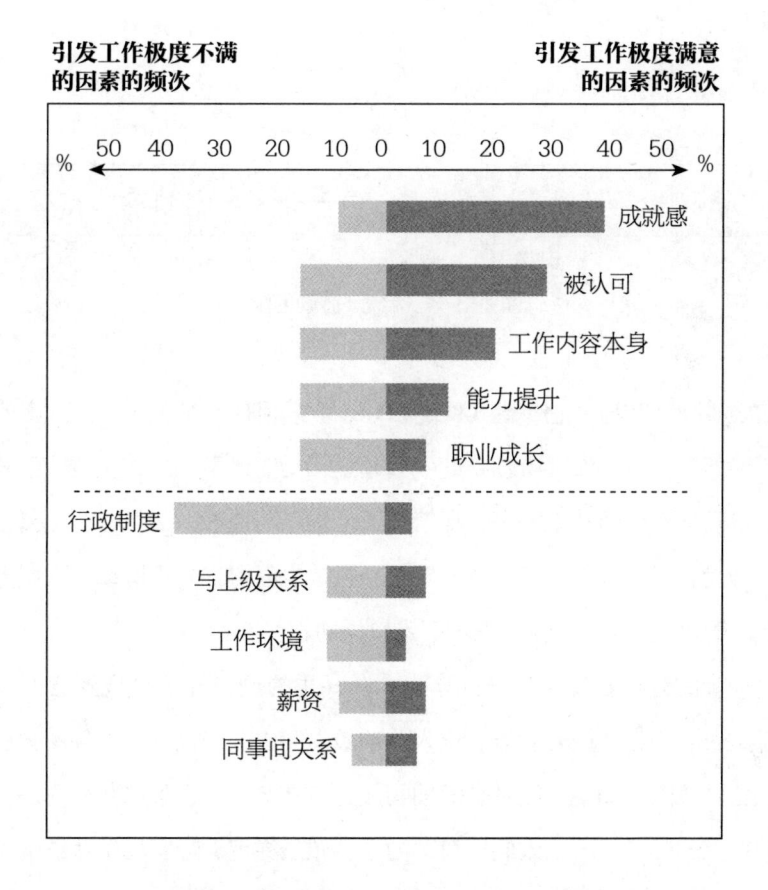

图9-3-3 工作满意、不满意的影响因素研究

图9-3-3给了我们一个很重要的启示，要想留住并且激励优秀的员工，除了创造好处（给予认可、成长的机会等），还需要避免不好（糟糕的行政制度、工作环境、同事关系等）。而后面这些卫生因素，并不需要做到极致，只需要避免员工因此产生不满即可，当企业有额外资源的时候，应该用于提升员工的内部动力因素。对此，企业可以从员工成就感、被认可、学习与成长等角度提供激励。

3. 目标-激励匹配（Alignment）

当企业理解了员工动力来源后，好的激励制度能正向匹配企业所期望的业绩目标和员工的动力来源（图9-3-4）。

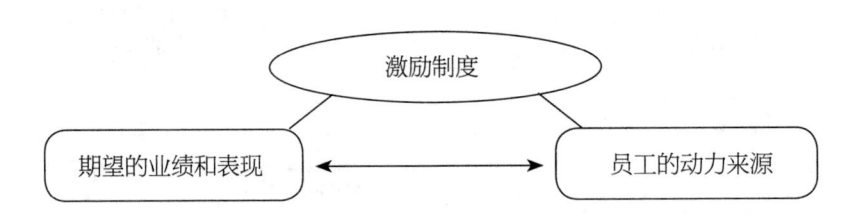

图9-3-4　目标-激励匹配

如果激励制度与企业希望实现的目标（业绩目标、员工行为方式上的目标等）不能匹配一致，那么激励制度就会起到相反的效果。比如，企业鼓励协作精神，鼓励创新，而几年下来，尽管公司付出不断地努力和倡导，但是创新与协作精神没有任何改善，新业务的增长一直缺少亮点，公司里每个人都是努力提升自己的业绩指标，跨部门的项目难以推动。

进一步的分析发现，过去几年来，公司里得到晋升或提拔到管理岗位的人，都是一心一意做核心业务、个人业绩最为突出的个人。各种创新尝试，尽管面临各种风险，如果不能带来短期明显的业绩增长，也难以获得更多资源投入和绩效上的奖励。所以人们只有动力埋头做最稳定、最容易出业绩的工作。企业的激励制度和激励案例，并不能鼓励员工的行为向企业期望的方向靠拢。

SUMMARY
总 结

☐ 胡萝卜加大棒是非常初级、只在一定程度内有效的激励方式。

☐ 单纯的绩效与金钱激励难以培养员工对企业的价值认同感和长久凝聚力。

☐ 有效的激励来自员工的内部驱动力，除了公司层面的激励制度，提供个性化的激励方式有助于留住核心岗位的优秀人才。企业可以从员工成就感、被认可、学习与成长等角度提供激励。

☐ 不合理的行政制度等卫生因素（Hygiene Factors）很可能赶走最优秀的人。

☐ 激励制度与企业期望的业绩表现必须前后一致。不一致的激励制度会鼓励员工向相反的方向行动。

9.4 人员发展：如何让企业真正助力员工发展（员工发展三要素模型）

通过本思考工具你将了解

·如何建立有效的员工发展计划

·如何判断一个企业里的员工是否具有成长动力，处于管理岗位的人是否注重下属的发展，以及企业里面是否有支持员工发展的氛围和资源

·管理人员如何有效地帮助下属员工获得职业成长

适合对象：各种类型的企业

很多企业在制订人员发展计划的时候都是从活动开始，对外自豪地展示"我们有什么样的员工发展项目，有什么样的培训课程，有怎么样的讲师团队……"

这种思路背后的逻辑是员工培养就像一条流水线，把他们放到一个个的加工、培养的工序中，出来以后就成了更具有生产力的产品。

人员发展计划的起点不是培训活动和资源，而是人。如果只注重建立起来一个个培训项目，就期望员工得到成长和发展，则是本末倒置。

有效的人员发展离不开三个核心要素（图9-4-1）：

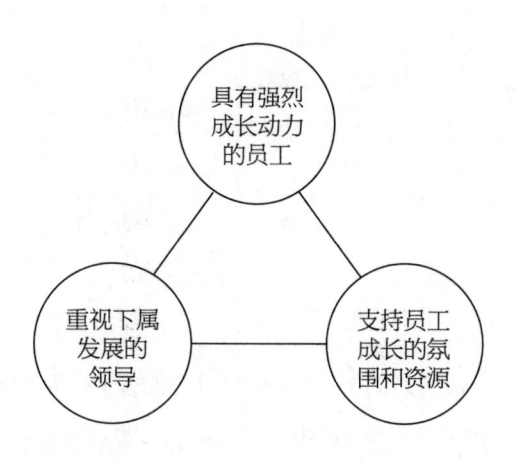

图9-4-1　人员发展的三要素模型

这三个要素里面，只有最后一点，培训资源是看得见、摸得着的（氛围则很难衡量）。所以只有第三点中的一部分是最先建立起来的，而前面两点则常常被忽视。

那么企业里员工是否具有成长动力？处于管理岗位的人是否注重下属的发展？企业里面是否有支持员工发展的氛围和资源？我们可以通过表9-4-1来逐一评估：

表9-4-1　员工发展要素的检验方法

元素	检查方法
具有成长动力的员工	·企业招聘的是否都是不断提升自己、主动学习的A类人才？（参考本书第九章《德鲁克最推崇的企业家如何管理人才》） ·是否会因为长久地从事某种工作，员工出现安于现状、拒绝变化和成长的状况？
重视下属发展的领导	·处于管理岗位的人是否只注重自己业绩的达成，忽视下属员工的成长？ ·是否某些员工明显胜任当前的工作，但是2年甚至更久一直做着同样的工作，领导没有给他/她任何成长机会？ ·过去几年当中，是否存在某个管理者的下属没有任何能力提升的情况？ ·是否有优秀的员工因为工作没有挑战性、得不到发展机会而离开公司？

续表

元素	检查方法
支持员工成长的氛围和资源	·当某些部门负责人只注重业绩、忽视员工成长时，人力资源部门是否有责任和权限进行提醒和干预？ ·是否有管理者因为帮助下属成长而得到公司层面的奖励？ ·是否开设有针对员工发展的培训项目，以及导师制度等支持体系？

第一点，具有成长动力的员工。除了在招聘过程中保证招聘的人具有不断提升自我的动力，在员工入职以后也需要时刻跟踪是否变得懈怠、不求上进。

第二点，重视下属发展的领导。这一点是很多企业所忽视的问题。企业常常因为一个人的业绩表现而给予提拔晋升，很少关注被提拔的人是否有帮助下属成长。有了这样的例子以后，其他希望晋升的管理者自然会埋头于自己业绩目标的达成，无心关注下属员工的成长。殊不知，管理者的核心职能是通过他人创造成果，忽视下属发展是只注重短期业绩而伤害团队长远发展的行为。当企业里面有管理者存在这样的心态的时候，就需要人事部门或者更高层的领导进行干预。这就涉及下面一个要素。

第三点，支持员工成长的氛围。员工发展不只是其上级领导的责任，也是企业的责任。当某个团队的负责人只注重业绩的达成、忽视员工成长时，人事部门需要有责任和权限对负责人给予提醒。将下属员工发展作为管理者的任务和绩效指标的一部分，对有效帮助员工发展的管理者设立公司层面的奖励，通过一系列措施才能建立起注重员工成长的氛围。

当上述三个核心要素都具备的时候，我们就可以设计有效的员工发展计划。一个出色的人员发展计划是围绕个人展开，针对每个人设计不同的安排；而不是围绕活动展开，将不同的人分配到一个个培训课程或者拓展训练当中去。

我们看一个员工发展计划的图例（图9-4-2）。

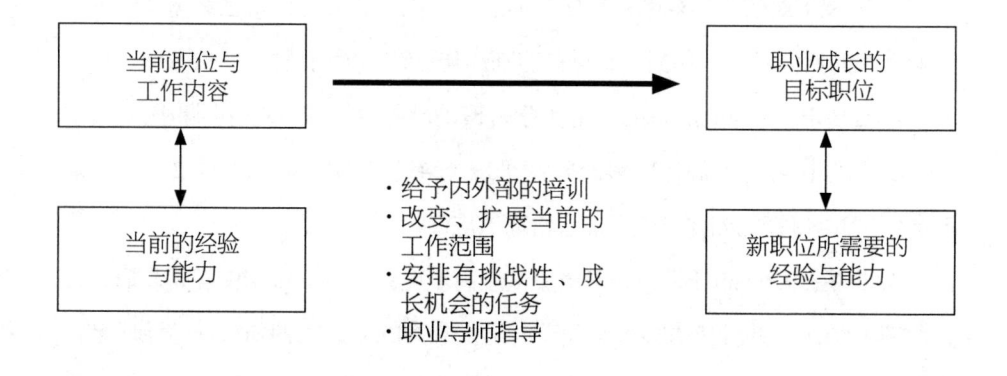

```
┌─────────────┐                              ┌─────────────┐
│ 当前职位与  │ ──────────────────────────→ │ 职业成长的  │
│  工作内容   │                              │  目标职位   │
└─────────────┘                              └─────────────┘
      ↕          ·给予内外部的培训                    ↕
┌─────────────┐  ·改变、扩展当前的           ┌─────────────┐
│ 当前的经验  │   工作范围                   │新职位所需要的│
│   与能力    │  ·安排有挑战性、成           │  经验与能力  │
└─────────────┘   长机会的任务               └─────────────┘
                 ·职业导师指导
```

图9-4-2　员工发展计划举例

设计人员发展计划分为4个步骤：

1. 根据员工目前的工作和表现，评估员工当前的经验、能力，以及所能胜任的工作范围。

2. 根据员工个人的成长目标和企业的业务方向，定下来1~3年内员工希望达成的职业成长目标，包括工作岗位、内容、职级。

3. 根据新职位所需要的经验与能力，评估员工当下的能力鸿沟。

4. 针对这个能力鸿沟设计发展活动，并且每半年左右进行一次评估分析。

关于第四步，员工的发展活动，除了公司内部和外部的培训活动，还有很多可能更加有效的方式可供选择。比如改变、扩展员工的工作范围；根据需要培养的技能，给员工针对性并且具有挑战性的任务，帮助他/她获得相关经验；在公司里安排该领域的专家对其进行指导；等等。

在此我们看一个实例。

M员工在一家公司担任某个部门总监业务助理的角色，其工作职责是帮助部门总监收集各个业务团队数据、处理项目流程的后台审批和汇报跟进。对这块工作已经熟练掌握，未来M希望能转到业务岗位，并且向上级提出了需求。鉴于M目前并不具备成为业务人员的经验和能力，并且部门总监需要M继续处理数据收集与汇报等工作，M的领导做出了如下安排：

1. **扩展下属的工作范围**：在M目前的工作内容之外，让M也参与部门下一条业务线的招商工作，包括招商材料的制作与更新，招商目标企业的分析。

2. **提供培训**：鼓励M参加企业大学开设的商务沟通与谈判培训课程。

3. **导师指导**：每周让M跟商务经理J一起参加一次供应商沟通会议，并请商务经理J给M介绍如何有效评估、管理供应商。

4. **提供挑战性的任务**：让M负责供应商年度会议的安排、供应商邀请、会议材料的制作，并且负责会议当天某一组供应商的业务回顾与讨论。让M全权负责一个项目的执行，并提供M和供应商直接打交道的机会。

通过分析M员工的能力鸿沟，从4个方面设计了发展其相应能力的路径。经过半年到一年的训练和评估，当M获得足够的商务经验和能力之后，就可以让其转入业务团队，同时选择一名员工接替其业务助理的角色。

SUMMARY
总 结

☐ 有效的员工发展需要三个要素，企业常常建立了培训项目和课程，就认为有了好的员工发展体系，而忽视了对领导关注员工发展、重视个人成长的氛围等因素。

☐ 当某个团队的负责人只注重业绩的达成、忽视员工成长时，人事部门需要有责任和权限对负责人给予提醒。

☐ 将下属员工的发展作为管理者的任务和绩效指标的一部分，对有效帮助员工发展的管理者给予奖励，才能在企业建立注重员工成长的氛围。

☐ 除了提供培训，还有改变、扩展工作范围，提供具有挑战性的任务，安排导师帮助等多种方式帮助员工成长。

第三部分 人才培养与组织发展

Part 3 People & Organisation Development

第十章 突破领导的瓶颈

10.1 如何选拔真正具有领导潜质的人才（4E领导力模型）

通过本思考工具你将了解

· 为什么不能只根据业绩表现来选拔部门或企业的领导人

· 卓越的领导人都具有哪些共同的特质

· 如何借鉴通用电气（GE）等一流企业选拔、培养领导人的经验，找到最具领导潜质的未来领袖

· 如何借鉴这些经验提升自己的领导能力

适合对象：各种类型的企业

通用电气公司（GE）长期以来被认为是最擅长培养商业领袖的企业。WPP集团的前CEO苏铭天（Sir Martin Sorrell）提到[1]，通用电气的前董事长杰克·韦尔奇（Jack Welch）曾自豪地对他说："我手下有300个人，300个出色的人。当公司旗下任何一个业务单元出现问题的时候，我派其中一个人过去，就能解决问题。" 通用电气公司不仅为自己的各个子公司或者业务单

209

元培养了出色的领袖，而且众多世界500强企业的最高领导人都来自通用电气公司。

在识别、培养优秀的领导者方面，通用电气公司提出了4E领导力模型。杰克·韦尔奇在职的时候，曾在《华尔街日报》的专栏中通过4E领导力模型来分析美国总统候选人的领导能力。4E领导力模型是4个以E开头的英文字母[2]：

- Energy：充满活力；
- Energize：能赋予他人活力；
- Edge：锐意进取；
- Execute：有效执行。

这4种特质是相互关联的（图10-1-1）。充满活力、有干劲，才能激发出他人的活力，让整个团队有活力，团队才能锐意进取，持续地创造出色业绩。

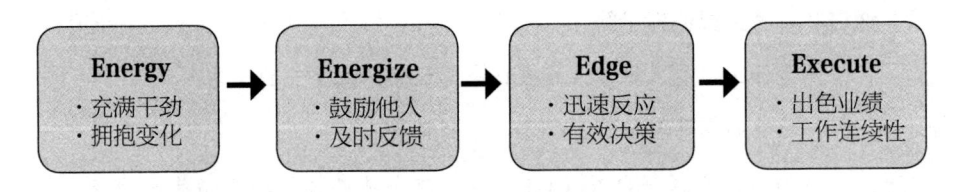

```
┌─────────────┐    ┌─────────────┐    ┌─────────────┐    ┌─────────────┐
│   Energy    │    │  Energize   │    │    Edge     │    │   Execute   │
│ ·充满干劲    │ →  │ ·鼓励他人   │ →  │ ·迅速反应   │ →  │ ·出色业绩   │
│ ·拥抱变化    │    │ ·及时反馈   │    │ ·有效决策   │    │ ·工作连续性 │
└─────────────┘    └─────────────┘    └─────────────┘    └─────────────┘
```

图10-1-1　4E领导力模型

人们习惯通过最终的业绩（第四点有效执行）来评判他人。但是在挑选领导者的时候一定要从上面四个层面综合来考虑。如果一个领导人仅仅是自己有干劲，通过自己的才智、勤奋和努力创造出出色的业绩，而没有在过程中赋予他人活力，一同锐意进取，那么当他被提升到更高的岗位、拥有更大的职责时必然会疲于应付。所以在此，我们需要区分"业务能手"和"出色领导"这两个不同的角色。业务能手是自己能够达成出色业绩，而优秀领导需要赋予他人能量，一同创造出色的业绩。

上述这4个E开头的词汇比较抽象。我们可以通过下面这些具体的维度来衡量人们在各个E层面的水平。

1.充满活力可以通过下面4个维度来衡量：充满干劲；拥抱变化；能够积极地反对扼杀创造力的罪魁祸首，官僚主义；此外能够积极放弃，集中精力到最有价值的工作上。

表10-1-1 充满活力的衡量维度

层面	描述	是否符合		
1.充满干劲	对每一天的工作充满干劲，时刻思考，乐于谈论	非常符合	比较符合	不符合
2.拥抱变化	认为工作中的变化是机遇而不是威胁，积极寻找变化	非常符合	比较符合	不符合
3.化繁为简	反对复杂、臃肿的官僚主义，敢于删掉陈旧的审批程序，精简无意义的例行会议，消除跨部门沟通的边界和障碍	非常符合	比较符合	不符合
4.合理放弃	放弃不必要的业务、项目或日常工作内容，集中精力到最有价值的工作上	非常符合	比较符合	不符合

这里的拥抱变化指的是，不仅自己积极面对变化，充分利用变化带来的机遇，而且会向团队传递"变化永远不会结束"的思路，避免团队出现僵化思维。化繁为简，指敢于对企业现有的繁文缛节发起挑战，精简决策流程，提升企业的反应速度。

2.激发活力可以通过下面4个维度来衡量，见表10-1-2：

表10-1-2 激发活力的衡量维度

层面	描述	是否符合		
1.传播愿景	让团队每个人对目标都有清晰、明确的认识	非常符合	比较符合	不符合
2.鼓励创新	鼓励他人提出创意并提供交流新想法的平台，让他人相信自己的智慧能为企业做出贡献	非常符合	比较符合	不符合

续表

层面	描述	是否符合		
3.双向沟通	经常性地与团队成员进行互动性、氛围轻松的对话，而不是等到分配任务或者出现问题时才展开对话	非常符合	比较符合	不符合
4.及时反馈	对下属的表现、新的想法及时反馈，并建立有效的奖励机制	非常符合	比较符合	不符合

激发他人活力是成为优秀领导的关键。好的领导者具备造就他人的能力，而失败的领导者会让身边的人认为自己只是来干活的，而不是用自己的智慧为企业做出贡献。我见过某些大型企业的部门领导人在给HR部门提招聘需求的时候说："别给我找想法太多的人，我只要具有××经验、能听话、好好干活的人。"在这样的部门当中，团队成员的活力和创新精神可想而知。

双向的互动性沟通也是有效领导团队的关键。领导人不能只在一年一度的业绩回顾上才展开这样的沟通，也不能只在发布任务，或者业务上出现问题时才找下属问话。这样的情况下，当下属接到领导的电话（或其他即时通信工具）时，首先内心会一阵紧张："又遇到什么麻烦了"，而且当下属遇到问题和麻烦的时候，也不会太情愿主动和领导沟通。所以领导人需要经常展开轻松的对话，鼓励下属展开互动性的双向沟通（参看本书第十章中《从卓越的领导者身上学什么》章节的内容）。

3.锐意进取可以通过下面4个维度来衡量，见表10-1-3：

表10-1-3　锐意进取的衡量维度

层面	描述	是否符合		
1.前瞻准备	总能发现新的市场和机会，并且做好了准备	非常符合	比较符合	不符合
2.迅速反应	形势发生变化时能立即重新安排好团队的工作和自己的工作议程	非常符合	比较符合	不符合

续表

层面	描述	是否符合		
3.清理后腿	把不称职的人清理出公司,并且给团队里的A类人才足够的激励并提拔他们	非常符合	比较符合	不符合
4.鼓励冒险	鼓励下属冒险,在进展不如预期顺利时仍给予一些肯定性的反馈意见,而不只是责备	非常符合	比较符合	不符合

锐意进取的领导人对于风险和机会都能提前做好准备工作。同时能不断优化团队,清理不合格的人员,对于最优秀的A类人才,能主动给他们加薪,给予可观的优先认股权,提拔到更高职位。锐意进取的领导人不会面临某些人离开之后才意识到他多么重要的窘境。

除此之外,他们敢于冒险尝试,并且鼓励团队冒险。在进展不顺利的时候能自己承担责任,给予下属建设性的反馈。如果对下属仅仅是批评责备,那么团队将迅速失去进取精神。

4.有效执行可以通过下面4个维度来衡量,见表10-1-4:

表10-1-4 有效执行的衡量维度

层面	描述	是否符合		
1.市场敏锐	对市场竞争有充分的研究和准备。(见下面四个问题,是否能迅速给出答案)	非常符合	比较符合	不符合
2.持续成果	会有偶尔的低谷,但是能相对持续地创造出色业绩	非常符合	比较符合	不符合
3.创造环境	重视执行效率,积极寻找执行不力的原因并且改进	非常符合	比较符合	不符合
4.发起挑战	不是等待被分配任务,而是主动发起挑战,承担更高的目标要求	非常符合	比较符合	不符合

有效执行的领导者对市场竞争状况具有敏锐的判断力,并且能积极应对。

对下面四个问题，他们能迅速给出答案：

1. 现有竞争：你面临怎样的竞争环境，最近三年来你的竞争对手都做了些什么？

2. 潜在威胁：有哪些新的技术革新或者潜在竞争对手在未来三年会给我们带来威胁？

3. 竞争准备：面对竞争对手和潜在的威胁，过去一年来你针对他们做了些什么？

4. 取胜策略：你用什么样的策略和手段来与他们竞争，建立优势？

这样的领导人时刻关注着市场的动向，他们不会等待被分配任务，而是主动创造机会，持续性地创造出色的业绩，并且能在团队中建立起"注重成果"的氛围。

以上就是4E领导力模型中4个维度的详细解读。对此可以一共分成16个问题。我们可以做成一个简单的测试：评估一个人的领导能力时，对于上面每个问题，非常符合等于2分，比较符合等于1分，不符合等于0分。16个层面的得分汇总，如果在24分以上，将是非常出色的领导人。

除此之外，4E领导力模型也可以作为管理人员培养领导力的有效工具。鼓励自己向每一个层面上的特质靠拢，不仅让自己充满活力，并且培养出有效执行、锐意进取的团队。

SUMMARY
总 结

☐ 企业在挑选担任领导岗位的人选时，不能仅看一个人的业务能力或者过去几年的业绩表现（好的业绩可能仅仅是因为过去几年整体市场的势头良好，而非个人的业务水平与管理能力）。

☐ 领导者在组织中的贡献不是取决于个人直接创造的价值，而是他激发整个团队创造出的成果。因此需要从4E模型中的4个维度来综合考察，找到真正能够领导团队前进的人。

☐ 4E领导力模型也是管理人员培养领导力的有效工具。管理者向4E中的每一个特质靠拢，可以帮助自己成为更加高效、卓越的领导者。

10.2 从卓越的领导者身上学什么（高效领导者行为模型）

通过本思考工具你将了解

- 最优秀的领导人如何分配自己的时间
- 他们用什么样的方式与他人沟通
- 他们如何推动重大的项目或者变革
- 管理者如何让自己变得更加高效

适合对象：各种类型的企业

领导者不同于业务专家，只需要盯着某类业务即可，而是需要关注企业（或某个部门）的整体的运营并全面地把控。在每天的领导工作中哪些是无效的行为？我们能从世界上最成功的领导者身上学到什么？他们与普通的领导者在日常管理行为上有何不同？

对此，我们可以通过高效领导者行为模型（CBAI Model）来寻找答案。通过这个模型提出的一些原则也许不适合所有类型的企业，但是在绝大多数情况下对领导者可以提供有效的指导。

开发这个模型的原始数据源于哈佛商学院和伦敦商学院对领导力的研究，以及笔者在国内外企业、非营利机构工作期间对不同领导者的行为分析。这些研究关注了数十位大型商业和非营利机构中成功的总裁、总经理、CEO级别的领导者，跟踪他们每日的管理行为，并分析具有共性的特征。这些领导者行为最显著的特征是[3]：

- **他们绝大多数的工作时间，通常75%以上（有的甚至高达90%）都是与他人在一起**，很少的时间是独自一人工作（少于25%），而这部分时间通常是在飞机上或参与各种会议的路上。

• **在每天的沟通当中，他们极少发号施令**，告诉人们应该做什么。而是不断尝试影响他人，比如询问、说服甚至威慑。

• **他们在谈话中会提出大大小小各种问题**，有可能与下属的一次沟通中就提出近百个问题。

• 他们会利用很多碎片时间与他人进行简短、**不连贯的交流**，除了讨论工作，也会涉及一些与工作无关的话题，比如子女、运动爱好、健康状况等。

以上这些特征与人们头脑中高层领导的形象可能相距甚远（就事论事、不苟言笑、发号施令等）。

高层领导者的工作没有固定的流程和范围，而是面临着很高的复杂性和不确定性。在应对这种复杂性和不确定性的过程中，我们看到领导者通常会将他的时间和精力用于四种类型的工作（分别以C、B、A、I四个字母开头，见图10-2-1）：

• Collect Information：收集信息；
• Build Network：建立网络；
• Accomplish Agenda：推动议程；
• Influence & Change：影响与变革。

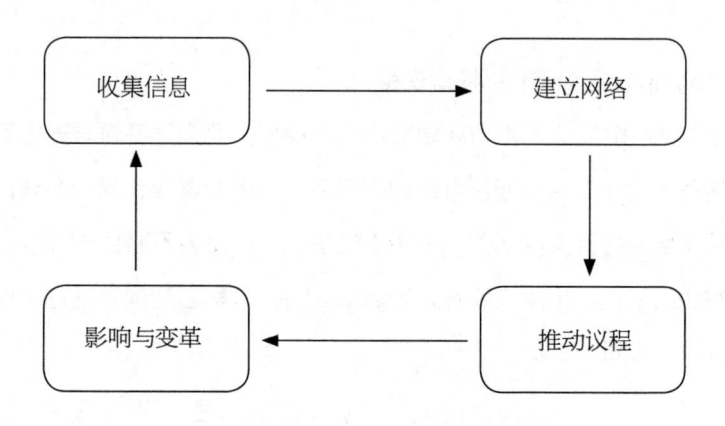

图10-2-1　CBAI领导者行为模型

1. Collect Information：收集信息

如前面所描述，领导者与他人在一起的时候会提出大量的问题，从不同方面收集信息，以此来了解业务进展的全貌。在这个过程中，领导者是很少发号施令的。发布指令表明领导者已经做出决策。如果决策太多，说明领导者要么决策太过随意，要么管理得事无巨细，让下属疲于应付。

在各种日常的沟通工作中，除了为工作进展收集信息，他们也利用沟通机会加强对下属成员的了解，从中发现值得提拔的高潜力人才。

2. Build Network：建立网络

领导者所建立的网络不仅包含他的直接下属，还包括他的上级（或者董事会），客户和供应商等外部伙伴，政府相关部门，还有非直接领导的部门，以及下属的下属，等等。当公司的规模越大，则会有越多的项目需要内外部、跨层级的协作才能完成。而公司里面的信息流，并不会都沿着正式的组织结构图来流通。因此领导者需要建立非正式的、更紧密的网络关系。领导者在很多碎片化的沟通中也会与他人谈到和工作无关的话题，这是建立互动式的沟通方式的有效手段，同时也是鼓励上级和下属、外部伙伴更主动地与自己分享信息，尤其是不好的消息。如果领导者习惯发号施令、训斥惩罚，那么下属将难以与其建立有效沟通的网络关系。

3. Accomplish Agenda：推动议程

业务专家可能凭一己之力就做成出色的业绩，而领导者面对的任务很少是一人就能完成，往往需要通过自己的网络来推动重要议程。我们看到，领导者在与关系网络中各种人沟通时，很少下达指令，但是会不断通过说服、解释等方式影响他人。在一个重大议程开始启动之前，领导者就能先通过这种影响他人的方式建立认同感。

4. Influence & Change：影响与变革

最后一类行为就是通过影响来推动组织的变革。每一个商业目标都可以拆解成一个个议程，逐个推进这些议程。但是当企业的核心业务方向、管理制度、企业文化氛围出现重大问题的时候，领导人需要推动组织的变革，帮助企业重新找到活力。

在这个过程中，领导人不仅要盯着短期的商业目标，还需要关注企业外部、内部的环境变化：

（1）是否有颠覆性的技术产生，以至于企业当前的核心业务在未来几年变得没有价值？

（2）是否企业的愿景、价值观与公司的激励制度出现不一致？

（3）企业是否在逐渐地失去活力和创造力？

（4）现有的组织架构、企业文化（对人才培养、技术积累的态度）是否可能限制企业的长远发展？

以上这些问题的发现、解决，需要领导者全面综合之前的三类工作——收集信息，发现潜在问题，建立网络以更有效地推动议程，帮助企业实现变革。

你是一个优秀、高效的领导人吗？不妨让身边的人跟踪记录一下你的日常行为：

- 每天多少比例的工作时间在埋头做事？多少时间在与人沟通？
- 每次沟通发出多少个指示？提出多少个问题？

同时审视一下自己的各种行为习惯更符合哪一种：

- 与人互动vs独自作业；
- 发布指示vs影响说服；
- 注重权威和组织结构vs广泛、多层面建立联系；
- 只谈工作vs利用碎片时间多重沟通。

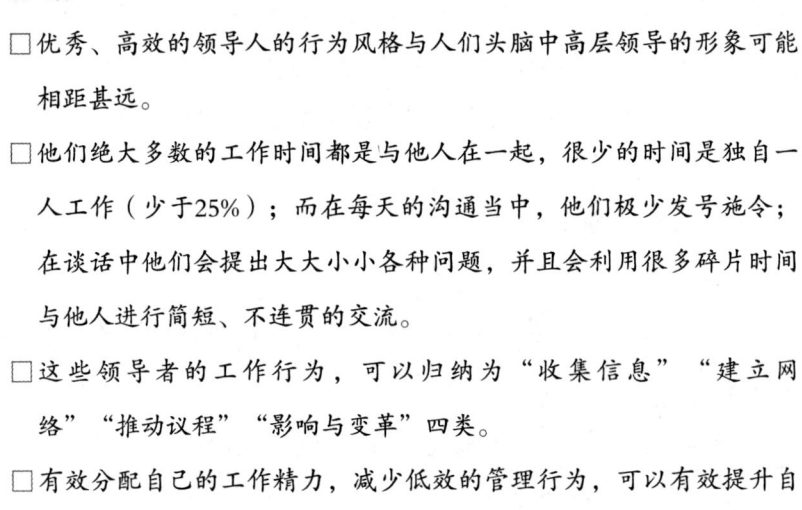

SUMMARY
总 结

- [ ] 优秀、高效的领导人的行为风格与人们头脑中高层领导的形象可能相距甚远。

- [ ] 他们绝大多数的工作时间都是与他人在一起,很少的时间是独自一人工作（少于25%）；而在每天的沟通当中,他们极少发号施令；在谈话中他们会提出大大小小各种问题,并且会利用很多碎片时间与他人进行简短、不连贯的交流。

- [ ] 这些领导者的工作行为,可以归纳为"收集信息""建立网络""推动议程""影响与变革"四类。

- [ ] 有效分配自己的工作精力,减少低效的管理行为,可以有效提升自己的领导能力。

第十一章　引领组织发展与变革

11.1　如何设定合理的增长目标（业绩目标设定法）

通过本思考方法你将了解

- 如何避免盲目、拍脑袋式的决定业绩目标
- 为什么高目标不一定能带来高产出
- 没有历史数据做参考的时候，初创企业如何设定业绩目标
- 如何有效地将公司整体业绩目标拆解成各个部门、团队的目标

适合对象：各种类型的企业

设定业绩目标是一个令领导人头疼的问题，如果定得太低，团队容易达成，则不会全力以赴。如果定得太高，则可能让团队望而生畏，丧失积极性。

常常听人们说"以100分为目标，即使最后没达成，也至少能达到80分；如果以70分为目标，最后可能都不及格"。因此，不少企业信奉（并且只看到）高目标，用近乎拍脑袋的办法设立了团队不可能完成的数字。最后**团队将全部精力都放在如何降价促销上，无暇顾及产品研发、供应链的改造、品牌升**

级等工作。最终短期的奇迹没有发生，企业的长远发展也受到影响。

所以一个让人满意的业绩，绝不仅是靠一个目标数字就能实现的，它离不开相应的资源投入及有效的人员激励制度。而设立业绩目标也不等于喊口号，说出来主观想要的结果即可。如何避免领导人盲目拍脑袋？我们需要科学、合理地设立业绩目标，有以下三种方法供大家选择。

1. 趋势分析法

这是相对最常见的目标设定方法。根据行业整体增长的预测，以及公司过去2~3年的增长速度，综合判断下一年度最有可能实现的增长率，从而制定企业的业绩目标。

比如某个高速增长的行业，过去2年来行业的整体增长率都达到100%，市场预计下一年增长率会略微下降到70%。公司过去两年的增长速度都超过了行业增长速度，都达到200%，是行业增速的两倍。那么公司初步可以定下来，下一年增长目标也达到行业的两倍，也就是140%。之后根据自身的情况（融资情况、市场费用的预算、新产品投放计划等）进行微调，确定最后的业绩目标。

如果公司的业务包含多种不同的产品线（或不同的行业），则每个产品线通过上面的方式制定出增长目标，然后汇总成公司的总目标。

这种方法能做出相对准确的预测，增长目标的制定也有据可循。但缺陷是，当行业数据和行业增速预测的数据难以获得时，或者企业刚刚成立不久、缺少历史对比数据时，这个方法就不太适合使用。这种情况下，我们可以尝试下面的两种方法。

2. 概率预测法

首先，企业领导与核心部门的负责人一起**预估100%确定能够完成的业绩目标最大值**，即目标值下限。也就是这个目标是完全有信心可以实现的，而一旦设立高于这个目标，实现的概率就会低于100%。

第二步，预估一个企业完全**不可能实现的最低目标值，即目标值上限**。也就是说，低于这个目标值时，还有可能实现（哪怕非常小的概率）；高于这个目标值，则完全不可能实现。

第三步，根据上面两个数值，**设立一个完成概率，计算出目标值**。

我们看一个实际运用的例子：某公司研发了一系列畅销产品，成立第一年销售额2500万元。在制定第二年的销售目标的时候，没有公司历史增长率的参考，也缺少行业数据。于是公司根据各个渠道合作伙伴的反馈，预估明年实现销售4000万元的目标没有任何问题，实现4000万以上的销售额则不是100%确定。因此4000万就是目标的下限。

接下来预估销售目标的上限。业务团队分析，在所有条件都最理想的情况下，再加上运气，可能冲到7000万，超过7000万则是完全不可能的。

现在确定4000万是100%可以完成的，7000万为完成概率接近0%的目标。在这两个数据之间，公司可以选择具有50%完成概率的金额作为下一年的业绩目标，也就是4000万到7000万之间的中间值，5500万（这里假设完成难度与目标金额呈线性关系），见图11-1-1。

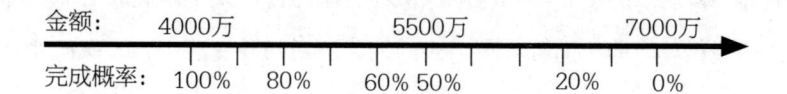

```
金额：        4000万          5500万          7000万
              ├──┬──┬──┬──┬──┬──┬──┬──→
完成概率：    100% 80%    60% 50%      20%     0%
```

图11-1-1　不同完成概率下的业绩目标

如果公司选择具有60%完成概率的目标，那么在4000万到7000万之间选取四六开的数值，5200万元作为目标。[计算方法为4000+40%（7000-4000）=5200]

通常，选取一个完成概率50%的目标就算**"跳一跳能够实现的目标"**，如果选择一个完成概率低于30%的目标，容易对团队带来"感觉不可能完成，最终反而失去动力"的消极影响。人们更喜欢突破，而不是不达标。

3. 目标推算法

这种方法较少考虑能实现增长的内外部条件，而是根据公司需要达到的营收金额之外的某些目标设立业绩目标。比如公司要在未来两年内成为市场占有率前三的企业，然后根据占有率目标推算出接下来两年的销售额增长目标，或者为了公司的股价增长而设定一个相应的业绩指标（尽管这种方式常常受到批评，被认为是伤害公司长远利益的做法，但仍非常常见）。具体操作有两种方式：

（1）根据战略性目标（比如市场占有率）直接推算出企业的业绩目标。

（2）各个事业部或者分公司根据自己所处的行业或者地区，设定增长目标，然后汇总成企业整体的业绩目标。

这种办法的缺陷在于，由于较少考虑公司实现业绩目标的条件，有时候领导层容易制定过于激进的目标，造成团队觉得不可能实现，反而失去了动力和激励的效果。**但是在激励制度有效的情况下，这种方法有时候也能够激发强大的能量。**杰克·韦尔奇接手通用电气帅印后，提出所有子公司都需要成为行业市场占有率前二的公司，否则就会将子公司卖掉或者关闭。这种情况下，众多没有成为行业前二的子公司不得不以市场份额为目标来制定业绩目标。尽管很多子公司最后被卖掉，但确实有子公司因此而重新激发活力，取得行业领导者的地位。

以上三种方法可以独立使用，也可以综合对比权衡，然后设定最适合自己的目标。其中也少不了从上到下，以及从下到上的反复沟通和协商。制定一个有效的目标，离不开激励制度的配合。如果一个业绩目标高得难以达成，而业务团队的绩效在达成目标之前只有惩，没有奖，那么团队的氛围将非常糟糕，所制定的高目标也会失去其激励作用。

最后介绍一下目标的拆解。公司层面的业绩目标通常需要拆分成各个业务单元的任务，之后业务单元负责人再将目标数据按某个比例拆分给下属各个部门。每个部门的目标再往下分配到个人，见图11-1-2。

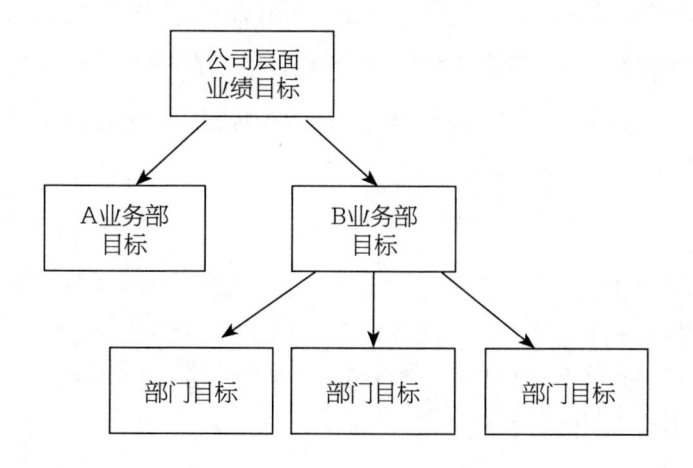

第三部分　人才培养与组织发展
Part 3 People & Organisation Development

图11-1-2　业绩目标分解图示

任何一个层级的领导如果只是简单地把业务目标数据给到下一级，分配任务，然后等着要结果，那么所谓的上级领导就与"监工"无异了。

业绩目标的制定与拆解的过程中，必须有下属成员的参与。因为下一级员工业绩的达成不只是下级员工的事，上级领导也必须一起负责。**上级领导数据拆解到下级后，也需要对下属的目标进行结构拆解（表11-1-1），与下属一同讨论达成这个目标的途径和方法，确认需要争取哪些额外的资源。**而不能只是用命令的语气说："要到达这个数据，怎么实现是你的事，自己想办法！"

表11-1-1　业绩目标的结构拆解举例

总体增长目标	40%
·现有产品销售的自然增长	·25%
·开发新产品带来的销售增长	·12%
·提供标准化的付费服务	·3%

在一个行业刚刚兴起的高速增长期，企业会发现：**即使随便拍脑袋定下来的业绩目标也能顺利达成。但是能够达成并不表示当初目标设计得合理**（也许

定得更高也能够实现），一旦习惯了这种决策方法，未来制定业绩目标时则很可能给企业的长远发展带来多种伤害。在制定目标的时候，一定要做到上下级互动参与，有据可依，并且配合合理的人员激励制度，才能起到理想的效果。

SUMMARY
总 结

- 高业绩目标不一定能带来高的结果。市场环境、资源投入、激励制度都需要予以考虑。
- 企业不能迷信高目标的激励作用。拍脑袋式地定出目标很可能起到相反的激励效果。
- 在行业刚刚兴起的高速增长期，企业会发现即使随便拍脑袋定下来的业绩目标也能顺利达成。但是能够达成并不表示当初目标设定得合理。
- 业绩目标拆解的过程中，要有"数字"的拆解，更要有"结构"的拆解。下一级员工能否达成业绩，同样也是领导人的责任。

11.2　企业如何获得长久的生命力：组织发展的第二曲线

通过本思考工具你将了解

·什么是组织发展的S曲线

·企业如何避免走向衰退的命运

·为什么成熟企业的内部难以孵化出新的创新业务，而成功孵化出创新业务的优秀企业（IBM、纽约时报等）能给我们哪些启示

适合对象：各种类型的企业

伦敦商学院的管理学家查尔斯·汉迪教授（Charles Handy）将组织的发展分为三个阶段，如同人的一生，最初蹒跚起步，然后迈向巅峰，最后盛极而衰。用一个图来表示（图11-2-1）就如同一条S形的曲线（Sigmoid Curve）[1]。

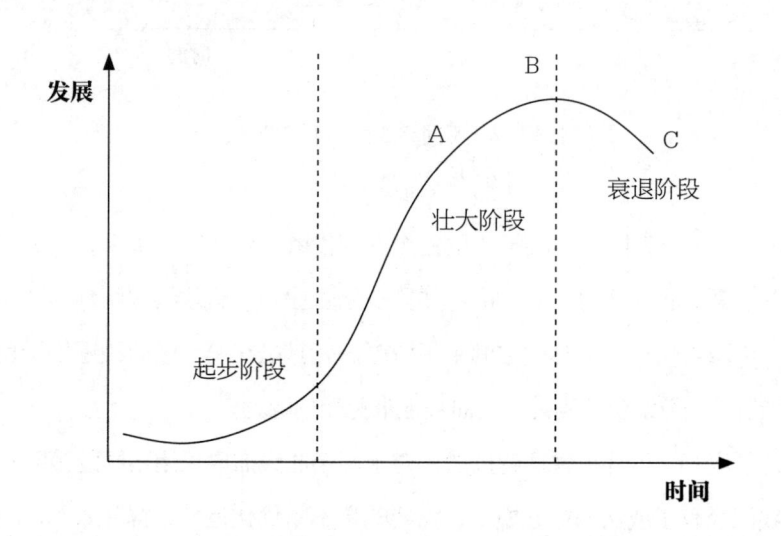

图11-2-1　组织发展的S曲线

当一个组织处于A阶段的时候，一切发展势头良好，到达B阶段，是发展的顶峰，也是衰退的开始。而当组织处于B阶段的时候，通常是看不到自己所处的拐点的（可能这时出现增长放缓或者停滞，但组织更倾向于认为就像起步壮大阶段会偶尔出现的放缓或停滞一样，挺过去之后将会继续增长），直到组织发现已经到了衰退势头不可逆转的C点时，才认识到原来B就是顶点。

S曲线几乎是所有企业难以逃避的命运。查尔斯·汉迪教授同时也指出了企业打破这种命运的方式：寻找第二曲线。在第一条S曲线进入衰退阶段之前，建立起另一条曲线。由于建立新曲线免不了探索和尝试，在第一条曲线衰退之前还能提供资源和空间帮助第二条曲线度过最初的摸索期（图11-2-2）。

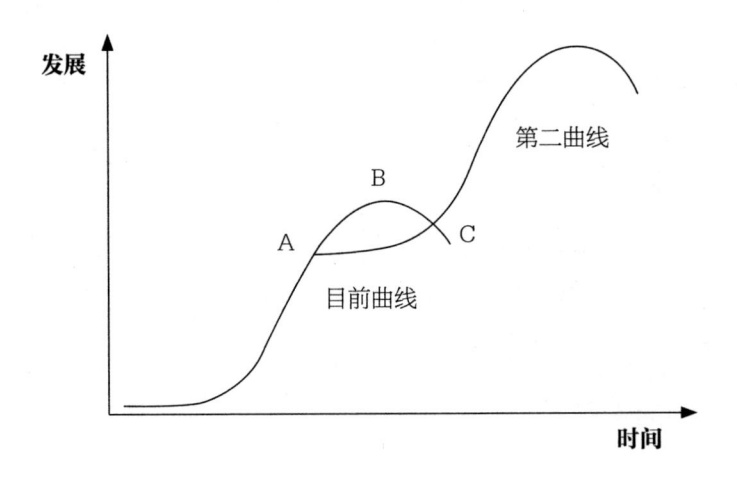

图11-2-2　不同完成概率下的业绩目标

在图11-2-2中，A点到C点的这个时间段就是企业的变革期，也是两条曲线的并行期。企业在这个阶段的主要挑战是企业如何有效管理两套同时运行的战略，以及如何在两条曲线之间平衡资源。尤其是在第一条曲线还处于良好势头的情况下，分配资源到第二条曲线上难免受到阻力。

为了应对这种并行管理的挑战，对于两条曲线需要采用不同的策略：第一条曲线已经有了成熟的业务模式，需要的是不断优化运营、提升效率。企业可以采用的手段包括：减少管理层级，加快工作程序，优化成本结构，使业务更快、更灵活地运转。

对于第二条曲线，需要采用不同的组织模式和决策体系。用第一条曲线（成熟业务）的惯例和管理模式去管理第二条曲线（尝试阶段）必然会带来重重障碍。商用电脑的巨头IBM公司在进入个人电脑市场的过程中，公司在纽约总部进行过多次尝试，都以失败告终。意识到总部的种种流程、制度、管理氛围并不适合初创类型的业务，公司将整个团队都搬到了远离总部的佛罗里达州，避免了总部的各种干预和文化影响，结果在一年之内就成功推出IBM的个人电脑[2]，并在之后的20年成功统治了这个市场。

另一个成功的例子是《纽约时报》进入互联网业务。面对互联网的冲击，传统报纸业务的萎缩，《纽约时报》从1995年开始持续地向互联网业务投资。为了给新业务足够的自由探索的空间，公司于1999年成立了完全独立的子公司New York Times Digital来开拓互联网业务，以付费订阅而不是广告销售作为主要收入来源。公司认识到，**如果用传统的做纸媒的思路来运营，用已有财务制度来做预算，用传统的招聘眼光来选择人，不可能经营好这种全新的互联网业务**。所以公司不仅让新的业务团队完全独立，**人力资源团队、财务团队、相应的管理制度都全部重新建立**（很多公司在开辟新业务或者成立分公司时，愿意在业务模式上创新，而在人事和财务团队与原有业务共享，人事与财务制度也全部沿用）。《纽约时报》公司因此成为互联网转型最成功的媒体公司。[3]

笔者见过国内一家非常成功的电子商务公司，希望内部孵化出一系列的新APP业务线。对于这一批从零开始的新APP业务，所有的招聘、对外合同签署、付款、法务审批等流程都按照自身上市公司的标准进行。最后10多个新APP业务的尝试全都失败。这是一个典型**用第一条曲线的模式来管理第二条曲线而失败**的例子。

因此，企业对第二曲线一定要采用不同的管理制度，甚至建立完全不同的文化氛围。一旦企业的第一曲线进入不可逆转的衰退阶段，企业就需要将资源和管理重心全面地过渡到第二曲线，使企业能够杜绝危机，进入另一个增长轨道。

发现第二曲线的方法

如前所述，在第一曲线还处于上升或者顶点状态时候，企业是很难意识到不可逆转的衰退即将来临。有两种办法可以帮助企业更好地认清当前曲线的位置，并且积极发现第二曲线。

1. 时刻假定第一曲线即将接近顶峰。首先内部评估，让大家判断自己处于曲线的哪个位置。如果大家的评估都比较乐观，那么将评估结果向前推进一点（更接近C点），假设现有的增长趋势在未来两年之内就会进入衰退阶段，逼着自己去寻找新的方向。

2. 找到能够给予客观反馈的朋友或者顾问，让他们指出你所在的位置，帮助你规划第二曲线。人们通常只有在回头看时才能更清楚地知道自己处于怎样的位置，而判断他人在其曲线上的位置时则更加客观、容易。一个好的顾问或者外部伙伴能够在企业自身还没有意识到的情况下，提醒企业的领导人该关注哪些新的行业，需要在哪些技术领域布局。

阿里巴巴集团是一个比较成功的不断开发出第二曲线、让企业不断成长的例子。从最早的贸易服务网站www.alibaba.com，到淘宝业务，再到阿里金融业务、云服务，等等，见图11-2-3。每一个新曲线都是在前一个曲线还处于高速发展的阶段就开始建立，并进入高速成长阶段。

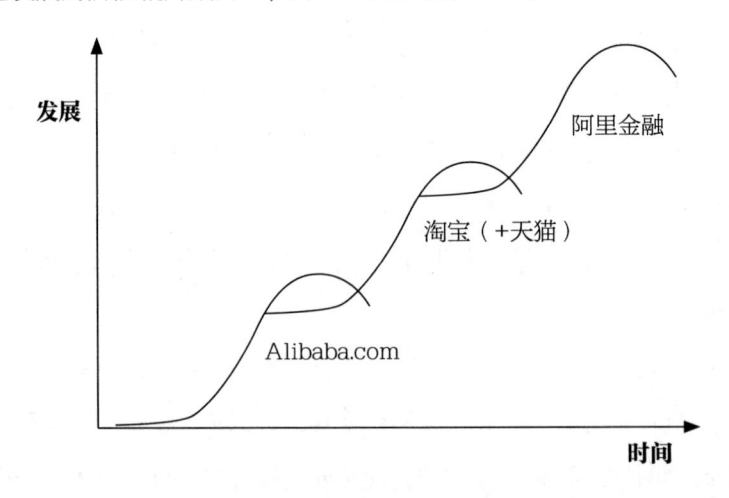

图11-2-3　阿里巴巴集团不断开发出的第二曲线

需要说明一下，建立第二曲线并不是盲目地多元化。进行技术升级、产品迭代，也是创造第二曲线的有效方法，这个过程中并没有进入任何新的行业。反过来，如果一个企业的增长全部依赖于：

- 一种产品线；
- 一种营收方式；
- 一种核心技术。

那么这个企业仅有一条曲线。为了避免企业的生命周期跟着这一条曲线走向尽头，需要尽早地开始寻找第二曲线。

在顺境中是最难以看到风险的，所以企业仍处于上升阶段的时候，也需要积极地寻找第二曲线，才能帮助企业在业务进入衰退阶段后找到新的增长点，渡过危机。不仅是对于企业，对于个人同样如此。当一个人在职业阶梯上迅速成长的时候，要敢于假设："如果这条事业曲线在2~3年内进入衰退阶段，下一条曲线是什么？"

向外部伙伴、顾问积极地寻求反馈和事业上的建议，通过他们的帮助来掌握新的知识和行业动态，结识掌握新技能的朋友，能帮助自己积极地探索出第二曲线。

SUMMARY
总 结

☐ 几乎每一个企业都会经历起步、壮大、衰退的阶段，如同一条S型的曲线。而打破这种命运的方式就是寻找第二曲线。在第一条S曲线进入衰退阶段之前，建立起另一条曲线。

☐ 对于第二条曲线，企业需要采用不同的组织模式和决策体系。用第一条曲线（成熟业务）的惯例和管理模式去管理第二条曲线（尝试阶段）必然会带来重重障碍。

- [ ] 企业仍处于上升阶段时，也需要积极地寻找第二曲线，才能帮助企业在业务进入衰退阶段前找到新的增长点，并且赢得足够长的试错时间。
- [ ] 个人在职业发展上，也可以借鉴S曲线的启示，敢于假设"如果这条事业曲线在2~3年内进入衰退阶段，下一条曲线是什么"，并且向外部伙伴、顾问积极地寻求反馈和建议。

11.3 危机之时，如何推动企业变革的成功（四要素分析）

通过本思考工具你将了解

· 为什么今天企业变革的周期大幅缩短

· 当企业面临市场环境变化、业务模式落伍，或者企业文化僵化等问题时，如何设计有效的变革活动

· 如何有效建立紧迫感和危机意识，推动变革活动的展开

· 如何保证变革的成果能得到巩固，避免半途而废

适合对象：所有类型的企业

在工业时代，由于技术的革新、市场环境的变化、政府的管制，每隔20年左右，企业就需要经历一次根本性的变革，比如英特尔从存储业务全面转型到芯片业务[4]，IBM从电脑等商业机器的制造商变成一个服务型公司[5]。而未能展开有效变革的企业，比如柯达（Kodak）、诺基亚（Nokia）则成了历史[6]。

到了信息时代，随着互联网普及，技术变革与市场的变化进一步加速，企业变革的周期已经从20多年缩短到不到5年。几乎每隔5年，企业的核心产品与业务、主营业务的模式都可能发生根本性的变化。在这个时代，企业能否度过变革阶段，不仅是企业能否取得突破性发展的关键因素，甚至是企业能否生存下去的根本。

但是思维惯性、讨厌变化及变化带来的不确定性是人的天性，如何有效展开企业变革，尤其是在管理制度、风格僵化的机构？我们可以通过成功变革的四要素模型（图11-3-1）来找到答案。

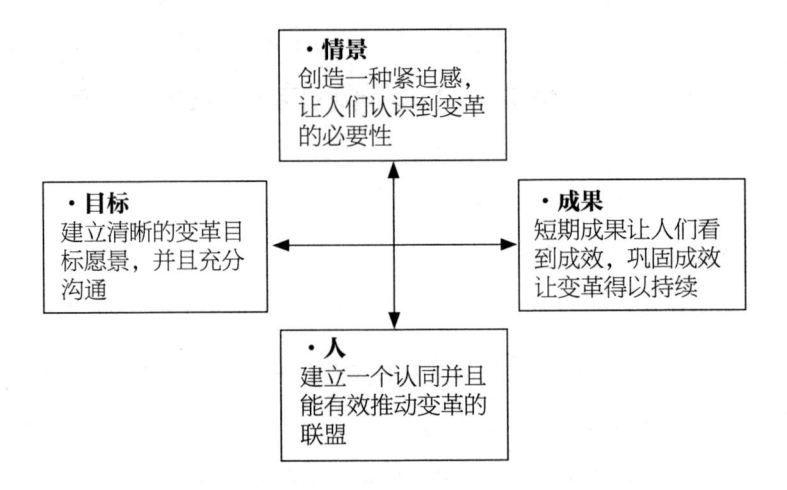

```
        ·情景
        创造一种紧迫感，
        让人们认识到变革
        的必要性

·目标                      ·成果
建立清晰的变革目            短期成果让人们看
标愿景，并且充分            到成效，巩固成效
沟通                        让变革得以持续

        ·人
        建立一个认同并且
        能有效推动变革的
        联盟
```

图11-3-1　成功变革的四要素模型

1. 情景：指的是在变革的初始阶段，企业需要创造一种紧迫感，让人们认识到变革的必要性。当企业面临严峻挑战的时候，可能是企业最赚钱的技术专利即将到期，或者市场份额被竞争对手不断蚕食，企业失去创新活力……在企业内部并不一定每个人都能认识到这些危机和挑战，而人们通常讨厌改变和革新带来的不确定性。如果不创造一种紧迫感和危机意识，变革必然阻力重重。

创造紧迫感的有效方法包括：

• 在企业内部开诚布公地讨论危机和严峻形势，比如市场份额的萎缩，毛利率的下降，新产品研发的滞后，竞争对手不断增长的势头，等等；

• 利用外部反馈来加强警示：比如核心客户对产品和服务质量的投诉，兄弟企业/合作伙伴单位对组织管理上问题的反馈。利用这种机会，让内部同事认识到，长此下去企业将深陷危机。如果是上市公司，还可以利用分析师的研究报告来指出问题；

• 主动创造危机信号：比如开展一次广泛的用户满意度调查，跟踪统计公司内部每一个决策和审批所需的流程步骤和消耗的时间，将调研发现的问题暴露出来。

最终的目标,是通过上述各种方法让企业内部达成一种"再不变革,我们就等于坐以待毙"的共识。

2. **人**:有效的变革需要靠一群在企业有影响力和执行力的人共同推动来完成。即使发起变革的是企业最高领导人,也不可能凭一人之力就改变整个公司的行为方式。在推动变革之前,首先需要建立起一个变革联盟,成员之间建立广泛的共识和深度的信任,然后一同发起变革。这样一个联盟不仅需要来自企业高层的领导(理想情况下,超过50%的高层领导参与将能有效推动),也需要业务层面的负责人能够亲自完成一个个变革的项目(不论是新的业务管理方式,还是考核体系)。变革小组可能没有正式的组织结构,但需要对变革一致的认识和深入地沟通,定期地会面讨论变革的成果和阻力,一步步推动变革的完成。

3. **目标**:变革目标不仅仅是要达成的某个业绩数字或者行动任务,更是一种愿景:变革成功之后企业将达到的状态。变革发起人(或小组)一定要建立起一个目标愿景,告诉人们变革将会带来的成果和改变。在变革的开始阶段,愿景不一定完整、清晰(在过程中可以逐步完善),但是一定要指明变革的方向。

变革的目标愿景需要在企业内部反复地沟通,让人们记住并且认同。沟通目标愿景不是领导人在员工大会上讲一次,或者下发一个公司文件就算沟通完毕。变革小组应该抓住一切机会,在年末、季度末的业绩回顾会议、公司年会、团队的绩效评估、员工培训会等各种场合,利用一切可利用的渠道,讨论企业遇到的挑战、变革的决心和变革将带来的成果。

4. **成果**:这里的成果包含两个方面:短期成果和最终的长期成果。在变革的过程中,总有人会有所保留和怀疑,也会有反对之人。如果变革的成效,哪怕是初步的成效要等两年甚至更久才能显现出来,那么在过程中,人们难免怀疑,这个变革是否真的有效?反对的人更会开始推波助澜,制造反对的声音,把一切都推回到原有的状态。因此变革小组一定要计划并且创造出短期成果,最好在6~12个月之内就让人们看到变革的初步成效,比如毛利率的提升、销售的增长、产品从生产到交付的流程时间（Lead time）的缩短。不要等待这样的成果发生，一定要主动创造出这样的成果，并且与变革的内容关联起来。比如因为新的定价制度带来毛利率环比的提升，因为新的生长管理制度缩短了产品交付周期，等等。进行一次表彰大会，让公司层面都看到成果，并且让参与变革的人得到嘉奖和鼓励，保持他们继续变革下去的动力。

除了创造短期成果，变革小组更需要不断巩固变革带来的长期成果。反对变革的人始终都存在，也许只是一时沉默而已。一旦有机会，他们将反扑回来（回忆一下清朝末期百日维新的反对派）。所以不能因为初期几个小的成果就认为变革的胜利已经到来。变革小组应该利用初期胜利带来的势头和对变革支持度的提升，进一步攻克更高的难题，比如改变与变革相抵触的组织结构和人事制度。从外部招聘、提拔能进一步推动变革的人才，将变革管理融入企业培训当中，让变革的成果变成企业文化或者制度的一部分，巩固长期成果。

以上是进行成功变革的四大要素（我们可以这样记住这四个要素：创造情景让人动起来，设立变革目标并创造成果）。哈佛商学院的约翰·科特教授（John Kotter）提出过企业变革的八个阶段[7]。记住变革四个要素之后就很容易记住并理解这八个阶段了：

（1）创造变革的紧迫感（情景）；

（2）建立一个强有力的变革联盟（人）；

（3）设立变革的目标愿景（目标）；

（4）充分与人们沟通愿景（目标）；

（5）鼓励、支持人们在新愿景下展开行动（目标）；

（6）创造短期的变革成果（成果）；

（7）强化成果并创造进一步的改变（成果）；

（8）将变革后新的行为方式系统化（成果）。

你的企业是否正面临技术革新、市场环境变化的严峻挑战，是否正在酝酿一次变革？在启动变革之前检查一下有效变革的四个要素，是否已经创造急迫感，建立了变革小组，并且已经规划了目标愿景和短期、长期成果？

SUMMARY
总 结

- [ ] 在信息时代，企业的变革周期急速缩短，能否有效展开变革，不仅是企业能否取得突破性发展的关键因素，甚至是企业能否生存下去的根本。

- [ ] 很多企业在推动变革时，没有创造足够强烈的紧迫感和危机感，或者没有建立广泛的变革联盟，遭到强大的阻力后失败。

- [ ] 推动变革，需要利用一切机会与企业各层面的员工沟通变革的目标和愿景，并且要创造短期的成果增强人们对变革的信心。

- [ ] 变革的成果需要在企业文化和制度层面得到巩固。

11.4 企业基业长青的关键：接班人管理办法

通过本思考方法你将了解

- 为什么大部分企业都缺少清晰的接班人计划
- 如何从企业内部筛选、考察最高领导的接班人
- 从企业外部引进CEO接班人时，如何避免高层领导人和核心业务出现动荡

适合对象：各种类型的企业

有一则关于花旗银行前董事长兼CEO沃尔特·瑞思顿（Walter Wriston，花旗银行历史上最著名的CEO，其在位期间将花旗银行发展成全球规模第一的银行）的故事。在瑞思顿的办公室里，有一张绘有60多人姓名和职位的图表，这些人分布于公司各个部门，是被认为最有可能接替他成为未来CEO的人选。这份名单不会对外公布，但每年瑞思顿会对这些人格外地关注，给予更多的锻炼机会，并且会创造机会与他们一对一地沟通。

但是大部分企业领导人都不愿主动考虑接班人的问题。"王者心态"给了领导人不断打拼、永葆活力的干劲，相信自己能一直领导企业发展下去。在这种心态下，对领导接班这种最容易带来动荡的事情往往准备不足。回顾一下秦始皇的经历，直到去世前都没有明确谁是接班人，最后仓促间制定的诏书被人篡改，二世上位后三年而亡。

尽早对接班人的安排进行规划是一种远见，避免领导人到了不得不退休的年龄，或者企业遇到重大动荡时，才开始考虑接力棒交给谁。这种仓促的决策通常会给企业带来动荡，甚至灾难。所以优秀的企业一定有一个完备的领导人

接班计划。

在选拔最高领导者的接班人时，有4种常见的方式：

1. 金字塔模式

首先选定一批具有潜力的人，从中选择最优秀的，给予不同项目的考核，层层筛选，最后选出最佳人选。这是国内外企业中最常见的模式。比如前面瑞思顿选拔花旗银行继任CEO的例子，从60多个潜在候选人逐步缩小到3个候选人，最终选择了约翰·里德（John S. Reed）[8]。

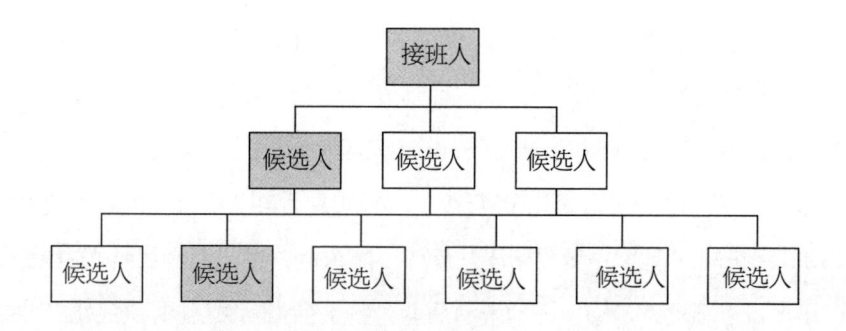

图11-4-1 选择接班人的金字塔模式

与最终胜出者一同在最后一轮竞争的人选，发现自己没有成为下一届CEO，则难免会消沉或者离开公司。当杰克·韦尔奇选择了伊梅尔特（Jeff Immelt）作为通用电气的下一任CEO时，通用电气立即失去了两位卓越的领导者——鲍勃·纳德利（Bob Nardelli，之后成为3M公司CEO）和吉姆·麦克纳尼（James McNerney，之后成为波音公司CEO）[9]。

2. 轮值模式

在选择接班人时设立CEO轮值制度是华为公司的首创。

1999年孙亚芳出任华为的董事长，并一度被认为是任正非的接班人，但是次年就出现了"牛人"李一男出走等数起高管离职或者淡出管理层的事件。对此，任正非开始反思华为的管理模式，提出"授权一群聪明人做轮值的CEO，让他们在一定的边界内，有权力面对多变世界做出决策，这就是轮值CEO制度"[10]。

任正非认为轮值制度可以避免一朝天子一朝臣，使优秀员工在不同的轮值CEO下，持续在岗工作，使公司可以持续地稳定发展。不过这种轮值的CEO，并非真正意义上的CEO，因为轮岗制度，没有人真正会对自己2~3年内的决策成果负责，甚至不一定有这样的决策权限。

一般只有在"超强者"（通常也就是创始人）准备退位的情况下才会展开这样的尝试。超强者不相信下属当中有像自己一样能镇住高层中的牛人，于是让一个委员会轮流执政。而有可能接班的牛人，也甘心承认自己不如"超强者"，愿意成为委员会中的一员。这种制度有可能会被更多企业尝试，在一定时期内起到平稳过渡的效果，直到下一个超强者出现。

熟悉古罗马历史的人一定听说过帝国中后期的杰出皇帝戴克里先（Diocletian）。他将古罗马帝国从外敌不断入侵、经济面临崩溃的边缘拉回来，重新走上强盛的道路。在他统治后期，鉴于帝国幅员辽阔，将帝国分为东西两区，每个区设立两个皇帝，同时有4个皇帝分别管理帝国的一个区域，每区设一个大皇帝，头衔为奥古斯都，以及一个小皇帝，头衔为恺撒。当大皇帝退位时，由小皇帝接任大皇帝的头衔，然后再立一个小皇帝。某种意义上来讲，这也类似一种轮值制度[11]。

戴克里先自己也是4个皇帝中的一个，在他退位后，对帝国的运转仍具有影响力，这期间这种四帝共治的模式平稳运转了近20年，出现数轮皇帝的平稳更替。但是到四帝共治的后期，戴克里先的影响力不在，各个皇帝之间攻伐不断，直到具有天才般军事才能的君士坦丁大帝，将其他皇帝一一消灭，最后将整个罗马帝国重掌于他一人手中。

作为CEO，很重要的一种特质是ego（自我，也可以理解为强大的自我认同感），而具有极强ego的人是不可能愿意将权力与一群人分享的。因为任正非这位"超强者"仍掌控公司，或者说几位轮值的CEO彼此之间确实旗鼓相当，所以平稳运转。当任正非在华为的影响力完全消失，并且轮值CEO的委员会当中出现一个远胜其他人的管理天才时，那么他就是终结华为轮值制度的君士坦丁大帝（也许会保留轮值的名义，但是对任期、管理权限等内容一定会做出修改）。

3. 双子星模式

有一些企业的最高领导权由两人共同领导。一人担任董事长，另一人担任CEO；或者一人担任CEO，另一人担任总裁。比如谷歌公司的拉里·佩奇（Larry Page）和谢尔盖·布林（Sergey Brin）（后来组建了谷歌的母公司Alphabet，两人分别担任Alphabet的CEO和总裁），唯品会的沈亚和洪晓波。

在这种模式下，两位领导者之间并没有明显的上下级关系，更像是互相配合的合作者一同领导公司。相对一人大权独揽的模式，这种双子星领导的模式对两人之间的信任和默契度要求很高，否则将会造成决策效率低下，甚至矛盾重重。

这种双子星领导模式也被借鉴到企业领导人接班的操作方式当中，比如全球最大规模的集成电路制造公司——台积电。在公司业绩良好的时候，选择两名接班人担任联合CEO，老领导退到董事长的位置上。两名联合CEO通过一段时间的共同工作，然后从中选出一名担任董事长，另一名继续担任CEO[12]。这样新的董事长和CEO在正式接班之前已经有了一段时间磨合，建立信任，之后成为双子星模式的领导人，有利于公司平稳过渡到新的阶段。

4. 外部引进

以上三种都是从内部选择接班人的方式。但有时候，企业内部缺乏能胜任未来领导者角色的人；或者内部有能胜任的人，但是企业经营遇到了困境或动荡，企业的投资者和其他利益相关方认为，只有从外部聘请领导者才能让企业度过危机。比如2017年风波不断的优步（Uber）公司。

从稳定性和文化认同的角度来讲，企业更倾向于从内部选拔未来的领导人。当不得不从外部引进领导人时，**确保企业能够实现变革，同时又能保证核心管理层以及核心业务的稳定**是关键。

当新的领导人到岗，企业原来的中高层管理者对新领导人并不熟悉，沟通共事的过程中难免有一些猜测和误会。这也是为什么新领导到岗后常常伴随一批旧有中高层的离开。对此，有一些国际企业展开了新的尝试：在旧的CEO离职，并且已经找到了董事会认可的新领导人之后，领导人先以副董事长的名义加入公司，这个阶段并不承担最高领导角色（企业中同时存在代理CEO），副董事长帮助企业梳理几个关键的业务，同时与中高层领导建立联系。在半年左右的时间之后正式就任CEO。通过这种方式，让新任CEO与核心团队有足够的时间互相了解并建立基本的信任，可以有效避免因为空降领导带来的人员动荡。

SUMMARY
总 结

☐ 企业应该尽早对接班人的安排进行规划，避免领导人到了不得不退休的年龄，或者企业遇到重大动荡时，才开始考虑接力棒交给谁。企业家要避免"王者心态"造成接班人准备不足，在权力交接后带来动荡。

☐ 从企业内部选择候选人时，除了从不同层面考察其业务能力，也需要给予不同的工作内容，帮助候选人熟悉企业的各个核心职能，培养全面的技能。

☐ 从外部引进最高领导人时，可以让新领导人在正式掌权之前与现有管理层相互了解，建立基本信任，以避免空降带来的人员动荡。

10 Fundamental
Strategic Analysis Tools

附 录

10个基本的战略分析工具

10 FUNDAMENTAL STRATEGIC ANALYSIS TOOLS

引言

以下介绍10个基本的战略分析工具。对于商业机构的管理人员，这些都是相对基础的概念，因此没有做大篇幅的介绍。

但是对每一种工具的应用领域，以及在实践中的局限性和可能应用误区，都做了相应的说明。相信即使读者已经熟知这些概念，也能从中读到新的有价值的洞见。

3C战略分析模型

应用领域：企业战略制定、新产品开发

3C战略分析模型由日本的战略家，曾工作于麦肯锡的大前研一（Kenichi Ohmae）提出。该模型指出，企业在制定战略之时需要考虑企业自身（Corporation）、顾客（Customers）、竞争对手（Competitors）三个方面的因素。而这三个考虑点也被称为战略三角（Strategy Triangle，图附1-1）。企业可以从三角形的任何一个点出发来制定竞争战略[1]。

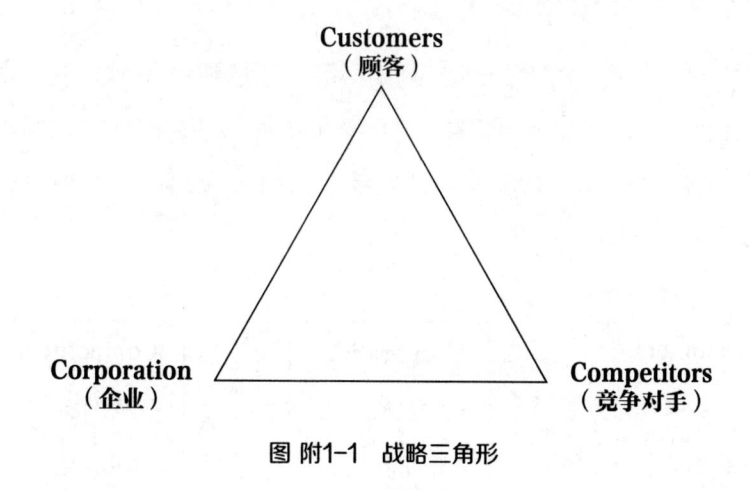

图 附1-1 战略三角形

1. 基于企业自身的竞争战略：在确认目标客户群的需求后，企业发挥最高

的效率来满足用户需求。具体的做法包括：

• 选择满足客户需求的核心职能部门，将其发挥到极致，与对手差异化。比如当产品设计对客户很重要的时候，将设计部门运用到极致。当服务体验对客户很重要时，将客户服务部门的水平打造到极致。

• 提升成本效率，在相同的经营环节比竞争对手更为高效地降低成本费用。

2. 基于客户的竞争战略：对顾客群进行细分，根据顾客对产品用途的不同，以及地区或渠道的不同，选择一个或者几个细分顾客群，比竞争对手更好地满足他们的需求。同时要关注顾客结构（比如某一细分类型的用户数量出现显著增长）、区域与渠道覆盖的变化所带来的机会。

3. 基于对手的竞争战略：研究企业从采购、研发、设计，一直到销售、售后服务的每一个经营环节。考察哪一个环节可以超越竞争对手，从而让"销量""价格""成本"这三个关键变量中的一个或几个朝着有利于企业的方向发展。比如企业可以通过比竞争对手更好的生产流程设计，降低"成本"，或者比竞争对手更好的包装设计来提升"价格"。

图附1-2提供了一个综合分析的简单框架。对于顾客、企业自身、竞争对手，研究他们的几个关键分析要素。然后横向对比，分析各个要素之间是否相互匹配（顾客-企业），有显著差异或者超越（企业-竞争对手）。并且思考如果不匹配，如何改善。

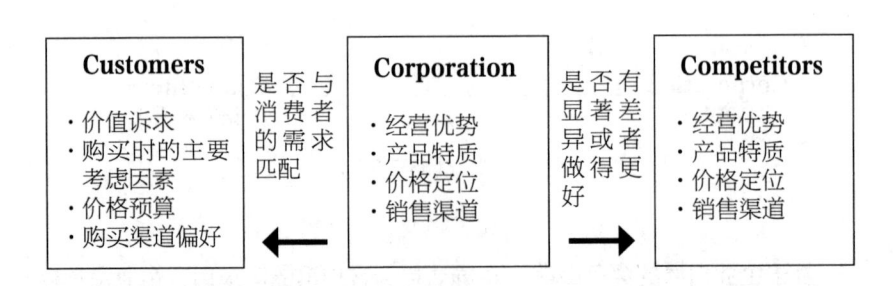

Customers	是否与消费者的需求匹配	Corporation	是否有显著差异或者做得更好	Competitors
·价值诉求 ·购买时的主要考虑因素 ·价格预算 ·购买渠道偏好	←	·经营优势 ·产品特质 ·价格定位 ·销售渠道	→	·经营优势 ·产品特质 ·价格定位 ·销售渠道

图 附1-2　3C分析的框架

附录　10个基本的战略分析工具

下面以一个空气净化器制造企业的例子来说明如何做"客户-企业"的匹配分析，见表附1-1。同理可以展开"客户-竞争对手"的匹配分析，以及"企业-竞争对手"的对比分析。

表 附1-1　"客户-企业"的匹配分析

目标客户的考虑因素	企业自身特点的分析
1. 价值诉求：能够有效净化室内空气，同时不要有太大噪音，以免影响睡眠	• 产品特质、净化空气的效果、运行噪音，是否满足顾客需求？ • 需要进一步询问消费者，他们如何来判断空气净化效果？用什么指标衡量？ [调查发现，消费者很难给出具体的衡量指标，但是认为开机后，体现空气污染严重程度的指示灯迅速改变颜色（从红色变成浅蓝）则表明净化效果好，于是越来越多厂家在产品上加入了这种指示灯]
2. 购买考虑因素：产品的品牌、价位、能覆盖的有效面积、外观设计、身边朋友的推荐	• 品牌力：是否让顾客产生信赖感，如何加强用户的信赖感？ • 性能参数、外观设计是否经过了用户测试？ • 什么样的营销手段能鼓励用户向身边朋友推荐？
3. 购买流程：去商超看一下实际商品，或者在网上查询商品的相关数据	• 顾客浏览商品的渠道是否覆盖，现在是否有人员讲解、商品效果的现场展示？ • 互联网上是否做了足够的第三方推广、用户口碑传播？
4. 价格预算：1500元人民币以内	• 目前的产品价格定位能否覆盖绝大多数目标用户？ • 如何削减成本，或者推出不同型号的产品差别定价？
5. 渠道偏好：互联网渠道	• 各大互联网销售平台是否都有覆盖？ • 在各销售平台如何获取流量，展开促销？

4P市场营销分析模型

应用领域：营销方案设计

4P模型指的是，在设计营销方案的时候，从以下4个角度（以P开头的4个英文单词）进行全面的思考：

• Product（产品）：不仅是最终消费者购买的产品本身，还包括产品的命名、产品的包装设计、不同的等级和型号设置、所附带的服务等多个方面，都需要综合考虑。

• Price（价格）：产品的价格因素包括初期投放市场时的价格、常态销售时的价格、多个产品打包购买时的价格等。

• Promotion（促销）：除了降价以外，还有哪些促销方式？如制造氛围（比如在卖场堆积大量的商品），以及免费试用、免费试吃、购买即送赠品等方式。

• Place（渠道）：采用怎样的销售渠道或者渠道组合，如何建立销售网络。不同的渠道如何差别定价，吸引不同的客户（通过渠道差别定价的案例参见本书第七章中的《从亚马逊到阿里巴巴：互联网时代的差别定价法》）。

4P模型的价值在于，它相当于一个检查清单（check list），检查清单本身并不告诉人们该怎么设计包装、怎么设定价格，而是提醒营销人员，在制定营销策略的时候，应该从这4个方面全面地去考虑，避免只想到一两个点（比如价格、促销方式），而忘了考虑其他有可能带来更好效果的方面。比如很多企业可能会考虑降价、明星代言、买赠等手段展开营销，但考虑到4P中的第一P，改进产品的包装设计，可能对销售的促进比前面几种手段都更为有效。

在营销活动当中，也有营销人员认为这4个P并不完善，不断加入更多的P，提出了5P、6P甚至7P等各种模型[2]。新增的P包括：

• People（人）：哪些人的因素会影响产品或者服务的质量？哪些人参与营销活动，如何管理、激励？

• Partnership（合作伙伴）：可以与哪些合作伙伴一起合作推广？

• Public Relation（公共活动）：除了做广告、促销，还可以借用哪些公关活动来推广产品，比如制造新闻报道，或者与某些明星八卦关联起来。一个极具参考价值的案例是"高圆圆湿剃门"。很多人以为是明星的绯闻视频不小心遭到泄露，后来逐步引发人们对湿剃（非电动剃须）的关注并参与湿剃活动，其实是公关公司在幕后的完整操作。

• Physical Evidence（有形展示）：让顾客能够直观地感受到一个产品或者服务的质量，以及能带来的效果。

......

尽管这个模型中可以不断加入越来越多的P，但是4P本身已经是一个相对全面、有效的分析框架。本书中《如何让产品大卖：插上传播力的翅膀》《互联网时代的差别定价法》《氛围型产品投放策略》《功能型产品投放策略》《向苹果公司学习销售渠道的选择方法》几个章节，分别从产品、价格、促销、渠道几个方面介绍了如何分析、决策的方法。

波特的五力分析（5-Force Analysis）

应用领域： 行业分析、企业战略制定与调整、投资机会分析

五力分析是哈佛商学院的经济学教授迈克尔·波特（Michael Porter）提出，用于分析一个行业的竞争状况和吸引力的模型[3]，包含以下5个层面：

· **新进入者威胁**（Threat of new entrants）： 一个行业的进入门槛包括技术门槛、进入行业所需要的时间投入、资本规模、政策许可等。进入门槛越低，那么新进入者的威胁就越大，行业吸引力越低。

· **替代品的威胁**（Threat of substitutes）：替代品的威胁来自替代品的性能、选择范围、成本结构与价格的变化。如果替代品性能越好、选项范围越多、成本越低，其威胁就越大，行业的吸引力越低。

· **供应商的议价能力**（Bargaining power of suppliers）：供应商的议价能力取决于供应商的数量、供应量、产品或者服务的独特性、企业更换供应商的成本等因素。供应商议价能力越强，该行业的吸引力越低。

· **顾客/分销商的议价能力**（Bargaining power of customers）：顾客/分销商的议价能力取决于顾客的数量、采购规模、产品的独特性、顾客寻找替代产品的能力、顾客更换供应商的成本等因素。其议价能力越高，该行业的吸引力越低。

· **行业竞争激烈程度**（Industry rivalry）：包括行业内竞争企业的数量、

各个竞争企业之间的产品差异、行业的平均毛利状况、用户的忠实程度等因素。竞争程度越激烈，行业的吸引力越低。

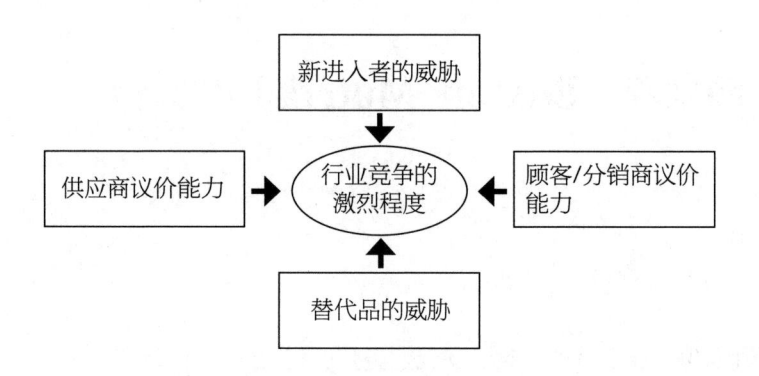

图 附3-1　波特的五力分析模型

五力分析模型可以帮助企业迅速、有效地判断一个行业的吸引力。但其局限性是，采用一种相对静态的眼光来分析、审视一个行业。当行业处于迅速发展或者兼并整合阶段，供应商、顾客的议价能力都可能出现迅速且大幅的改变。而随着资本、技术的积累，行业的进入门槛（新进入者的威胁）也会改变。因此，大家需要用一种动态的眼光来综合运用这个工具。

波士顿矩阵（Boston Matrix）

应用领域：企业战略制定、多元业务分析与管理

波士顿矩阵又被称为"增长率-市场份额矩阵"，是波士顿咨询集团（BCG）最早提出，用于公司对各个业务单元进行结构分析的工具[4]。

波士顿矩阵将企业的每一个业务单元根据其相对市场份额和市场增长率两个维度，标注在2×2矩阵上（圆圈的大小表示该业务单元的营业额），从而显现出哪些业务单元是企业的收益贡献者，哪些是资金消耗者，哪些是未来增长的重心，以及如何在各个业务单元之间取得现金流的平衡（图附4-1）。

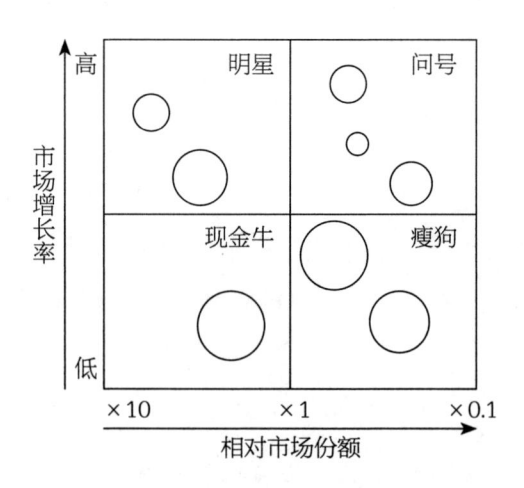

图 附4-1 波士顿矩阵

附录 10个基本的战略分析工具
Appendix 10 Fundamental Strategic Analysis Tools

相对市场份额的计算方法如下。将每个业务单元的营业额除以同时期其最大的竞争对手的营业额。如果营业额小于最大的竞争对手，则相对市场份额小于1，反之则大于1。矩阵以相对市场份=1作为中心线。每个业务单元所处的市场增长率，则根据市场最近2~3年的增长情况来决定。根据这两个维度，矩阵共分为4个区域。

矩阵的上方，明星产品和问号产品所处的市场增长率高，在发展阶段通常需要投入资金来支撑业务的增长。明星产品的市场份额大，是该行业中的领导者，未来可能成为企业的现金牛业务，适合采用增长战略，加大投资。而问号产品市场份额较小，未来有可能成为明星产品，但投资的风险也更大。

矩阵的左下方是现金牛。处于市场成熟阶段，增长有限，但是处于行业的领导地位，能为企业提供大量的现金流，用于投资给明星或者问号产品。

矩阵的右下方是瘦狗产品，在增长缓慢的市场上相对份额低。如果该业务单元仍需要增加投资来维持市场份额，还不如放弃该业务单元，把资金投向明星或者问号产品。

随着时间的变化，矩阵中各个业务单元的位置也会发生变化，企业需要根据变化情况，动态地分析、决策。

波士顿矩阵的局限性，以及可能给人带来误导的地方是：

1. 在考虑各个业务单元之间的现金流相互平衡时，**该模型默认某个业务单元需要的资金投入来自企业内部融资，没有考虑企业能从外部融资的情况。**当企业能从外部融资时，对于某些业务单元的最优决策可能就不同了。

2. 这个分析**假定各个业务单元的经营是相互独立的。**如果企业的各个业务单元之间存在资源共享，这种分析方法就不适用了。

3. **相对市场份额的大小，会因为所定义的市场不同而发生很大的变化。**比如一个电动车企业，可以把自己的市场定义为"轿车市场"，也可以定义为"电动车市场"，或者根据价位、功能的不同定义为"中端车市场"或者"SUV市场"。在不同的市场范围下，其分析结果也会大不一样。

SWOT分析与"行动十问"

应用领域： 企业战略制定、投资机会分析

SWOT分析指的是评估企业的优势、劣势及核心竞争力，与公司外部所面临的市场机会与威胁相结合，从而制定或者调整企业的战略，决定赢得竞争或者避免风险的关键性的行动。S、W、O、T四个字母分别代表具体分析的4个层面：

· **Strengths（优势）：** 企业本身所具有的优势。可能的内容包括品牌知名度、成本结构、充足的资本、广告和市场营销领域的专业优势等。

· **Weaknesses（劣势）：** 企业本身的劣势。可能的内容包括某些关键技术的缺乏、行业经验不足、过高的人力成本、融资渠道缺乏、人才储备不足等。

· **Opportunities（机会）：** 企业面临的外部机会。比如迅速增长的需求、行业政策壁垒的解除、竞争对手某些决策失误留下市场机会等。

· **Threats（威胁）：** 企业面临的外部威胁。比如资本雄厚的新的竞争对手进入、替代产品增多、原材料市场的价格上升、经济衰退、不利于企业的行业管制等。

在实际应用当中，不少人认为SWOT是一个"必须而又无用"的分析工具：几乎任何分析报告里面都需要写一个SWOT分析（不写SWOT好像就不完

整），而写完SWOT好像也分析不出什么指导性的结果或启示。这里存在一个缺失的环节：做SWOT分析，并不是列出了S、W、O、T四个方面就完了，之后还必须有一个问题，了解了这些SWOT之后，so what（意味着什么，该怎么办）？

表附5-1就是笔者整理的关于SWOT之后的一个so what分析框架，称为"SWOT行动十问"。通过回答这些问题，找到下一步该做什么。

表 附5-1 SWOT行动十问

	S 优势	W 劣势
O 机会	・企业当前的优势是否足以抓住这个市场机会？ ・还缺少哪些关键的资源？ ・针对这些机会，我们如何能相比竞争对手做得更好？	・利用这些机会能否帮助企业改变劣势？ ・针对这些机会的投资，企业的劣势会带来怎样的风险，如何应对？
T 威胁	・企业目前的优势能否帮助企业降低这种威胁？ ・企业需要投入怎样的资源，建立新的优势来避免这些威胁？	・企业的劣势是否会进一步加剧这种威胁？ ・公司战略应该如何调整？ ・是否应该退出某些行业，重新布局公司的业务？

市场营销的STP步骤

应用领域：战略制定、市场营销方案制定

STP步骤指的是通过Segmentation（市场细分）、Targeting（选择目标细分市场）、Positioning（定位）三个步骤的研究和分析，制定最适合企业的营销战略。

· **Segmentation（市场细分）**：把目标用户群根据某个维度划分成不同的群体。在早期应用的过程中，企业习惯以地区、性别、年龄段、收入水平这样的方式来划分用户，针对性地提供对某个群体最具吸引力的产品和服务。在后来的实践中，人们发现**按照需求的不同来细分市场，对后面的产品设计和营销决策更有帮助**。

比如提供鲜花产品的企业，按照"送礼""大型活动装饰""家庭室内陈设"等不同的用途来细分市场，提供不同的产品线，比通过用户年龄或者收入水平的细分方式更容易赢得用户。一个新开业的餐厅，在规划风格、产品的阶段，首先研究所在地区的人流，以及半径500米之内的居民楼盘、商用楼盘的分布情况、人群分布。然后根据"商务简餐""个人快餐""家庭聚餐"等不同需求来做初步的细分，选择最具有吸引力的市场，然后从口味偏好、价格等级做进一步细分，定位目标市场。

· **Targeting（选择目标细分市场）**：在上一步细分市场之后，选择为哪一

类客户群服务。选择目标细分市场的时候考虑两个层面的因素：

1.企业自身优势。品牌形象、技术积累、口碑等，对哪一个用户群更有吸引力。

2.用户群的特征。用户群的数量、增长趋势、收入水平、对产品功能的偏好等。

·Positioning（定位）：指的是企业针对目标细分市场（目标用户群）开发出一个独特的销售主张（为产品、品牌建立某种形象或个性特征，独特的价值）来赢得目标用户群的信赖和偏好，从而建立竞争优势。一个简单有效的定位测试是："你应该购买我们的产品和服务，因为＿＿＿＿＿＿＿＿＿＿。"从顾客的利益，而不是产品特征的角度来完成这个句子。如果答案让顾客眼前一亮，那么就是一个有效的定位。

美国的市场营销学家温德尔·史密斯（Wendell R Smith）于20世纪50年代首先提出产品差异化和市场细分来展开更有效的营销活动[5]。后来逐步发展成STP的步骤。其中的第三步——定位，后来被两位营销专家艾尔·里斯（Al Ries）和杰克·特劳特（Jack Trout）通过其著作和培训咨询机构进一步延伸理念，其定位的核心理念是占领用户心智，让用户在想到某个需求或者某一类产品时，首先想到你的品牌和产品[6]。该理论在企业界颇受欢迎。不少企业在应用中，过分关注如何"占领用户心智"，强调"打造概念"，而对前面两步Segmentation（细分市场）和Targeting（选择细分市场）过于忽略，没有充分地去研究用户的需求，造成本末倒置。STP方法的核心是围绕用户，充分研究其需求，有效地细分市场。

产品生命周期分析与"成熟期阵痛"

应用领域：企业战略制定、投资决策、市场营销计划制定

产品生命周期（Product Life Cycle）理论将一个产品从引入市场到被市场淘汰的整个过程，根据增长率的变化总共分为4个阶段（图附7-1）。分别是：

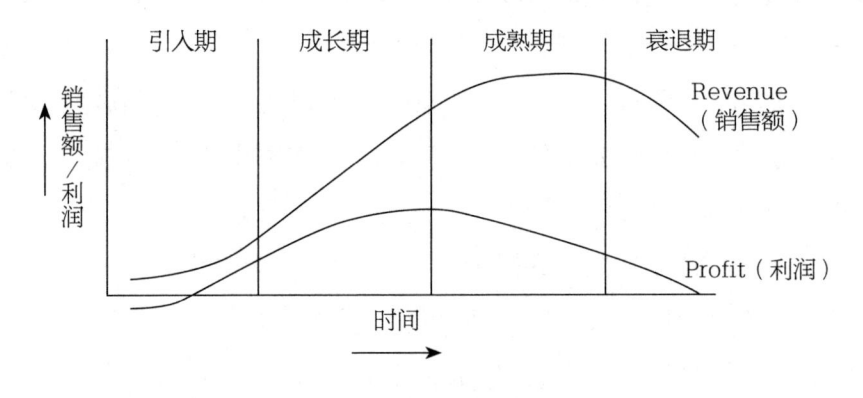

图 附7-1 产品生命周期模型

1. 引入期：产品刚刚投入市场，只有愿意尝试新鲜事物的人成为顾客，产品不被主流消费群接受。处于这个阶段的企业，吸引用户、证明产品或服务具有市场潜力是关键任务，而非考虑盈利。一个完整的产品生命周期分为4个阶段，但很多产品和服务其实没能存活过引入期，市场投入失败的原因不是因为

持续亏损，而是无法获得用户群的增长。

2. **成长期**：经历了引入期之后，更多的用户开始接受这个产品或服务，市场出现迅速的增长。这个时候看到市场有利可图，更多的竞争者加入这个行业（回想一下2016~2017年中国的共享单车行业）。根据市场容量的大小和市场渗透的速度不同，成长期可能很短，也很可能很长，在这个阶段争抢市场份额是企业的主要任务。市场营销手段通常会非常激进，不惜砸重金来争抢用户。

3. **成熟期**：进入成熟期，市场增长明显放缓甚至不再增长。这个阶段行业开始整合，竞争者的数量减少，利润而非市场份额成为企业在这个阶段的主要追求目标。即使在成熟阶段，也有可能有新的参与者进入行业并且存活下来，但主要是通过差异化或针对某一个小众市场提供专业化的产品或者服务来立足。

4. **衰退期**：进入衰退期后，市场容量、用户数都开始迅速地下降。通常是由于技术进步、替代产品的出现，人们不再需要这种产品或者服务。在这个阶段，企业的主要任务是削减成本、减少投入、将利润最大化，或者将业务整体出售。可能更好的出售时期是在成熟期的末期，比如IBM公司将电脑业务出售给中国的联想[7]。

企业在产品生命周期的不同阶段需要不同的投资策略和市场竞争策略。在引入期和增长期，通常加大投资、赢得用户和市场份额是主要目标。在成熟期和衰退期，削减投资（或维持在较低的水平）、优化运营效率、提升毛利是主要目标。不同阶段可能需要不同的销售策略与渠道选择，对此，可以参考本书第六章中的《向苹果公司学习销售渠道的选择方法》。

由于在增长期市场迅速膨胀，企业比较容易实现业绩目标，很多运营和管理上的问题可以被掩盖，而一旦进入增长期的尾声或者成熟期，问题开始大量暴露，不少企业会出现"**成熟期阵痛**"的情况。企业可能认为是市场竞争加剧或其他原因造成利润率下降，销售增长放缓，而且很可能伴随高层离职、创新乏力等问题，有可能企业因此在整个行业之前进入了衰退期。其实这些问题一直存在，只是业绩能达标的时候，企业会认为很多问题不存在或者不是问题。

解决成熟期阵痛问题，企业需要在增长期内完成从"野蛮生长"到"专业化"的过渡。企业领导人的关注点不再限于销售额（市场份额）是企业在进行专业化过渡的重要标志。

产品生命周期并非全部是按以上4个阶段的模式展开。前面提到某些产品和服务在引入期死掉就是一例。也有某些产品和服务在衰退阶段通过创新，重新进入增长阶段，类似开启了第二个生命周期。

除了产品（行业）有这样的生命周期，企业的发展也存在类似的生命周期，如何管理好企业的生命周期，可以参考本书第十一章的《企业如何获得长久的生命力：组织发展的第二曲线》。

价值链（Value Chain）分析与价格链（Price Chain）分析

应用领域：企业战略制定、投资决策、流程改进

价值链分析是迈克尔·波特（Michael Porter）教授提出用于分析企业经营流程、评估企业的竞争优势来源的模型[8]。如图附8-1，他将企业的经营活动分为基础活动（Primary Activities）和支持活动（Support Activities）。

图 附8-1 迈克尔·波特教授的价值链模型

- 基础活动位于图表的下方，包含企业从购进物料、生产，一直到售后服务的经营活动。

- 支持活动位于图表的上方，包含财务管理、技术研发、人力资源管理等用于支持每一个经营环节的支持活动。

通过对价值创造的过程进行分解，企业判断其价值的创造主要来自于哪一个经营环节，是技术研发、生产加工，还是销售相对于竞争对手做得更好，即企业的竞争优势来源。

值得注意的是，随着市场、行业的变化，企业的基础经营活动与支持活动已经发生了很大的变化。对于科技型企业，其技术研发的结果是直接用于最终生产的产品，已经属于基础活动。而对于零售等服务型企业，已经没有了生产活动。对于今天的大型企业，支持活动里面可能都要包含信息系统（Information System）管理活动。在使用的过程中，企业需要根据自己的经营状况来调整。

价值链分析只考虑了企业内部经营活动对价值的创造。很多时候，价值的创造也依赖行业中各个上下游合作企业。在商品的研发、制造、流通的各个环节当中，究竟哪些环节创造了最大的价值，笔者构建了另一种分析模型，价格链（Price Chain）分析（图附8-2），追踪商品从生产到流通各个环节价格的增量，判断出创造附加值最高的环节和企业值得改进的地方。

价格增值　价格增值　价格增值　价格增值　价格增值

生产原料的价格 → 加工后的成品价格 → 加入品牌后的出货价格 → 代理/经销商的分销价格 → 零售终端的价格 → 加上服务后的打包价格

图 附8-2　价格链分析

- **生产原料的价格**：指的是企业采购用于生产一件成品的原料价格。

- **加工后成品的价格**：指的是在市场上，同样的一件成品，相同的质量，但是没有任何品牌，从加工型企业出货的价格。或者是企业为他人代工时产品的出货价。与上一个环节之间的价格差，就是生产加工创造的价值。

·**加入品牌后的出货价格**：指的是该企业生产的成品，印上自己的品牌之后，平均的出货价格。与上一个环节之间的价格差就是企业的品牌所带来的附加值。

·**代理/经销商的分销价格**：指代理商批发同一款商品的平均价格。与上一个环节之间的价格差是经销商进行分销工作所创造的价值。

·**零售终端的价格**：也就是一般消费者购买时的平均价格。与上一个环节之间的价格差就是零售商进行商品展示、分销创造的价值。

·**加上服务后的打包价格**：商品+服务给最终用户的打包价格。与上一个环节的价格差就是服务创造的价值。

上述是一个通用型价格链增长（价值增值）的流程，不同的企业经营流程不一样。有的企业与最终消费者之间可能只相隔一个经销商或者零售商，甚至没有任何经销商，但是最终分析的方法不变。

举例来说，茅台酒从原料价格到终端零售价，其价值增值的部分当中，约90%都来自于品牌带来的价值。各个流通渠道带来的增值之和仅占10%左右。而很多国产的保健品及化妆品，其从原料到终端零售价，80%~90%的价值增值来自于分销与零售终端创造的价值。生产与品牌所创造的价值不到20%。这也是**为什么2016年左右开始兴起"微信商家"群体，经过层层分成还有利可图，其所销售的基本都是化妆品和保健品**（大部分的价值创造来自微信分销环节）。

同一个行业的企业，可以将自己的价格链，即各个环节的增值分析与竞争对手进行对比（通过经销商、原料供应商、零售商，很容易了解到竞争对手在各个环节的价格）。判断自己在哪些环节优于或者弱于竞争对手，以及在哪些环节需要改进：是否应该在品牌建设上投入更多资源，是否应该扩展、替换分销商，是否应该增加附加服务。

波特的三种竞争战略

应用领域：企业战略制定

哈佛商学院的迈克尔·波特（Michael Porter）教授在其著作《竞争战略》（Competitive Strategy）中提出企业赢得竞争的三种基本战略。

1. 成本领先战略（Cost leadership）

实现成本优势的方法包括：

- 规模优势，通过规模经济（Economies of Scale）降低产品与服务的成本；
- 设计创新，改变成本结构；
- 生产技术与流程的不断优化。

一旦形成成本优势，将带来巨大的行业门槛。

2. 差异化战略（Differentiation）

差异化是指，企业根据顾客的某些独特价值诉求，使自己的产品与竞争对手的产品形成差异化，成为整个行业范围内具有独特性的东西。实现差异化的方法包括：

- 产品的技术特点；
- 客户服务；
- 品牌形象；
- 销售方式（比如只在某些特定渠道销售）。

需要注意的是，差异化战略通常会带来更高的成本，这种差异一定要能够带来产品的溢价。此外，差异化战略与追求更大市场份额之间存在天然的矛盾，难以两者兼顾。

3. 聚焦战略（Focus）

聚焦于某一细分市场（针对某一个地区，或者某一独特的用户群），在这个细分市场实现上述的成本优势或者差异化。

这三种战略可以成为企业长期坚持的战略，也可以成为企业的一种阶段性选择。当一个行业已经过了引入阶段，进入增长阶段或者成熟阶段时，新的加入者通常不可能采用成本领先战略，而是通过差异化或者聚焦的方式先占领一块市场。达到一定规模后，企业有可能开始采用成本领先战略，进一步扩大市场。这种情况下需要注意，追求进一步市场份额的同时（面向更广泛的用户群），如何保持足够的差异或者特色，留住最初被吸引的用户。可以考虑的方式有推出子品牌、收购扩张等。

目标设定的SMART原则

应用领域：企业战略制定、项目管理

SMART原则是最早由管理学家乔治·杜兰（George T. Doran）提出的"设立有效的管理目标"的方法。在杜兰先生最初的版本中，S、M、A、R、T分别代表以下5个单词[9]：

- Specific（具体）：明确的领域；
- Measurable（可衡量）：目标最终有没有实现，有一个清晰的衡量指标；
- Assignable（有人负责）：清晰指明项目交给谁；
- Realistic（现实）：具有达成的可能；
- Time-related（时间相关）：明确说明在什么时间内完成。

在后来的使用中，每个字母代表的词汇不断发生变化（S、M则相对固定）。最常见的版本变成：Specific（具体）、Measurable（可衡量）、Achievable（能实现的；也有写成Action-oriented，行动导向）、Relevant（目标与当前状况相关联）、Time-bound（有时间限制），但是其基本理念与最初的版本是一致的。

SMART是衡量一个企业设定项目目标是否合理、有效的重要工具。其核

心是告诉行动者从哪里着手、目标在哪儿、什么标志着达成。

在一二十年前，人们常常听到政府的各种会议和报告里面对工作目标的描述没有任何具体指标，难以衡量，比如[10]：

加快基础设施和基础工业建设……同时加强对现有铁路的挖潜和改造，提高限制口的通过能力。重点建设一批新港口，改造一批老港口，增加吞吐能力。加快高等级公路的建设，发展内河航运，增加远洋和沿海运输能力。进一步发展航空运输和制造业，加快机场现代化建设，开辟新的航线。

积极发展第三产业。要使第三产业增长高于国民生产总值增长速度。在重点加强交通运输、邮电通信和科技教育的同时，积极发展商业、服务业、金融业、信息业、咨询业、旅游业，增加服务项目，拓宽服务领域。

用SMART原则来检验就可以发现其中的问题：

- **具体**："重点建设一批新港口，改造一批老港口"，具体指哪些？一批指多少数量？"在重点加强交通运输、邮电通信和科技教育"，加强交通运输、科技教育的哪些方面？是交通运输业的员工数量、运量，还是设备先进程度；科技教育指的是师资规模、学生人数，还是教学质量？
- **可衡量**：达到什么样的指标，表明交通运输、邮电通信和科技教育确实得到重点加强了？
- **时间相关性**：没有明确的衡量指标，自然没法说明在哪个时间节点实现。

类似这样的目标设定会让人觉得没有抓手，不知从何开始，过了一段时间后也无法准确判断之前的目标是否实现。而最近几年，政府在描述工作目标的时候则具体得多。比如国务院的《"十三五"控制温室气体排放工作方案》中就提出"到2020年，单位国内生产总值二氧化碳排放比2015年下降18%"[11]，这样的目标更加符合SMART原则。

企业在设立业绩类目标的时候，通常能注重SMART原则，在某个时间段内，实现多少销售额目标或者利润目标，具体、可衡量。而在设定非业绩类目标（比如品牌价值、人才培养、企业文化等领域）的时候则很容易忽视。比如常常听到的"大幅提升员工满意度""进一步加强团队的凝聚力和战斗力""让团队更具有创新和协作精神""全面提升新产品研发的速度"……**这些目标的责任人很容易逃避责任。因为事后无法判断这些目标是否最终实现了。** 因此企业在设定战略目标、团队目标、项目目标的时候，时刻需要记得用SMART原则来检验，避免做出口号性的目标：无人负责，无法衡量，无时间节点，最后变成空谈。

值得一提的是，单纯注重SMART原则也有可能带来某些弊病：**当管理人员一味盯着可衡量的时间节点和数据指标时，容易忘记了目标本身的意义。**

比如某个企业希望提升自己的创新能力。创新能力本身难以衡量，因此需要借助一些其他的指标来衡量，比如研发人员在全体员工的人数占比，或者每年研发的新产品投放市场的数量。通常研发能力强的企业，研发人员的数量、每年新产品的数量会更多。这些指标（研发人员数、新产品数）能一定程度体现目标（研发能力），但是当企业开始单纯追求这些"指标"，就可能大量招募水平平庸的研发人员，或者将并没有足够竞争力的新产品（半成熟的研发）投放市场。这样虽然指标数据达到了，但是与企业的初衷却背道而驰。因此，企业管理者在制定类似的目标时，需要考虑清楚所选择的衡量指标是否真正体现了目标，以及如何防止执行人员单纯追求指标而忘了设立目标的初衷。

后　记

什么是顶尖企业

本书总结了过去几年笔者在国内外工作中遇到的各类商业问题的解决方法，以及与分布在各个行业的校友相互交流，或者项目合作中使用到的分析与思考工具。这些工具基本上都是在各个行业中最顶尖的企业里（亚马逊、宝洁、通用电气等）所使用的方法。

而在与国内很多企业的高层管理者沟通中发现，有一些企业，销售管理上没有任何标准化的流程制度；运营分析、人员激励制度方面问题重重。聊到这些企业的发展状况时，极少听到其领导人说"我们的管理专业度还不够"或"我们的商业分析能力、决策机制有待提升"这样的话。相反，其领导常说的是："我们企业的问题就是员工努力不够，只要肯拼，什么问题都能解决！"似乎一切问题，拼命加班就是解决之道。

对比在两类不同企业里看到的现象，我自己也思考，是什么造就了顶尖企业？一般企业与顶尖企业之间的差距在哪里？这个答案可能涉及众多方面，但是我感受最深的是以下三点：

1. 策略性的思考指导执行：一般的企业很少鼓励员工多思考，领导最喜欢喊执行力。而顶尖的企业则会在企业经营的每一个方面去借鉴前人的经验，只是行业里的最佳实践，用最佳的分析思考工具帮助企业找到问题的答案。用策略性的思考来指导执行，而非一味蛮干。本书的第一、二两部分重点介绍了应用于企业经营各环节中的各种前沿思考工具。

2.系统性的发展理念：我常对身边的朋友半开玩笑地说："没有经历过最高领导人更替的企业，都不是成熟企业。"从这个意义上讲，截至目前，中国各个行业里"最火"的明星企业都不是成熟企业（创始人都还处于实际领导人的位置）。之所以这么讲，因为一个企业的创始人毫无疑问是其最有价值的资产。企业没有经历这个最优资产的缺失或者更替，就不能证明这个企业的管理系统真正成熟。像通用电气、花旗银行，很早就会布局最高领导人的接班计划，并且非常重视各个层级人才的发展。而国内大部分企业领导（尤其是创一代）似乎都刻意回避这个问题。在这些领导人的带领下，企业通常是努力发展一个个的业务专长，而不是去追求建立一个不断完善的管理体系。因此本书的第三部分，重点介绍了顶尖企业如何促进人员、组织的长远发展。

3.以人为本的价值观：直到今天，很多人在谈论企业的时候，时不时会称企业为"用人单位"。也就是说，招聘来的人是给企业"用"的，当这个人变得不好用了，就应该替换掉，去市场上找更厉害的人。带有这种观念的企业，自然不会注重人。一位市场营销领域的资深前辈曾对我说，除了追求盈利，她所在的公司在每一个项目中都会真诚地传道（对客户，也对自己的下属员工）：怀着敬畏之心，一步一个脚印、踏踏实实地承担对客户、对员工、对社会的责任和担当。因此很多员工离开公司以后，都会把当初服务过的这家企业当作家，心存感恩。

回过头来看，什么是顶尖的企业？也许有的人会用市场份额、品牌知名度等指标来衡量，但综合上述三点，笔者认为，**用专业化的思考来指导行动、注重企业系统化的发展、并且让知识体系和价值观在公司不断传承下去的企业就是顶尖企业。**

笔者写作此书，不仅希望大家能从中借鉴顶尖企业对各类商业问题的思考方法，同时也能借鉴其中的理念，建立起自己的顶尖企业。

致　谢

　　本书的完成，首先要感谢好友李鹏先生。他很早前就建议我将这些年来所使用的管理分析工具和国内外工作中经历过的案例结集出版，并在过程中给予了大力的支持和帮助。几位熟悉出版行业的好友隗静秋、陈露蓉、石会敏在文章的内容和编排上提供了宝贵的建议。对于各个章节内容的完善和推广，好友李昆鹏、乌日图、郑泳凌、周大海、李哲、杜洋、刘晓红、黄典锋、吴建华，都给予了及时的反馈和帮助。时代华文书局的胡俊生、张彦翔在本书出版的过程中耐心地沟通，付出大量的时间与我一同完善最后的稿件。在此向以上这些朋友表示深深的感谢。

　　目前市场上很多商业书籍喜欢从寓言、网上流传的名人逸事中总结管理原则，书中不乏道听途说甚至胡编乱造的"企业家故事"和"商业案例"，就像一些毫无管理经验的培训师看了一些故事后就开始头头是道地讲管理经验。这样的书籍无疑是在误导读者。我在写作此书的过程中，**所有的案例和商业数据的引用，力求做到言必有据，给予可信的数据来源**；对于非本人亲身经历，只是读到或者听说的商业案例，全部求证，找到引用源头。比如联合利华收购大量中国日化品牌后削减品牌数量的策略（本书第八章第2小节）、日本取消酒类专卖的政策真实性，以及前后酒类产品价格变化的状况（本书第六章第5小节），等等。为此，本人不仅自己花了大量时间寻找具有公信力的信息来源，并且常常请国外的好友高红艳、鲁寒韬等人帮忙求证，对这些朋友的帮助，本人非常感激。本书最后的注释部分，详细注明了书中案例的来源或背景情况，读者可以从中进一步了解各个案例更详细的信息（这在西方图书出版业是惯例，但在国内常常缺失，或者只是罗列一批参考书目的名字）。

我的校友、战略思考家Marvilano（曾在麦肯锡、Coats PLC工作多年，后来加入BCG成为大数据业务的首席专家）与我一同开发、完善了很多书中的管理工具。现在仍清晰地记得我们在伦敦的图书馆里用7层级增长模型（7-level Growth Model，见本书第三章第2小节）讨论"会说话的汤姆猫"下一步的增长策略，在香港的酒店大堂用Spike-Basic-Enable模型（见本书第一章第1小节）来分析欧洲与中国的制造业和零售业的场景。Marvilano对于很多商业问题都提出了深刻的洞见，对本书的撰写也给予了极大的支持。福特基金会的前辈何进先生以其耐心和高超的智慧，教给我思考社会问题的逻辑和项目设计的方法，这些知识在我后来解决各类商业问题的过程中也发挥了巨大的价值。

最后，也是最重要的，要感谢我的妻子。在我工作最繁忙的阶段及遇到挑战的过程中，其给予我的信任和支持是无价的。请允许我真诚地说一声："谢谢，感恩有你。"

田林（Edward TiAnderson）

2018年3月28日

注 释

前 言

1. 波特教授对3种竞争战略的具体描述参见其著作：

   Michael E. Porter, *Competitive Strategy*（The Free Press, 1980）

2. 三星针对新产品的重点研发与推广：

   奎尔奇，乔克斯，麦戈文，《哈佛大师的四堂营销课》（商务印书馆，2012）

3. IBM转型时期选择重点部门的案例参见：

   Nirmalya Kumar, *Marketing As Strategy: Understanding the CEO's Agenda for Driving Growth and Innovation*（Harvard Business School Press, 2004）

4. 《今日美国》2018年2月对麦当劳努力将Happy Meal套餐变得更加健康的报道：

   https://www.usatoday.com/story/money/2018/02/15/mcdonalds-plans-make-happy-meals-healthier-worldwide-2022/338263002/

第一章

1. 电商平台优势对比：2014~2016年在唯品会期间，笔者对用户访谈研究的总结。

第二章

1. Play to win玉兰油的战略取胜愿景描述来自其前董事长兼CEO雷富礼的著作：

   A. G. Lafley and Roger Martin, *Playing to Win: How Strategy Really Works*（Harvard Business Review Press, 2013）

2. 关于平衡记分卡的详细论述：

   Robert S. Kaplan and David P. Norton, *The Balanced Scorecard:*

Translating Strategy into Action（Harvard Business Review Press, 1996）

3. 关于战略地图的详细论述：

Robert S. Kaplan and David P. Norton, *Strategy Maps: Converting Intangible Assets into Tangible Outcomes*（Harvard Business Review Press, 2004）

4. 乐高的全球调研案例参见：

Mary Jo Hatch and Majken Schultz, "Are the Strategic Stars Aligned for Your Corporate Brand?" *Harvard Business Review*, February, 2001.

5. 乐高在中国的增长情况参见：

徐婧艾，《乐高，会被中国式教育"玩坏"吗？》《好奇心日报》，2015年11月16日

6. 通用汽车收购Hughes Aircraft，参见《洛杉矶时报》1985年6月6日的报道：

http://articles.latimes.com/1985-06-06/news/mn-6763_1_hughes-aircraft

7. 通用汽车出售各个高价值资产的报道分别参见《纽约时报》、CNN、《洛杉矶时报》的报道：

http://www.nytimes.com/1997/01/17/business/gm-to-sell-a-hughes-unit-to-raytheon.html

http://money.cnn.com/2000/01/13/deals/boeing/

http://articles.latimes.com/2003/dec/23/business/fi-hughes23

8. 通用汽车2009年破产时的情况，参见CNN报道：

http://money.cnn.com/2009/06/01/news/companies/gm_bankruptcy/

第三章

1. INSEAD学院的Kim与Mauborgne教授在《蓝海战略》中提出"Four Action Framework"，参见：

W. Chan Kim and Renee Mauborgne, *Blue Ocean Strategy: How to Create Uncontested Market Space and Make Competition Irrelevant*（Harvard Business Review Press, 2005）

2. Outfit7公司推出的汤姆猫以外的系列新动物游戏,参见:

http://talkingtomandfriends.com

3. 截至2017年,汤姆猫系列游戏下载量超过70亿。

http://www.morningstar.com/news/marketwired/MWR_urn：newsml：marketwired.com：20020408：1325839_US/talking-tom-pool-launches-with-outfit7-record-7-billion-downloads.html

4. 汤姆猫动画系列:

http://talkingtomandfriends.com/animated-series/

5. 通过会说话的汤姆猫孵化出的游戏分发和广告平台叫作Bee-7,参见:

http://outfit7.com/advertising/

6. 出口通、Gold Supplier等服务参见阿里巴巴的官网:

https://fuwu.alibaba.com/export_hand.htm#cpgn

第四章

1. DVD两种标准格式的战争,可以参考《纽约时报》和《洛杉矶时报》的报道:

http://www.nytimes.com/2005/01/20/technology/circuits/the-coming-dvd-format-war.html

http://www.latimes.com/entertainment/envelope/cotown/la-fi-dvd5jan05-story.html

2. 集团企业的三种管控方法:

David Collis and Cynthia A. Montgomery, "Creating Corporate Advantage," *Harvard Business Review*, May, 1998.

3. Honeywell旗下不同子公司出现LED重复研究的情况:

David Collis and Cynthia A. Montgomery, "Creating Corporate Advantage," *Harvard Business Review*, May, 1998.

第五章

1. 本人2017年末在杭州地铁上看到的广告。

2. 奎尔奇教授对口袋深度分析的推荐:

奎尔奇,乔克斯,麦戈文,《哈佛大师的四堂营销课》(商务印书馆,2012)

3. 关于奥特森分析图，可以参考：

Alexander Hiam, *The Vest-Pocket CEO*（Prentice Hall, 1990）

第六章

1. STEEPS框架的详细分析，参见：

Jonah Berger, *Contagious: Why Things Catch On*（Simon & Schuster, 2013）

2. Berger教授通过分析什么类型的文章更容易被人转发，发现带有某些类型情绪的文章（敬畏、兴奋、幽默、生气）具有更高的激发行动的效果；而另一些类型的情绪（满足、悲伤）具有更低的激发行动的效果，人们对这些类型的文章转发动力小，具体参见：

Jonah Berger, *Contagious: Why Things Catch On*（Simon & Schuster, 2013）

3. 联合分析方法在占有率预测和销量预测的使用有效性，参见：

Dolan, Robert J. "Conjoint Analysis: A Manager's Guide." *Harvard Business School Background Note* 590-059, May 1990.

4. Apple销售渠道的变化情况：

http://www.managementparadise.com/forums/elements-logistics/216474-distribution-strategy-apple-inc.html

5. 关于日本进口威士忌酒价格与销量变化的案例来自大前研一的著作：

大前研一，《应对中国：日本经济对策》，青岛出版社，2011

6. 宝洁公司进行化妆品价格测试的例子，参见：

A. G. Lafley and Roger Martin, *Playing to Win: How Strategy Really Works*（Harvard Business Review Press, 2013）

第七章

1. 本田公司对供应商的选择标准，以及对供应商的扶持，参见：

Dave Nelson, Rick Mayo and Patricia E. Moody, *Powered by Honda: Developing Excellence in the Global Enterprise*（iUniverse, 2007）

2. 亚马逊关联推荐的销售效果情况，来自于笔者在亚马逊欧洲总部工作的校友提供的信息。

3. 关于定位理论，参见里斯（A. Ries）与特劳特（J. Trout）的著作：

里斯与特劳特，《定位：争夺用户心智的战争》，机械工业出版社，2015

4. 蚂蚁金服的健康险业务的界面，来自2018年3月1日产品的app界面。

5. 强生公司产品价值沟通的案例，详见：

Thomas Nagle, John Hogan and Joseph Zale, *The Strategy and Tactics of Pricing*（Pearson, 2014）

6. 亚马逊对同款商品差别定价的报道，参见CNN的新闻：

http://edition.cnn.com/2005/LAW/06/24/ramasastry.website.prices/

7. Guylian巧克力通过包装来差别定价的案例：

Nirmalya Kumar, *Marketing As Strategy: Understanding the CEO's Agenda for Driving Growth and Innovation*（Harvard Business School Press, 2004）

第八章

1. 蚂蚁金服乡镇合作的故事，是中食集团的李鹏先生的一位在蚂蚁金服工作的好友告诉他，转述给我的。故事大约发生在2016年。

2. 爱华随身听的历史，以及和SONY的关系，参见：

https://www.sony.net/SonyInfo/News/Press_Archive/200202/02-0228aE/

https://www.referenceforbusiness.com/history2/48/Aiwa-Co-Ltd.html

3. Inditex旗下各服装品牌，参见其官网：

https://www.inditex.com

4. 恒生银行的历史及与汇丰银行的关系，参见其官网介绍：

https://bank.hangseng.com/1/2/about-us/corporate-info/bank-profile

5. SONY收购爱立信的报道：

https://www.sony.net/SonyInfo/News/Press_Archive/200108/01-0828/

6. 联合利华的品牌审计过程：

Nirmalya Kumar, "Kill a Brand, Keep a Customer," *Harvard Business Review*, December, 2003.

7. Kumar教授最早开发了《品牌审计表》，当电子商务行业兴起之后，笔者将电商渠道的占比或销售排名也作为一个衡量标准纳入改进后的《品牌审计表》中。

8. 本书截稿时，Kumar教授已转入新加坡管理大学（Singapore Management University）担任市场营销学教授。Kumar教授对取消品牌的办法的描述，参见其文章：

Nirmalya Kumar, "Kill a Brand, Keep a Customer," *Harvard Business Review*, December, 2003.

第九章

1. 关于A-B-C人才分类办法的更多细节，参见Mandel的著作：

Morton Mandel, *It's All About Who You Hire, How They Lead*（Jossey-Bass, 2012）

2. 人员激励因素图表截取自Herzberg教授的研究。完整内容参见：

Frederick Herzberg, "One more time: how do you motivate employees?" *Harvard Business Review*, January, 2003.

第十章

1. 韦尔奇与苏铭天的对话内容，来自于笔者在伦敦商学院学习期间看到的苏铭天的一次演讲视频。

苏铭天于2018年4月从Wpp集团引退，参见BBC的报道：

http://www.bbc.com/news/business-43771974.

2. 4E领导力：

Jeffrey A. Krames, *Jack Welch and the 4 E's of Leadership: How to Put GE's Leadership Formula to Work in Your Organization*（McGraw-Hill Education, 2005）

3. Kotter教授对高效领导人的行为研究，参见：

John P. Kotter, "What Effective General Managers Really Do," *Harvard Business Review*, March - April, 1999.

第十一章

1. 汉迪教授在自己的自传中对S曲线做了较全面的介绍：

   Charles B. Handy, *Myself and Other More Important Matters*（Amacom Books, 2008）

2. IBM公司在20世纪70年代中期开始尝试推出个人电脑（PC）产品，但一直不成功。后来将这个任务交给William C. Lowe，他从软件、硬件、制造等领域挑选了12个精英人士在佛罗里达的Boca Raton组成项目小组，在传奇人物Don Estridge的带领下一年的时间里成功推出了IBM个人电脑。其过程参见IBM公司的历史记录：

   https://www-03.ibm.com/ibm/history/exhibits/pc25/pc25_birth.html

3. 《纽约时报》数字化转型的案例：

   William F. Achtmeyer Center for Global Leadership, Tuck School of Business, *New York Times Digital（A）&（B）*, 2007

4. 英特尔公司的前CEO格鲁夫在其著作中介绍了公司的这段变革经历：

   Andy S. Grove, *Only the Paranoid Survive*（Currency, 1999）

5. IBM的变革经历参见：

   Louis Gerstner, *Who Says Elephants Can't Dance?*（HarperCollins, 2002）

6. 关于柯达、诺基亚公司变革失败的分析，参见《经济学人》和《纽约客》的报道：

   https://www.economist.com/node/21542796

   https://www.newyorker.com/business/currency/where-nokia-went-wrong

7. Kotter教授对变革阶段的介绍，参见：

   John P. Kotter, "Leading Change Why Transformation Efforts Fail," *Harvard Business Review*, January, 2007.

8. 瑞思顿在最后阶段着重考察了三位候选人，并从中选择了约翰·里德作为继任者。具体经过参见：

   Phillip L. Zweig, *Wriston: Walter Wriston, Citibank, and the Rise and Fall of American Financial Supremacy*（Crown Business, 1996）

9. 伊梅尔特接任后，两位离职的核心高管的情况参见：

Bob Nardelli, https://en.wikipedia.org/wiki/Robert_Nardelli

James McNerney, http://www.boeing.com/history/pioneers/w-james-mcnerney-jr.page

10. 任正非对轮值CEO的介绍参见：

任正非，《董事会领导下的CEO轮值制度辨》，华为投资控股有限公司2011年年度报告

11. 关于戴克里先和四帝共治时期的介绍参见：

盐野七生，《罗马人的故事13：最后一搏》，中信出版社，2013

12. 台积电对接班人的安排：

党印，《台积电接班人计划创新在哪里》，《商业周刊中文版》2017年第20期

附录

1. 大前研一对3C竞争战略的分析参见：

Kenichi Ohmae, the Mind of the Strategist: *The Art of Japanese Business*（McGraw Hill, 1982）

2. 关于营销组合中不断增加的P，几个常见的选项包括：

http://bestfreemarketingtips.com/2009/11/marketing/what-is-the-marketing-mix-and-the-5ps

http://marketingmix.co.uk

3. 波特教授对五力分析的描述，参见：

Michael E. Porter, *Competitive Strategy*（The Free Press, 1980）

4. 波士顿矩阵由波士顿顾问公司（BCG）创始人Bruce Henderson提成，其原文参见：

https://www.bcg.com/publications/1970/strategy-the-product-portfolio.aspx

5. Wendell Smith提出市场细分的概念及后续的发展，参见：

Wendell R. Smith, "Product Differentiation and Market Segmentation As Alternative Marketing Strategies." *Journal of Marketing*, July, 1956

John A. Quelch, Katherine Jocz, "Milestones in Marketing." *The*

Business History Review, Vol. 82, No. 4, Winter, 2008

6. 特劳特和里斯的定位理论：

里斯与特劳特，《定位：争夺用户心智的战争》，机械工业出版社，2015

7. IBM在2004年和2014年先后将PC业务和服务器业务出售给联想，交易背景和影响参见：

https://www.cnet.com/news/ibm-sells-pc-group-to-lenovo/

https://www.forbes.com/sites/maggiemcgrath/2014/01/23/lenovo-buying-ibm-server-business-for-2-3-billion/#50c9bf14173c

8. 波特教授对Value Chain的描述参见：

Michael E. Porter, *Competitive Strategy*（The Free Press, 1980）

9. SMART原则最早的版本：

George T. Doran, "There's a S.M.A.R.T. way to write managements's goals and objectives," *Management Review*, November, 1981.

10. 以下两个目标描述选自1993年国务院政府工作报告。历年政府工作报告可以在中国政府网查询：

http://www.gov.cn/guoqing/2006-02/16/content_2616810.htm#

11. 《"十三五"控制温室气体排放工作方案》全文参见国家应对气候变化战略研究与国际合作中心网站：

http://www.ncsc.org.cn/article/tzgg/zcfg/201611/20161100001786.shtml

图书在版编目（CIP）数据

超越执行力：从传统巨头到新经济独角兽的制胜策略 / 田林著.
-- 北京：北京时代华文书局，2018.6
ISBN 978-7-5699-2430-5

Ⅰ．①超… Ⅱ．①田… Ⅲ．①企业管理 Ⅳ．①F272

中国版本图书馆CIP数据核字（2018）第113544号

超越执行力：从传统巨头到新经济独角兽的制胜策略
CHAOYUE ZHIXINGLI：CONG CHUANTONG JUTOU DAO XIN JINGJI DUJIAOSHOU DE ZHISHENG CELUE

著　　者｜田　林

出 版 人｜王训海
选题策划｜胡俊生　张彦翔
责任编辑｜张彦翔
装帧设计｜旭日视觉　王艾迪
责任印制｜刘　银

出版发行｜北京时代华文书局 http://www.bjsdsj.com.cn
　　　　　北京市东城区安定门外大街136号皇城国际大厦A座8楼
　　　　　邮编：100011　电话：010-64267955　64267677

印　　刷｜北京京都六环印刷厂　010-89591957
　　　　　（如发现印装质量问题，请与印刷厂联系调换）

开　　本｜710mm×1000mm　1/16　印　张｜19　字　数｜280千字
版　　次｜2018年9月第1版　　　　　　　印　次｜2018年9月第1次印刷
书　　号｜ISBN 978-7-5699-2430-5
定　　价｜58.00元

版权所有，侵权必究